Gursky/Thöne | 20 Probleme aus dem Sachenrecht – ohne EBV

20 Probleme aus dem Sachenrecht

ohne Eigentümer-Besitzer-Verhältnis

von

Dr. Karl-Heinz Gursky †

em. Professor an der Universität Osnabrück

seit der 9. Auflage fortgeführt von

Dr. Meik Thöne, M.Jur. (Oxford)

Juniorprofessor (Tenure Track) an der Universität Potsdam

9. überarbeitete Auflage

Verlag Franz Vahlen

Zitiervorschlag: Gursky/Thöne 20 Probleme SachenR S.

vahlen.de

ISBN 978 3 8006 7405 3

Wilhelmstraße 9, 80801 München
Druck und Bindung: Beltz Grafische Betriebe GmbH
Am Fliegerhorst 8, 99947 Bad Langensalza

Satz: R. John + W. John GbR, Köln
Umschlag: Martina Busch, Grafikdesign, Homburg Saar

myclimate
shape our future

Gedruckt auf säurefreiem, alterungsbeständigem Papier
(hergestellt aus chlorfrei gebleichtem Zellstoff)

Vorwort

Es ist eine große Ehre und Freude zugleich, ein Buch von Prof. Dr. Karl-Heinz Gursky fortzuführen, mit dem man selbst während des eigenen Studiums gearbeitet und gelernt hat. Anknüpfend an die besondere Leistung des renommierten Vorgängers setzt die Neuauflage die bisherige Tradition fort und ist auch weiterhin – wie die Reihe der EXAMENSWICHTIGEN KLAUSURPROBLEME insgesamt – als detaillierte Lernhilfe konzipiert.

Sie will über eine Auswahl der wichtigsten und bekanntesten und deshalb in Hausarbeiten und Klausuren immer wieder vorkommenden Streitfragen aus dem Bereich des Sachenrechts (mit Ausnahme des einem besonderen Band vorbehaltenen Eigentümer-Besitzer-Verhältnisses) intensiv informieren. Die zu diesen Problemen vertretenen Auffassungen werden jeweils mit ihren wesentlichen Argumenten dargestellt; verschiedentlich werden darüber hinaus weitere Argumente geliefert, die in der bisherigen Diskussion nicht auftauchen, die aber zur Unterstützung der betreffenden dogmatischen Position geeignet erscheinen. Die Aufgabe, die Fülle der Gesichtspunkte gegeneinander abzuwägen und eine eigene Stellungnahme zu entwickeln, wird dem studentischen Leser dagegen bewusst nicht abgenommen (s. hierzu auch S. 1 f.).

In der Neuauflage wurde die Anzahl der Nachweise reduziert. Auch wenn sie (weiterhin) über den Rahmen der in Kommentierungen aufgezeigten Fundstellen meist hinausgehen werden, wurden, adressatengerecht, einige Kürzungen vorgenommen. Stattdessen wurde versucht, didaktisch sinnvolle Nachweise aufzunehmen und damit der Fokus auf die Gesichtspunkte der Übersichtlichkeit und Nachvollziehbarkeit verschoben. Sofern es für das Gesamtverständnis sinnvoll erschien, wurden ältere Nachweise beibehalten, andernfalls wurden überkommene Argumentationslinien gestrichen; dies insbesondere, wenn sie auf Regelungen vor Inkrafttreten des SchModG rekurrierten.

Abschließend möchte ich meinem gesamten Lehrstuhlteam und ganz besonders Levin Baake und Joel C. Merten danken, die mich im Rahmen der Überarbeitung dieses Werks nach besten Kräften unterstützt haben.

Potsdam, im Juni 2024 — Meik Thöne

Inhaltsverzeichnis

Vorwort V

Abkürzungsverzeichnis IX

Literaturverzeichnis XIII

Didaktische Vorbemerkungen 1

1. Problem (§ 883 II BGB)
Fällt die Vermietung bzw. Verpachtung eines mit einer Auflassungsvormerkung belasteten Grundstücks unter § 883 II 1 BGB? 3

2. Problem (§§ 883 II, 888 I BGB)
Wie weit reicht die Schutzwirkung des § 883 II 1 BGB und wie wird eine gutgläubig erworbene Vormerkung durchgesetzt? 10

3. Problem (§§ 892, 893, 883 BGB)
Ist ein gutgläubiger Zweiterwerb der Vormerkung möglich? 16

4. Problem (§ 904 BGB)
Trifft die Schadensersatzpflicht aus § 904 S. 2 BGB in den Fällen der Nothilfe zugunsten eines Dritten den Einwirkenden oder den Begünstigten? 23

5. Problem (§ 906 II 2 BGB)
Gibt es einen allgemeinen nachbarrechtlichen Ausgleichsanspruch wegen „faktischen Duldungszwangs"? 29

6. Problem (§ 912 BGB)
Wie sind die Eigentumsverhältnisse beim unentschuldigten Grenzüberbau? 41

7. Problem (§§ 107, 932 BGB)
Kann ein gutgläubiger Erwerb nach den §§ 929 S. 1, 932 I 1 BGB stattfinden, wenn ein Minderjähriger ohne Zustimmung seines gesetzlichen Vertreters eine fremde Sache veräußert? 48

8. Problem (§ 932 BGB)
Reicht es für den gutgläubigen Eigentumserwerb nach den §§ 929 S. 1, 932 I 1 BGB als „Übergabe" aus, wenn der Besitz auf scheinbaren Geheiß des nichtbesitzenden Veräußerers von einem Dritten, der unmittelbarer Besitzer ist, an den Erwerber übertragen wird („Scheingeheißerwerb")? 55

9. Problem (§§ 892, 932 BGB)
Fällt das Eigentum beim „Rückerwerb des Nichtberechtigten" automatisch an den Altberechtigten zurück? 63

10. Problem (§§ 935, 855 BGB)
Kommt eine Sache dem Eigentümer abhanden iSd § 935 I BGB, die ein Besitzdiener veruntreut oder unbefugtermaßen an einen Dritten weitergibt? 71

11. Problem (§ 950 I BGB)
Gibt es einen „Hersteller kraft Parteiwillens“? 80

12. Problem (§§ 955, 957, 935 BGB)
Ist auf den Fruchterwerb nach den §§ 955, 957 BGB die Vorschrift des § 935 BGB entsprechend anwendbar? 90

13. Problem (§ 1004 I 1 BGB)
Kann der Eigentümer eines Grundstücks, dessen Zustand sich durch rechtswidrige Einwirkungen nachteilig verändert hat, vom Störer aus § 1004 I 1 BGB die Wiederherstellung des ursprünglichen Zustandes verlangen? 94

14. Problem (§§ 1153, 1138 BGB)
Können durch gutgläubigen Erwerb Hypothek und Forderung getrennt werden, sodass sie verschiedenen Personen zustehen? 104

15. Problem (§ 1155 BGB)
Ist § 1155 S. 1 BGB auch dann anwendbar, wenn Abtretungserklärung und öffentliche Beglaubigung gefälscht sind? 110

16. Problem (§ 1196 BGB)
Entsteht ein Eigentümergrundpfandrecht auch dann, wenn eine Hypothek im Grundbuch eingetragen ist, es aber an einer wirksamen Einigung fehlt? . . 116

17. Problem (§§ 929 S. 1, 1205 I 1 BGB)
Liegt die Übergabe einer in einem verschlossenen Raum befindlichen Sache auch dann vor, wenn der Veräußerer bzw. Verpfänder dem Erwerber bzw. Pfandnehmer nicht sämtliche Schlüssel aushändigt, sondern einen heimlich zurückbehält? 123

18. Problem (§§ 1257, 1207, 932 BGB)
Ist ein gutgläubiger Erwerb gesetzlicher Besitzpfandrechte möglich? 127

19. Problem (§§ 1257, 647, 185 BGB)
Erwirbt der Werkunternehmer an einer von ihm reparierten Sache, die dem Besteller nicht gehört, das gesetzliche Werkunternehmerpfandrecht (§ 647 BGB), wenn der Eigentümer den Besteller ermächtigt hatte, erforderlich werdende Reparaturen ausführen zu lassen? 134

20. Problem (§§ 1143 I, 1225 S. 1, 774 I 1 BGB)
Wie erfolgt der Ausgleich zwischen Real- und Personalsicherheit (sog. Wettlauf der Sicherungsgeber)? 139

Abkürzungsverzeichnis

aA .... anderer Ansicht
Abs. .... Absatz
abw. .... abweichend
AcP .... Archiv für die civilistische Praxis (Zeitschrift)
aE .... am Ende
aF .... alte Fassung
AG .... Amtsgericht
AGB .... Allgemeine Geschäftsbedingungen
ALR .... Allgemeines Landrecht für die Preußischen Staaten
Anm. .... Anmerkung
ArchBürgR ..... Archiv für Bürgerliches Recht (Zeitschrift)
Arg. .... Argument
Art. .... Artikel
AT .... Allgemeiner Teil
Aufl. .... Auflage

BayZ .... Zeitschrift für Rechtspflege in Bayern
BB .... Der Betriebsberater (Zeitschrift)
Bd. .... Band
Bearb. .... Bearbeitung
BeckRS .... Beck-Rechtsprechung (Rechtsprechungsdatenbank in beck-online)
BGB .... Bürgerliches Gesetzbuch
BGH .... Bundesgerichtshof
BGHZ .... Entscheidungen des BGH in Zivilsachen
BImschG ...... Bundes-Immissionsschutzgesetz
BNotO .... Bundesnotarordnung
BürgerlR ...... Bürgerliches Recht
BWNotZ ...... Zeitschrift für das Notariat in Baden-Württemberg
bzgl. .... bezüglich
bzw. .... beziehungsweise

DAR .... Deutsches Autorecht (Zeitschrift)
DB .... Der Betrieb (Zeitschrift)
dh .... das heißt
DJZ .... Deutsche Juristenzeitung
DNotZ .... Deutsche Notarzeitschrift

EK .... Examenskurs
EBV .... Eigentümer-Besitzer-Verhältnis
Einf. .... Einführung
Einl. .... Einleitung
EUR .... Euro
EWiR .... Entscheidungen zum Wirtschaftsrecht (Zeitschrift)
e.V. .... eingetragener Verein
evtl. .... eventuell

f., ff. .... folgend, folgende
FG .... Festgabe
FGPrax .... Praxis der Freiwilligen Gerichtsbarkeit (Zeitschrift)
Fn. .... Fußnote
FS .... Festschrift

GBO .... Grundbuchordnung

gem. . . . . gemäß
GewO . . . . Gewerbeordnung
GG . . . . Grundgesetz
GoA . . . . Geschäftsführung ohne Auftrag
GK . . . . Großkommentar
Gruchot . . . . Beiträge zur Erläuterung des Deutschen Rechts (begründet von Gruchot, zit. nach Band und Seite)
GS . . . . Gedenkschrift, Gedächtnisschrift

hA . . . . herrschende Ansicht/Auffassung
Halbbd. . . . . Halbband
HGB . . . . Handelsgesetzbuch
HK-BGB . . . . . . Handkommentar zum BGB
hM . . . . herrschende Meinung
HPflG . . . . Haftpflichtgesetz
Hrsg. . . . . Herausgeber
Hs. . . . . Halbsatz

iErg . . . . im Ergebnis
InsO . . . . Insolvenzordnung
iRd . . . . im Rahmen des/der
iSd . . . . im Sinne der/des
iSv . . . . im Sinne von
iVm . . . . in Verbindung mit

JA . . . . Juristische Arbeitsblätter (Zeitschrift)
JAG . . . . Juristenausbildungsgesetz
JAPO . . . . Juristen-Ausbildungs- und Prüfungsordnung
JherJb . . . . Jherings Jahrbücher der Dogmatik des Bürgerlichen Rechts
JR . . . . Juristische Rundschau (Zeitschrift)
JURA . . . . Juristische Ausbildung (Zeitschrift)
JuS . . . . Juristische Schulung (Zeitschrift)
JW . . . . Juristische Wochenschrift (Zeitschrift)
JZ . . . . Juristenzeitung

KG . . . . Kammergericht bzw. Kommanditgesellschaft
KGJ . . . . Jahrbuch für Entscheidungen des Kammergerichts in Sachen der freiwilligen Gerichtsbarkeit in Kosten-, Stempel- und Strafsachen
KrVJSchr. . . . . . . Kritische Vierteljahresschrift für Gesetzgebung und Rechtswissenschaft

LG . . . . Landgericht
LM . . . . Lindenmaier-Möhring, Kommentierte BGH-Rechtsprechung

MDR . . . . Monatsschrift für Deutsches Recht (Zeitschrift)
MittBayNot . . . . Mitteilungen des Bayerischen Notarvereins (Zeitschrift)
mwN . . . . mit weiteren Nachweisen

NJW . . . . Neue Juristische Wochenschrift (Zeitschrift)
NJW-RR . . . . . . NJW-Rechtsprechungsreport
NotBZ . . . . Zeitschrift für notarielle Beratungs- und Beurkundungspraxis
Nr. . . . . Nummer
NZM . . . . Neue Zeitschrift für Miet- und Wohnungsrecht

OGHZ . . . . Entscheidungen des Obersten Gerichtshofs für die Britische Zone in Zivilsachen
OLG . . . . Oberlandesgericht
OLGE . . . . Die Rechtsprechung der Oberlandesgerichte (Entscheidungssammlung)
OLGR . . . . OLG-Report (Zeitschrift)

OLGZ .... Entscheidungen der Oberlandesgerichte in Zivilsachen einschließlich der Freiwilligen Gerichtsbarkeit

PdW .... Prüfe dein Wissen
RabelsZ .... Zeitschrift für ausländisches und internationales Privatrecht, begründet von Rabel

RG .... Reichsgericht
RGRK .... Reichsgerichtsräte-Kommentar
RGSt .... Entscheidungen des Reichsgerichts in Strafsachen (Amtliche Sammlung)
RGZ .... Entscheidungen des Reichsgerichts in Zivilsachen (Amtliche Sammlung)
RheinArch ..... Archiv für Zivil- und Strafrecht der Königlich Preußischen Rheinprovinz (Zeitschrift)
Rn. .... Randnummer
Rspr. .... Rechtsprechung

S............. Seite, Satz
s............. siehe
SachenR .... Sachenrecht
SchuldR .... Schuldrecht
SeuffArch ...... Seufferts Archiv für Entscheidungen der Obersten Gerichte in den deutschen Staaten
StGB .... Strafgesetzbuch
str. .... streitig, strittig

UTR .... Jahrbuch des Umwelt- und Technikrechts
uU .... unter Umständen

v. .... von, vom
Var. .... Variante
VersR .... Versicherungsrecht (Zeitschrift)
vgl. .... vergleiche
Vorbem. .... Vorbemerkung

WarnR .... Rechtsprechung des Reichsgerichts, herausgegeben von Warneyer
WG .... Wechselgesetz
WM .... Wertpapiermitteilungen (Zeitschrift)

ZakDR .... Zeitschrift der Akademie für Deutsches Recht
zB .... zum Beispiel
ZBlFG .... Zentralblatt für freiwillige Gerichtsbarkeit und Notariat (Zeitschrift)
ZfBR .... Zentralblatt für deutsches und internationales Baurecht (Zeitschrift)
ZfS .... Zeitschrift für Schadensrecht
ZHR .... Zeitschrift für Handelsrecht; Zeitschrift für das gesamte Handels- und Wirtschaftsrecht
ZIP .... Zeitschrift für Wirtschaftsrecht und Insolvenzpraxis
ZPO .... Zivilprozessordnung

Literaturverzeichnis

Baur, F./Stürner, R., Lehrbuch des Sachenrechts, 18. Aufl. 2009 (zit.: Baur/Stürner SachenR)

Biermann, J., Sachenrecht des BGB, 3. Aufl. 1914 (zit.: Biermann SachenR)

Brehm, W./Berger, C., Sachenrecht, 4. Aufl. 2022 (zit.: Brehm/Berger SachenR)

Bülow, P., Recht der Kreditsicherheiten, 10. Aufl. 2021 (zit.: Bülow KreditsicherheitenR)

Cosack, K./Mitteis, H., Lehrbuch des deutschen bürgerlichen Rechts, Bd. I, 8. Aufl. 1927, Bd. II, 7./8. Aufl. 1924 bearbeitet von Mitteis (zit.: Cosack/Mitteis BürgerlR I oder II)

Czeguhn, I./Ahrens, C., Fallsammlung zum Sachenrecht, 2. Aufl. 2011 (zit: Czeguhn/Ahrens SachenR)

Dubischar, R., Kommentar zum Bürgerlichen Gesetzbuch, Reihe Alternativkommentare, Bd. 4 Sachenrecht, 1983 (zit.: AK-BGB/Bearbeiter)

Eckert, J., Sachenrecht, 4. Aufl. 2005 (zit.: Eckert SachenR)

Eichler, H., Institutionen des Sachenrechts, Bd. I 1954; Bd. II, 1. Halbbd. 1957; Bd. II, 2. Halbbd. 1960 (zit.: Eichler Institutionen SachenR I/II 1 bzw. 2)

Erman, W., Kommentar zum BGB, 17. Aufl. 2023 (zit.: Erman/Bearbeiter)

Gerhardt, W., Immobiliarsachenrecht, Grundeigentum und Grundpfandrecht, 5. Aufl. 2001 (zit.: Gerhardt ImmobiliarsachenR)

Gerhardt, W., Mobiliarsachenrecht, Besitz – Eigentum – Pfandrecht, 5. Aufl. 2000 (zit.: Gerhardt MobiliarsachenR)

Gottwald, P., Prüfe dein Wissen, Bd. 4, Sachenrecht, 17. Aufl. 2021 (zit.: Gottwald PdW SachenR)

Grunewald, B./Riesenhuber, K., Bürgerliches Recht, 10. Aufl. 2023 (zit.: Grunewald/Riesenhuber BürgerlR)

Grüneberg, C., Kommentar zum Bürgerlichen Gesetzbuch, 83. Aufl. 2024 (zit.: Grüneberg/Bearbeiter)

Gsell, B./Krüger, W./Lorenz, S./Reymann, C., beck-online Großkommentar (zit.: BeckOGK/Bearbeiter)

Gursky, K.-H., Klausurenkurs im Sachenrecht, Fälle und Lösungen, 12. Aufl. 2008 (zit.: Gursky Klausurenkurs SachenR)

Habersack, M., Examens-Repetitorium Sachenrecht, 10. Aufl. 2024 (zit.: Habersack SachenR)

Harms, W., Sachenrecht, Wiederholungs- und Vertiefungskurs in den Kerngebieten des Rechts, 4. Aufl. 1983 (zit.: Harms SachenR)

Hau, W./Poseck, R., Beck'scher Online-Kommentar BGB, 70. Ed. 1.5.2024 (zit.: BeckOK BGB/Bearbeiter)

Heck, P., Grundriß des Sachenrechts, Nachdruck der Ausgabe von 1930, 1960 (zit.: Heck SachenR)

Heinemann, A./Kern, C., Übungen im Bürgerlichen Recht, 2. Aufl. 2019 (zit.: Heinemann/Kern Übungen im Bürgerlichen Recht)

Jacoby, F./v. Hinden, M., Studienkommentar BGB, 18. Aufl. 2022 (zit.: Jacoby/v. Hinden)

Jauernig, O., Bürgerliches Gesetzbuch, Kommentar, 19. Aufl. 2023 (zit.: Jauernig/Bearbeiter)

Kainer, F., Sachenrecht, 2. Aufl. 2023 (zit.: Kainer SachenR)

Koch, J./Löhnig, M., Fälle zum Sachenrecht, 7. Aufl. 2022 (zit.: Koch/Löhnig Fälle SachenR)

Lange, Heinrich, Sachenrecht des BGB, 1967 (zit.: Lange SachenR)

Lange, Hermann/Schiemann, G., Fälle zum Sachenrecht, 6. Aufl. 2008 (zit.: Lange/Schiemann Fälle SachenR)

Larenz, K., Lehrbuch des Schuldrechts, Bd. 2, Halbbd. 1, 13. Aufl. 1986 (zit.: Larenz SchuldR BT II/1)

Larenz, K./Canaris, C.-W., Lehrbuch des Schuldrechts, Bd. 2, Halbbd. 2, 13. Aufl. 1994 (zit.: Larenz/Canaris SchuldR BT II/2)

Lüke, W., Sachenrecht, 4. Aufl. 2018 (zit.: Lüke SachenR)

Medicus, D./Petersen, J., Bürgerliches Recht. Eine nach Anspruchsgrundlagen geordnete Darstellung zur Examensvorbereitung, 29. Aufl. 2023 (zit.: Medicus/Petersen BürgerlR)

Müller, K./Gruber, U. P., Sachenrecht, 2016 (zit.: Müller/Gruber SachenR)

Musielak, H.-J./Mayer, C., Examenskurs BGB, 4. Aufl. 2019 (zit.: Musielak/Mayer EK BGB)

Neuner, J., Sachenrecht (Examinatorium), 7. Aufl. 2024 (zit.: Neuner SachenR)

Olzen, D./Maties, M./Loschelders, D., Zivilrechtliche Klausurenlehre, 9. Aufl. 2022 (zit.: Ozen/Maties/Loschelders Zivilrechtliche Klausurenlehre)

Planck, G. K. G., Planck's Kommentar zum Bürgerlichen Gesetzbuch, 4. Aufl. 1913 ff.; Bd. III, Sachenrecht, 5. Aufl., 1. Hälfte 1933, 2. Hälfte 1938 (zit.: Planck/Bearbeiter)

Prütting, H., Sachenrecht, 38. Aufl. 2024 (zit.: Prütting SachenR)

Prütting, H./Wegen, G./Weinreich, G., BGB, Kommentar, 18. Aufl. 2023 (zit.: Prütting/Wegen/Weinreich/Bearbeiter)

Reichsgerichtsrätekommentar, Das Bürgerliche Gesetzbuch, Kommentar herausgegeben von Reichsgerichtsräten und Bundesrichtern, 12. Aufl. 1975 ff. (zit.: RGRK/Bearbeiter)

Ring, G./Grziwotz, H./Schmidt-Räntsch, J., Nomos Kommentar BGB, 4. bzw. 5. Aufl. 2021–2022 (zit.: NK-BGB/Bearbeiter)

Säcker, F. J./Rixecker, R./Oetker, H./Limperg, B., Münchener Kommentar zum BGB, 9. Aufl. 2021–2023 (zit.: MüKoBGB/Bearbeiter)

Schapp, J./Schur, W., Sachenrecht, 4. Aufl. 2010 (zit.: Schapp/Schur SachenR)

Schellhammer, K., Sachenrecht nach Anspruchsgrundlagen, 6. Aufl. 2021 (zit.: Schellhammer SachenR)

Schreiber, C., Sachenrecht, 8. Aufl. 2022 (zit.: C. Schreiber SachenR)

Schulze, R./Dörner, H./Ebert, I./Hoeren, T./Kemper, R./Saenger, I./Scheuch, A./Schreiber, K./Schulte-Nölke, H./Staudinger, A./Wiese, V., BGB Handkommentar, 12. Aufl. 2024 (zit.: HK-BGB/Bearbeiter)

Soergel, H. T., Bürgerliches Gesetzbuch, Kommentar begründet von Soergel, H. T., 14. Aufl. 2022-2024 (zit.: Soergel/Bearbeiter)

Staudinger, J. v., Staudinger's Kommentar zum Bürgerlichen Gesetzbuch, Neubearbeitung 2018 ff. (zit.: Staudinger/Bearbeiter)

Stürner, M., Kreditsicherungsrecht, 4. Aufl. 2024 (zit.: Stürner KreditsicherungsR)

Tiedtke, K., Gutgläubiger Erwerb im Bürgerlichen Recht, Handels- und Wertpapierrecht, 1985 (zit.: Tiedtke, Gutgläubiger Erwerb, 1985)

v. Gierke, J., Sachenrecht, 4. Aufl. 1959 (zit.: J. v. Gierke SachenR)

Vieweg, K./Lorz, S., Sachenrecht, 9. Aufl. 2022 (zit.: Vieweg/Lorz SachenR)

Vieweg, K./Röthel, A., Fälle zum Sachenrecht, 5. Aufl. 2021 (zit.: Vieweg/Röthel SachenR)

Weber, R., Sachenrecht I, Bewegliche Sachen, 4. Aufl. 2016 (zit.: R. Weber SachenR I)

Weber, R., Sachenrecht II, Grundstücksrecht, 4. Aufl. 2015 (zit.: R. Weber SachenR II

Wellenhofer, M., Sachenrecht, 38. Aufl. 2023 (zit.: Wellenhofer SachenR)

Westermann, H., Sachenrecht, 5. Aufl. 1966 (zit.: H. Westermann SachenR)

Westermann, H. P./Gursky, K.-H./Eickmann, D., Sachenrecht, 8. Aufl. 2011 (zit.: Westermann/Gursky/Eickmann SachenR)

Westermann, H. P./Staudinger, A., BGB-Sachenrecht, 14. Aufl. 2024 (zit.: Westermann/Staudinger SachenR)

Wieling, H. J., Sachenrecht, Bd. I, Sachen, Besitz und Rechte an beweglichen Sachen, 2. Aufl. 2006 (zit.: Wieling SachenR I)

Wieling, H. J./Finkenauer, T., Sachenrecht, 6. Aufl. 2020 (zit.: Wieling/Finkenauer SachenR)

Wilhelm, J., Sachenrecht, 7. Aufl. 2021 (zit.: Wilhelm SachenR)

Wolf, E., Lehrbuch des Sachenrechts, 2. Aufl. 1979 (zit.: E. Wolf SachenR)

Wolff, M./Raiser, L., Lehrbuch des bürgerlichen Rechts, Bd. III, Sachenrecht, 10. Bearb. 1957 (zit.: Wolff/Raiser SachenR)

Didaktische Vorbemerkungen

Rechtswissenschaft ist Überzeugungsarbeit. Denn in den Fällen, in denen das Gesetz unklar bleibt oder bewusst offen gestaltet ist, verbleibt mangels naturwissenschaftlicher bzw. empirischer Nachweisbarkeit lediglich das Argument als Rechtfertigung der juristischen Erkenntnis (vgl. § 313 I Nr. 6, III ZPO). Die Klärung einzelner (Zweifels-)Fragen erfolgt dabei nicht gesondert, sondern regelmäßig eingebettet in die Bewertung eines (Lebens-)Sachverhalts und typischerweise geprägt durch die Gegenüberstellung divergierender Ansichten (die der Rechtsprechung, der Literatur oder den Schriftsätzen der Prozessparteien entnommen werden (können)).

Doch ist es – namentlich im gutachtengeprägten Studium – keinesfalls erforderlich, jede einzelne Ansicht zu kennen und in die eigene Argumentation einfließen zu lassen. Vielmehr muss das Vorhaben, jeden Streitstand und jedes Prüfungsschema umfassend zu verinnerlichen von vornherein als aussichtslos beschrieben werden. Statt sich in Einzelheiten zu verlieren, empfiehlt sich die Besinnung auf die jeweils grundlegenden Prinzipien und die das Recht(sgebiet) prägenden Wertungen (s. zum EBV bspw. Thöne JuS 2021, 809).

Dies spiegelt sich auch im Rahmen des Gutachtens wider. Zum einen sollte es unterlassen werden, einen Streitstand abstrakt darzustellen oder einzelne Meinungen unkoordiniert nebeneinanderzustellen. Vielmehr sollte der Versuch unternommen werden, die jeweilige Fragestellung – ob sie zu einer dogmatischen Kontroverse und damit einem Meinungsstreit führt oder nicht – an den tradierten Auslegungscanones auszurichten (Wortlaut, Systematik, Historie, Genese, Zweck – vgl. dazu Larenz, Methodenlehre der Rechtswissenschaft, 6. Aufl. 1991, S. 312 ff.; Rüthers/Fischer/Birk, Rechtstheorie, 12. Aufl. 2022, § 22) und in der Folge einer methodengerechten und damit vertretbaren Lösung zuzuführen (vgl. § 16 I 3, II 2 BayJAPO). Allzu häufig wird, im Streben nach Sicherheit (durch die Wiedergabe von Bekanntem), der Versuchung nachgegeben, erlerntes Wissen isoliert und mitunter beinahe mechanisch wiederzugeben, ohne zu verdeutlichen, welche Relevanz dieses für den vorliegenden Sachverhalt besitzt. Ein solcher „meinungsbezogener" Aufbau führt häufig zu Redundanzen, wenn zuerst die jeweils vertretenen Ansichten dargestellt und sodann die insoweit bereits vorgebrachten Argumente im Rahmen der Streitentscheidung gegeneinander abgewogen werden („Dies ist umstritten. Hierzu wird (Meinung 1) vertreten. Danach … Daneben wird (Meinung 2) vertreten. Diese zeichnet sich dadurch aus, dass … Die besseren Argumente sprechen für (Meinung 2). Dieser ist zu folgen." – s. hierzu Kerbein JuS 2002, 353 (354 f.)). Insofern ist es vorzugswürdig, sich von den Ansichten als solchen zu lösen und stattdessen die „in ihrem Namen vorgebrachten" Argumente in die konkrete Gesetzesauslegung einfließen zu lassen („Fraglich ist, ob vorliegend tatsächlich eine ‚Verwendung' iSd § 994 BGB vorliegt. Dafür spricht zunächst … Es ist jedoch ebenso zu berücksichtigen, dass … Letztlich ist mit Blick auf den Normtext und die Gesetzessystematik aber anzunehmen, dass …").

Zum anderen sollten Theorien und Ansichten, die für die Lösung des konkreten Falls irrelevant sind, in der Falllösung keine Erwähnung finden. Hinzu kommt, dass ein Meinungsstreit nicht immer aufzulösen bzw. zu entscheiden ist; wenn sämtliche Ansichten zum gleichen Ergebnis führen, muss man sich nicht für eine Meinung entscheiden, sondern kann sich darauf beschränken, die Argumente, die für und gegen die jeweiligen Ansichten sprechen, kurz vorzustellen, um unmittelbar anschließend festzustellen, dass alle Meinungen, die im Rahmen einer abstrakten Kontroverse vorgebracht werden, im konkreten Sachverhalt zur gleichen Schlussfolgerung gelangen („Nach sämtlichen Ansichten ist anzunehmen, dass …"). Ein solches Vorgehen ist Ausdruck juristischer Souveränität und demonstriert Verständnis und Problembewusstsein (vgl. insoweit § 6 II 1 HessJAG: Die staatliche Pflichtfachprüfung ist vorwiegend Verständnisprüfung).

Dieses Buch soll helfen, die wesentlichen, sich aus dem Sachenrecht (mit Ausklammerung des EBV, s. hierzu Gursky/Thöne, 20 Probleme aus dem Eigentümer-Besitzer-Verhältnis, 10. Aufl. 2024) ergebenden Probleme und die hierzu jeweils vorgetragenen Lösungsansätze („Theorien") zu verstehen, um so die Grundlage für eigene juristische Argumentationen zu schaffen. Das bedeutet nicht, dass sämtliche Argumente auswendig zu lernen sind, eine Auseinandersetzung mit ihnen kann aber dabei helfen, zum jeweiligen dogmatischen Kern des Streits vorzudringen und die spezifischen, hinter der Kontroverse stehenden Interessen nachzuvollziehen.

Daneben können die aufgeführten Literaturnachweise selbstverständlich auch als „Fundgrube" für Hausarbeiten und wissenschaftliche Auseinandersetzungen dienen. Es bedarf gewiss keiner weiteren Erläuterung, dass sich die Bearbeitungstiefe bei diesen Formaten von der im Rahmen einer Klausur geforderten unterscheidet.

Schließlich ist anzumerken, dass in diesem Buch weitgehend darauf verzichtet wurde, die jeweils herrschende Meinung (hM) zu kennzeichnen. Einerseits weil es mitunter sehr schwierig sein kann, eine hM zu identifizieren, andererseits aber vor allem deshalb, weil die Berufung auf die hM kein Argument ersetzt und insofern keine falschen „Anreize" gesetzt werden sollen (Pilniok JuS 2009, 394).

S. weiterführend: Bialluch/Wernert JuS 2018, 326 (328 ff.); Eiden Ad Legendum 2012, 290 (292 ff.); Kerbein JuS 2002, 353; Kuhn JURA 2023, 1233 u. 1376; Pieper/Stenmans Ad Legendum 2011, 176; allgemeiner Beck JURA 2012, 61; Bock/Hülskötter JURA 2020, 1074; Früh JuS 2021, 905; zu Fragen des Analogieschlusses und der teleologischen Reduktion Kuhn JuS 2016, 104.

1. **Problem** (§ 883 II BGB)
Fällt die Vermietung bzw. Verpachtung eines mit einer Auflassungsvormerkung belasteten Grundstücks unter § 883 II 1 BGB?

Ausgangsfall:

Durch notariell beurkundeten Vertrag verkauft V dem K am 10.2. ein Hausgrundstück und bewilligt ihm zugleich eine Auflassungsvormerkung, die am 5.3. eingetragen wird. Einen Monat später, am 5.4., vermietet V das Haus schriftlich für fünf Jahre an M und überlässt diesem den Besitz. Hiervon erfährt K erst, nachdem er im Grundbuch als Eigentümer eingetragen worden ist. Kann K nunmehr von M Herausgabe des Grundstücks verlangen?

Ausgangspunkt:

Der Erwerber eines Grundstücks tritt gem. § 566 I BGB (iVm § 578 I BGB; bei Pachtverträgen iVm §§ 581 II, 593b BGB) anstelle des Veräußerers in einen von diesem abgeschlossenen Mietvertrag ein, wenn der Abschluss des Mietvertrages und die Überlassung des Grundstücks an den Mieter vor seinem Eigentumserwerb erfolgt waren („Kauf bricht nicht Miete“ bzw. präziser *entgegen der amtlichen Überschrift* „Neuer Eigentumserwerb bricht nicht Miete“, vgl. zur Wirkung des § 566 BGB im Einzelnen Streyl NZM 2010, 343 u. MüKoBGB/Häublein § 566 Rn. 30 ff.). Der Mieter erwirbt damit grundsätzlich auch gegenüber dem neuen Grundstückseigentümer ein Recht zum Besitz iSv § 986 I 1 Var. 1 BGB, sodass dieser den Besitz nicht herausverlangen kann. Fraglich ist jedoch, ob dies auch dann gelten kann, wenn bei Abschluss des Mietvertrages und Überlassung des Mietbesitzes bereits eine Auflassungsvormerkung zugunsten des späteren Grundstückerwerbers eingetragen war oder die Vormerkungswirkung in diesem Fall den Vertragsübergang nach § 566 I BGB ausschließt?

Zunächst könnte man erwägen, dass die in Erfüllung des vorgemerkten Anspruchs erfolgende Eigentumsübertragung nach § 883 III BGB als bereits in dem Zeitpunkt geschehen anzusehen ist, in dem die Vormerkung eingetragen wurde. Die Eigentumsübertragung wäre damit als vor der Überlassung des Mietbesitzes erfolgt anzusehen und § 566 I BGB, der voraussetzt, dass die Eigentumsübertragung erst nach der Überlassung des Mietbesitzes erfolgt, wäre unanwendbar. In der Tat ist diese Auffassung früher (Planck/Knoke BGB § 571 Anm. 1e β und Mittelstein, Die Miete, 4. Aufl. 1932, S. 660) vertreten worden. Sie ist heute jedoch zu Recht allgemein aufgegeben. Denn § 883 III BGB behandelt nur den Rang des vorgemerkten Rechts; dass das vorgemerkte Recht, wenn es später endgültig eingetragen wird, als bereits im Zeitpunkt der Eintragung der Vormerkung entstanden behandelt werden müsste, lässt sich der Vorschrift nicht entnehmen. Der Eigentumserwerb wird in seinen Wirkungen also nicht durch § 883 III BGB auf den Zeitpunkt der Eintragung der Vormerkung zurückbezogen (vgl. BGHZ 13, 1 (3) = NJW 1954, 953).

Damit stellt sich die Frage, ob die Auflassungsvormerkung den Grundstückserwerber nicht (zumindest) dadurch schützt, dass die Vermietung des Grundstücks ihm als Vormerkungsberechtigten gegenüber als vormerkungswidrige Verfügung angesehen werden kann, die nach § 883 II 1 BGB unwirksam ist. In diesem Fall bestünde ein

Herausgabeanspruch aus § 985 BGB, da es am entgegenstehenden Recht zum Besitz iSd § 986 BGB mangelte.

I. (hier sog.) **Verfügungstheorie**

Die Vermietung oder Verpachtung eines Grundstücks stellt im Zusammenhang mit der Besitzüberlassung an den Mieter oder Pächter eine vormerkungswidrige Verfügung über das Grundstück dar, auf die § 883 II 1 BGB unmittelbar anwendbar ist.

Vertreten von:
Raape JherJb 71 (1922), 97 (180) (zur Vermietung); Mitteis, Zwei Fragen aus dem Bürgerlichen Recht, 1905, S. 40 (zur Verpachtung); MüKoBGB/Wacke, 4. Aufl. 2004, § 883 Rn. 42 (unter Hinweis auf die Verdinglichung des Mietrechts durch § 566 BGB). – Heute aber allgemein aufgegeben.

Argument
Der Eigentümer schränkt durch den Abschluss des Mietvertrages und die in Vollzug dieses Vertrages erfolgende Besitzüberlassung an den Mieter sein Eigentum in der Weise ein, dass er von dem Mieter nicht mehr die Herausgabe verlangen kann. Er hebt damit seinen Vindikationsanspruch für die Dauer des Mietverhältnisses auf. Als unmittelbar auf Einschränkung des Eigentums – also auf Änderung eines Rechts – gerichtetes Rechtsgeschäft stellt deshalb der Mietvertrag (zusammen mit der Besitzüberlassung) eine Verfügung im technischen Sinne dar.

II. (hier sog.) **Analogietheorie**

Auf die Besitzüberlassung an einen Mieter oder Pächter ist § 883 II 1 BGB zwar nicht unmittelbar, wohl aber entsprechend anwendbar. Die nach der Eintragung der Auflassungsvormerkung erfolgende Vermietung bzw. Verpachtung (samt anschließender Besitzüberlassung) ist somit in analoger Anwendung von § 883 II 1 BGB dem durch die Auflassungsvormerkung geschützten Grundstückserwerber gegenüber unwirksam.

Vertreten von:
Canaris FS Flume I, 1978, 371 (393 mit Fn. 101); Dörner, Dynamische Relativität, 1985, S. 95 (mit Einschränkungen); Eckert SachenR Rn. 835; Erman/Artz BGB § 883 Rn. 37; Gerhardt ImmobiliarsachenR S. 78 f.; Gernhuber, Das Schuldverhältnis, 1989, § 3 III 6; Grüneberg/Herrler BGB § 883 Rn. 20; J. Hager JuS 1990, 429 (434); Heck SachenR § 47, II 4; Kim, Der Interessenkonflikt zwischen dem durch Auflassungsvormerkung gesicherten Käufer und dem Mieter des verkauften Grundstücks, 1993, S. 181 ff.; HK-BGB/Staudinger § 883 Rn. 47; Josef Gruchot 62 (1918), 341 (347); Marpmann, Ist die Übertragung des Besitzes in Erfüllung eines Miet- oder Pachtvertrages als Verfügung im Sinne des § 883 II BGB anzusehen?, 1912, S. 22; MüKoBGB/Kohler, 8. Aufl. 2020, § 883 Rn. 54 (mit Einschränkungen); Oertmann, Recht der Schuldverhältnisse, 3./4. Aufl. 1910, Vorbem. 4b) zu §§ 571 ff.; Prütting SachenR Rn. 190; Raape, Das gesetzliche Veräußerungsverbot, 1908, S. 200 ff.; G. Reinicke/D. Reinicke NJW 1954, 1236 (1237); Schöner/Stöber, Grundbuchrecht, 16. Aufl. 2020, Rn. 1521 mit Fn. 3056; Staudinger/Gursky, 2013, BGB § 883 Rn. 211; Tiedtke JURA 1981, 354 (365 f.); v. Tuhr, Allgemeiner Teil des BGB, Bd. II/1, 1914,

S. 254; Weimar MDR 1966, 817 (818); H. Westermann SachenR § 84 IV 3c; Westermann/Gursky/Eickmann SachenR § 82 Rn. 28; Wieling/Finkenauer SachenR § 22 Rn. 25; Wieling GS Sonnenschein, 2003, 201 (216 f.); Wilhelm SachenR Rn. 2289; Wolff/Raiser SachenR § 48 Fn. 30.

1. Argument (gegen Theorie I)

Eine unmittelbare Anwendung von § 883 II 1 BGB kommt nicht in Betracht, denn der Abschluss eines Miet- oder Pachtvertrages über ein Grundstück stellt weder für sich allein noch im Zusammenhang mit der Besitzübertragung an den Mieter (Pächter) eine Verfügung dar. Verfügungen im Sinne des bürgerlichen Rechts sind nur solche Rechtsgeschäfte, die unmittelbar auf Übertragung, Aufhebung, Belastung oder inhaltliche Änderung eines bereits bestehenden Rechtes gerichtet sind. Der Abschluss eines Miet- bzw. Pachtvertrages erzeugt nur schuldrechtliche, dh relative Wirkungen und fällt deshalb nicht unter den dinglichen Verfügungsbegriff. Das Hinzutreten der Besitzüberlassung kann daran nichts ändern. Da der Besitz nur ein rein tatsächliches Herrschaftsverhältnis zur Sache beschreibt, aber kein eigenständiges Recht darstellt, wird durch eine Besitzübertragung auch nicht unmittelbar auf ein Recht eingewirkt. Auch der Sprachgebrauch des BGB unterscheidet scharf zwischen Vermietung bzw. Verpachtung eines Grundstücks einerseits und Verfügung über das Grundstück andererseits, vgl. etwa die §§ 1799 II 1, 1850 Nr. 1, 1853 S. 1 Nr. 1 BGB sowie die §§ 2113, 2135 BGB.

2. Argument

Für eine vergleichbare Interessenlage und damit einen Analogieschluss spricht, dass von der Vermietung durch § 566 I BGB eine quasi-dingliche Wirkung ausgeht, weil sie (an den Eigentumserwerb anknüpfend) nicht lediglich zwischen den (ursprünglichen) Vertragsparteien wirkt, sondern ebenso Wirkung gegenüber dem Erwerber der Sache, dh dem neuen Eigentümer als Dritten, entfaltet (vgl. zur „Verdinglichung“ Staake JURA 2006, 561 (562)). Es bewirkt folglich – wie bei einer Verfügung über ein Grundstück – Sukzessionsschutz, und ist damit durchaus mit einer Verfügung vergleichbar (Wilhelm, MüKoBGB/Kohler).

3. Argument

Wenn das Gesetz den vorgemerkten Gläubiger gegen Verfügungen über das Grundstück (also gegen Veräußerung oder Belastung des Grundstücks) schützt, so muss dieser erst recht gegen obligatorische Geschäfte geschützt sein, die zu einer Vorenthaltung des (unmittelbaren) Besitzes führen können. Würde man eine entsprechende Anwendung des § 883 II 1 BGB ablehnen, wäre der nur schuldrechtlich zum Besitz berechtigte Mieter bessergestellt als der dinglich zum Besitz berechtigte Nießbraucher (v. Tuhr, Westermann).

4. Argument

Die Interessen des Vormerkungsberechtigten erfordern den Schutz gegen Vermietungen in gleicher Weise wie gegen echte Verfügungen über das Grundstück. Die Vorenthaltung des unmittelbaren Besitzes infolge eines ihm gegenüber wirksamen Mietvertrages kann den Erwerber eines Grundstücks im Einzelfall viel stärker beeinträchtigen als etwa eine unbedeutende Grundstücksbelastung, sodass eine vergleichbare Interessenlage besteht. Die Interessen des Mieters erscheinen demgegenüber nicht schutzwürdiger als die des Erwerbers eines dinglichen Rechts am Grundstück.

5. Argument (gegen Theorie III, Arg. 5)
Die für den Analogieschluss erforderliche Ähnlichkeit zwischen einer Verfügung über das Eigentum am Grundstück und der Besitzüberlassung aufgrund eines Mietvertrages ist nicht etwa deshalb abzulehnen, weil der Mieter im Gegensatz zum Erwerber eines dinglichen Rechts das Grundbuch nicht einzusehen pflegt. Diese Tatsache führt nämlich nicht dazu, dass der Mieter gegenüber dem Erwerber eines dinglichen Rechts als schutzbedürftiger zu qualifizieren ist. Schließlich wird er auch nicht geschützt, wenn er den Mietvertrag mit einem (unberechtigten) Dritten abschließt, den er fälschlich für den Grundstückseigentümer hält, weil er es versäumt hat, sich durch Einsichtnahme im Grundbuch über die wahren Eigentumsverhältnisse zu informieren. Wenn er nun mangels vorheriger Einsichtnahme im Grundbuch einen Mietvertrag mit einem Eigentümer abschließt, dessen Recht durch Eintragung einer Auflassungsvormerkung beeinträchtigt ist, verdient er keinen weitergehenden Schutz (G. Reinicke/D. Reinicke).

6. Argument
Die Planwidrigkeit der Regelungslücke ergibt sich daraus, dass der Gesetzgeber nur an Verfügungen als weitaus wichtigere (vormerkungsbeeinträchtigende) Rechtsgeschäfte iSd § 883 II 1 BGB gedacht und andere Beeinträchtigungsmöglichkeiten schlichtweg übersehen hat. Soll die Vormerkung ihre Aufgabe als zuverlässiges Sicherungsmittel aber wirksam erfüllen, muss sie gegen jede Beeinträchtigung schützen, die den Erwerb des vormerkungsgesicherten Anspruchs „stört" (G. Reinicke/D. Reinicke).

III. (hier sog.) **Nichtanwendungstheorie**

§ 883 II 1 BGB ist auf die Vermietung oder Verpachtung eines Grundstücks weder unmittelbar noch entsprechend anwendbar. Der Erwerber eines Grundstücks tritt deshalb auch dann in einen vom Veräußerer abgeschlossenen Mietvertrag ein (vgl. § 566 I BGB), wenn im Zeitpunkt der Überlassung des Grundstücks an den Mieter (bzw. Pächter) bereits eine Auflassungsvormerkung zu seinen Gunsten eingetragen war.

Vertreten von:
BGHZ 13, 1 (3 ff.) = NJW 1954, 953; BGH NJW 1989, 451; 2024, 834 Rn. 21; OLG München NJW 1963, 301 (303); BVerwG NJW-RR 1986, 756 (757); AK-BGB/v. Schweinitz § 883 Rn. 31; Assmann, Die Vormerkung (§ 883 BGB), 1998, S. 95 ff., 99; Baur/Stürner SachenR § 20 Rn. 41; BeckOGK/Assmann, 1.5.2024, BGB § 883 Rn. 152, 152.3 ff.; BeckOK BGB/Herrmann § 566 Rn. 16; BeckOK BGB/Eckert § 883 Rn. 48; Biermann SachenR § 883 Anm. 5a γ; Eichler Institutionen SachenR II/2 S. 409; Endemann, Lehrbuch des Bürgerlichen Rechts, Bd. II/1, 8./9. Aufl. 1905, § 65 Fn. 56; Erman/Lützenkirchen/Selk BGB § 566 Rn. 8; Finger JR 1974, 8 (12); Gottwald PdW SachenR S. 28; Grüneberg/Weidenkaff BGB § 566 Rn. 8; Habersack SachenR Rn. 341; Jauernig/Berger BGB § 883 Rn. 17; Knöpfle JuS 1981, 157 (162); Jacoby/v. Hinden BGB § 566 Rn. 3, § 883 Rn. 9; Larenz SchuldR II, 12. Aufl. 1981, § 48 IV Fn. 5 (S. 205); Löhnig/Gietl JuS 2008, 102 (104 f.); Müller/Gruber SachenR Rn. 2915 ff.; MüKoBGB/Lettmaier § 883 Rn. 65; Neuner SachenR Rn. 595; Niendorff, Mietrecht, 10. Aufl. 1914, S. 306; NK-BGB/Krause § 883 Rn. 60; Otte FS Wieacker, 1978, 463 (473); Otte GS Sonnenschein, 2003, 181 (182 ff.); Planck/Strecker

BGB § 883 Anm. 3a α; Prütting/Wegen/Weinreich/Huhn BGB § 883 Rn. 15; RGRK/Augustin BGB § 883 Rn. 93; RGRK/Gelhaar BGB § 571 Rn. 15; Roquette, Das Mietrecht des Bürgerlichen Gesetzbuches, 1966, § 571 Rn. 17; Rüscher JURA 2020, 649 (660); Schellhammer SachenR Rn. 948; Sekler, Die Lehre von der Vormerkung, 1904, S. 179; Soergel/Kern BGB § 883 Rn. 47; Staake JURA 2006, 561 (565); Staudinger/Emmerich, 2021, BGB § 566 Rn. 6; Staudinger/Kesseler, 2020, BGB § 883 Rn. 249; Staudinger/Seufert, 1956, BGB § 883 Rn. 49; U. Weber, Die Anwendung der Vorschriften über Rechte an Grundstücken auf die Vormerkung, 1962, S. 40 ff., 44 f.; Wellenhofer SachenR § 18 Rn. 19; E. Wolf SachenR S. 581.

1. Argument
Aus dem Wesen der Vormerkung, die im Grundbuch auf eine kommende dingliche Rechtsänderung hinweist, ergibt sich, dass die Vormerkung den Berechtigten nur gegen zwischenzeitliche dingliche Rechtsänderungen schützen will.

2. Argument
Die Vermietung oder Verpachtung kann einer Verfügung über das Grundstück für § 883 II 1 BGB nicht gleichgestellt werden. Durch eine Verfügung (im technischen Sinne) über das Grundstück wird der Erwerb des (unbelasteten) Eigentums unmöglich. Dem durch die Auflassungsvormerkung geschützten Erwerber wird dadurch ein Teil des vorgemerkten Rechtes in seinem Bestand, nicht nur eine Möglichkeit der Verwertung dieses Rechts vorenthalten. Durch einen Miet- oder Pachtvertrag über das Grundstück wird der Erwerb des Eigentums im Gegensatz dazu nicht gehindert, sondern dem Eigentümer lediglich die Möglichkeit vorenthalten, das in vollem Umfang erworbene Recht in bestimmter Weise zu nutzen (Staudinger/Seufert).

3. Argument
Es ist nicht einzusehen, warum dem Erwerber der Vorrang gegenüber dem Mieter eingeräumt werden soll, da beiden nur ein schuldrechtlicher Anspruch gegen den Veräußerer bzw. den Vermieter zusteht. Es besteht deshalb kein Anlass, die Regelung des § 566 BGB für den durch eine Auflassung geschützten Erwerber (mittels § 883 II BGB) zu durchbrechen (BGH).

4. Argument
Bei Berücksichtigung des verfassungsrechtlich niedergelegten Sozialstaatsprinzips (Art. 20 I GG) und der Bestandsschutzregelungen des sozialen Mietrechts (zB §§ 574, 574a und § 557 III BGB) muss der durch § 566 BGB beabsichtigte soziale Schutz für den Mieter gegenüber dem Vormerkungsschutz als vorrangig bewertet werden (Finger JR 1974, 8 (12), Staudinger/Kesseler) (beachte aber: im Kontext der Gewerberaummiete bzw. der Verpachtung verliert das „soziale Argument“ merklich an Gewicht).

5. Argument
Zwischen den Fällen echter Verfügung über ein Grundstück und bloßer Vermietung bzw. Verpachtung besteht ein erheblicher Unterschied, der das Vorliegen einer vergleichbaren Interessenlage und damit auch eine analoge Anwendung des § 883 II 1 BGB (auf die letzteren Fälle) ausschließt: Wer ein dingliches Recht an einem Grundstück erwirbt, hat Anlass, vorher das Grundstück einzusehen und wird das meist auch tun. Er wird dann durch die Eintragung der Auflassungsvormerkung gewarnt;

missachtet er diese Warnung, muss er das Risiko der Vormerkungswirkungen tragen. Der Mieter eines Grundstücks hat dagegen in aller Regel keine Veranlassung, vor Abschluss des Mietvertrages das Grundbuch einzusehen und pflegt dies auch nicht zu tun (BGH, Biermann SachenR).

6. Argument (gegen Theorie II, Arg. 5)
Selbst wenn ein Mietinteressent das Grundbuch einsehen wollte, würde ihm wohl regelmäßig nur die Einsicht in Abteilung I gestattet werden (s. insofern § 12 I 1 GBO (berechtigtes Interesse?)); die in Abteilung II eingetragene Auflassungsvormerkung bekäme er dann gar nicht zu sehen.

7. Argument
Das Interesse des durch die Auflassungsvormerkung geschützten Grundstückserwerbers kann schon deshalb nicht so hoch bewertet werden, dass es eine analoge Anwendung des § 883 II 1 BGB rechtfertigen könnte, weil der Grundstückserwerber dafür, dass er den Mieter bzw. Pächter dulden muss, einen Ausgleich in Gestalt der Miete bzw. Pacht erhält. Denn er tritt gem. § 566 I BGB nicht nur in die Pflichten, sondern auch in die Rechte aus dem Miet- bzw. Pachtvertrag ein (BGH).

8. Argument
Es fehlt an der für den Analogieschluss erforderlichen Vergleichbarkeit, denn dem (durch § 566 I BGB „belasteten") Erwerber können Kündigungsrechte zustehen (vgl. § 542 BGB iVm §§ 573c, 580a BGB und § 573 II Nr. 2, 3 BGB), die ihm die Lösung vom Miet- oder Pachtvertrag gestatten; bei Einräumung dinglicher Nutzungsrechte (zB Nießbrauch, Wohnrecht) besteht hingegen gerade keine einseitige Beendigungsmöglichkeit des Eigentümers, es bedarf vielmehr der Aufgabeerklärung des dinglich Berechtigten (vgl. §§ 875, 1064 BGB; s. ferner § 1061 BGB (Erlöschen durch Tod des Berechtigten)) (Assmann, Löhnig/Gietl).

9. Argument
Die Vormerkung sichert nur den Anspruch auf die dingliche Rechtsänderung, im Falle der Auflassungsvormerkung also nur den Anspruch auf Übereignung, nicht auch den davon zu unterscheidenden, schuldrechtlichen Anspruch auf Besitzverschaffung. Dementsprechend kann die Vormerkung nicht auch gegen eine Vereitelung der Herausgabe schützen (Assmann).

Fallbeispiel:

Im Ausgangsfall könnte dem M ein Recht zum Besitz iSv § 986 I 1 Var. 1 BGB aufgrund eines zwischen ihm und K bestehenden Mietvertrages zustehen, welches den Herausgabeanspruch des K aus § 985 BGB ausschließt.

M hatte das Grundstück zwar nicht von K, sondern von V gemietet. Da K dieses aber erst nach dem Abschluss des Mietvertrages und Besitzüberlassung an M vom Vermieter V erworben hat, tritt er nach § 566 I BGB anstelle des V in dessen Pflichten aus dem Mietvertrag ein, sofern die bei der Besitzüberlassung an M bereits bestehende Vormerkung die Wirkung des § 566 I BGB nicht ausschließt. Allgemein anerkannt ist heute, dass der Ausschluss des § 566 I BGB nicht aus § 883 III BGB folgt. Nach Theorie I („Verfügungstheorie") und Theorie II („Analogietheorie") folgt er jedoch aus einer unmittelbaren oder zumindest entsprechenden Anwendung des § 883 II 1 BGB auf die Vermietung bzw. Verpachtung des mit einer Auflassungsvormerkung belasteten Grundstücks. Danach stünde M gegenüber K kein Recht zum Besitz zu. Nach Theorie III („Nichtanwendungstheorie") steht die Vormerkung dagegen dem Vertragsübergang nach § 566 I BGB nicht entgegen, sodass M wirksam ein Recht zum Besitz iSv § 986 BGB erworben hat.

Klausurhinweis:
Im Mittelpunkt des dargestellten Streitsstandes steht die Frage, ob die Voraussetzungen für eine analoge Anwendung des § 883 II 1 BGB vorliegen (planwidrige Regelungslücke und vergleichbare Interessenlage). Im Interesse einer methodisch nachvollziehbaren Lösung ist es daher ratsam, die eigene Darstellung unter Berücksichtigung der oben aufgeführten Argumente an diesen Voraussetzungen auszurichten. S. zur Vertiefung Kuhn JuS 2016, 104.

S. ergänzend Baker JURA 2011, 450; Breidenstein ZJS 2010, 61; Jotzo JuS 2019, 622; Kaiser JuS 2012, 341; Matzke/Palenker JURA 2017, 951; Neuner SachenR Fall 15; Wertheimer JURA 1991, 206.

Eine ähnliche Problematik kann sich iRd § 816 I 1 BGB stellen, vgl. dazu die Darstellung bei Gursky/Linardatos, 20 Probleme aus dem Bereicherungsrecht, 7. Aufl. 2023, Problem Nr. 11, S. 105 ff.

2. Problem (§§ 883 II, 888 I BGB)
Wie weit reicht die Schutzwirkung des § 883 II 1 BGB und wie wird eine gutgläubig erworbene Vormerkung durchgesetzt?

Ausgangsfall:

A ist, ohne es zu wissen, bloßer Bucheigentümer eines in Wirklichkeit dem E gehörenden Grundstücks. Am 4.5. macht er dem Y bezüglich dieses Grundstücks eine notariell beurkundete Kaufofferte mit dreimonatiger Bindung und bewilligt gleichzeitig eine Auflassungsvormerkung, die am 2.6. eingetragen wird. Am 20.6. nimmt Y das Angebot ebenfalls in notariell beurkundeter Form an, nachdem am 4.6. aufgrund einer von E erwirkten Verfügung ein Widerspruch gegen die Richtigkeit des Grundbuchs (A = Eigentümer) eingetragen worden war (vgl. § 899 BGB). Nunmehr wird das Grundstück von A an Y aufgelassen und Y als Eigentümer eingetragen. Ist Y dadurch Eigentümer des Grundstücks geworden?

Ausgangspunkt:

Es ist heute allgemein anerkannt, dass eine rechtsgeschäftlich bewilligte Vormerkung bei ihrer Begründung gutgläubig erworben werden kann (sog. gutgläubiger Ersterwerb; s. zum gutgläubigen Zweiterwerb Problem Nr. 3). Lediglich hinsichtlich der dogmatischen Begründung herrscht Uneinigkeit; die Kontroverse, ob eine direkte Anwendung des § 892 I 1 BGB, eine analoge Anwendung des § 892 I 1 BGB oder ein Vorgehen über § 892 I 1 BGB iVm § 893 Var. 2 BGB vorzugswürdig ist, ist letztlich aber rein akademischer Natur, da in jedem Fall die Voraussetzungen des § 892 I 1 BGB vorliegen müssen (s. dazu Rüscher JURA 2020, 649 (654 f.)).

Es ist weiterhin ganz hM (anders nur die sog. *kleine Lösung*, vertreten von Caro JR 1928, 117 u. 132; Goetzke/Habermann JuS 1975, 82; Wiegand JuS 1975, 205 (212); Knöpfle JuS 1981, 157 (165 f.) und ausführlich Assmann, Die Vormerkung (§ 883 BGB), 1998, S. 102 ff., 357 ff., 370 f. bzw. BeckOGK/Assmann, 1.5.2024, BGB § 883 Rn. 154 ff., § 885 Rn. 14 ff.), dass der Vormerkungsgläubiger aufgrund der gutgläubig erworbenen Vormerkung auch dann die Möglichkeit des Erwerbs des „vorgemerkten" Rechts haben muss, wenn hinsichtlich dieses Rechts die Voraussetzungen des gutgläubigen Erwerbs inzwischen nicht mehr vorliegen; der gutgläubige Erwerb der Vormerkung wäre andernfalls (ja) praktisch völlig wertlos. Ein Eigentumserwerb des vorgemerkten Rechts ist somit auch möglich, wenn nach dem gutgläubigen Vormerkungserwerb ein Widerspruch im Grundbuch eingetragen wurde, eine Grundbuchberechtigung erfolgt ist oder der Vormerkungsinhaber bösgläubig wurde (sog. *große Lösung*, vgl. Staudinger/Kesseler, 2020, BGB § 883 Rn. 263 mwN). Für das Vorliegen der Gutglaubensvoraussetzungen des § 892 I 1 BGB kommt es demnach nicht auf den Zeitpunkt des Erwerbs des Vollrechts, sondern den der Vormerkung bzw. des Eintragungsantrags an (vgl. § 892 II BGB). Die argumentative Rechtfertigung des so erzeugten „Erwerbsschutzes" (durch faktische Vorverlagerung des maßgeblichen Zeitpunkts für das Vorliegen der Voraussetzungen des gutgläubigen Eigentumserwerbs) liegt in der Funktion der Vormerkung; die methodische Umsetzung erfolgt durch eine analoge Anwendung des § 883 II 1 BGB (s. näher zur Argumentation Stamm JuS 2003, 48 (51 f.) und unten Theorie I, Arg. 1–3).

Wie die gutgläubig erworbene Vormerkung in diesem Fall jedoch (formell- und materiellrechtlich) durchgesetzt werden kann, ist nach wie vor umstritten. Insbesondere ist fraglich, ob es für den Grundstückserwerb einer Mitwirkung des wahren Eigentümers bedarf.

I. (hier sog.) Rückbeziehungstheorie

Im Falle des gutgläubigen Erwerbs einer Vormerkung genügt nach dem Rechtsgedanken des § 883 II BGB das Vorliegen der Gutglaubensschutzvoraussetzungen bei Eintragung der Vormerkung auch für den späteren Erwerb des vorgemerkten Rechtes. Kenntniserlangung, Widerspruch und Grundbuchberichtigung nach Erwerb der Vormerkung hindern also den Erwerb des vorgemerkten Rechtes von dem eingetragenen Nichtberechtigten nicht (sog. große Lösung). Der Vormerkungsgläubiger kann das vorgemerkte Recht trotz zwischenzeitlichen Wegfalls der Gutglaubensvoraussetzungen kraft seines früheren guten Glaubens vom Nichtberechtigten, ohne materiellrechtliche Mitwirkung des wahren Berechtigten, erwerben (soweit allerdings nach den §§ 39, 19 GBO eine formell-rechtliche Zustimmung des wahren Berechtigten zur Eintragung erforderlich ist – etwa wenn eine zwischenzeitliche Grundbuchberichtigung zugunsten des wahren Eigentümers erfolgt ist –, ist der Berechtigte zur Abgabe dieser Zustimmung in Analogie zu § 888 I BGB verpflichtet).

Vertreten von:
RGZ 121, 44 (46 f.); BGHZ 28, 182 (187) = NJW 1958, 2013; BGHZ 57, 341 (343 f.) = NJW 1972, 434; BGH NJW 1981, 446 (447); NJW-RR 2008, 102 Rn. 21; BayObLG MittBayNot 1991, 78 (79); OLG Dresden NotBZ 1999, 261; OLG Jena OLG-NL 2000, 37 (39); OLG Karlsruhe NJW-RR 1998, 445 (446 f.); OLG Schleswig FGPrax 2004, 264 (265); OLG Köln DNotZ 2011, 441 (442 f.); OLG Brandenburg NotBZ 2021, 338 (339 f.); OLG Naumburg NotBZ 2022, 189 (191 f.); AK-BGB/v. Schweinitz § 885 Rn. 25; Baur/Stürner SachenR § 20 Rn. 29, 66; Brehm/Berger SachenR Rn. 13.31; Canaris JuS 1969, 80 (82 f.); Dannecker MittBayNot 1979, 144 (147); Eckert SachenR Rn. 810 ff.; Ehricke/Diehn JuS 2002, 669 (671 f.); Erman/Artz BGB § 883 Rn. 26; Gerhardt ImmobiliarsachenR S. 83 f.; Jacoby/v. Hinden BGB § 893 Rn. 2; J. v. Gierke SachenR § 20 IV 3; Görmer JuS 1991, 1011 (1013 f.); Gursky Klausurenkurs SachenR Rn. 38 ff., 43 ff.; Habersack SachenR Rn. 337; J. Hager JuS 1990, 429 (438); Hüttinger NotBZ 1998, 105 (109); HK-BGB/Staudinger § 883 Rn. 24 f.; Jauernig/Berger BGB § 883 Rn. 26; Medicus/Petersen BürgerlR Rn. 554; Musielak/Mayer EK BGB Rn. 568 ff.; Mülbert AcP 197 (1997), 335 (343 ff.); MüKoBGB/Lettmaier § 885 Rn. 45 f., 51, § 888 Rn. 10; MüKoBGB/Schäfer § 893 Rn. 13; Neuner SachenR Rn. 604 ff., 607 ff.; NK-BGB/Krause § 892 Rn. 68, 71; Grüneberg/Herrler BGB § 885 Rn. 13; Planck/Strecker BGB § 883 Anm. 3k; Schreiber/Ruge/Preuß, Handbuch Immobilienrecht, 4. Aufl. 2020, Kap. 14 Rn. 56 f.; D. Reinicke NJW 1968, 791; Roloff NJW 1968, 484; Schapp/Schur SachenR Rn. 373; Schöner/Stöber, Grundbuchrecht, 16. Aufl. 2020, Rn. 1536; C. Schreiber SachenR Rn. 411; Soergel/Kern BGB § 883 Rn. 55, § 892 Rn. 43, § 893 Rn. 9 mit Fn. 22; Stamm, Die Auflassungsvormerkung, 2003, S. 101 ff., 107 ff.; Stamm JURA 2006, 133 (136, 138); Staudinger/Gursky, 2013, BGB § 883 Rn. 219, § 888 Rn. 72 f. u. § 892 Rn. 187, 192; Staudinger/Kesseler, 2020, BGB § 883 Rn. 263, § 888 Rn. 83 ff.; Staudinger/Picker, 2019, BGB § 892 Rn. 187, 192; Staudinger/Seufert, 11. Aufl. 1956, BGB § 883 Rn. 56; Stürner KreditsicherungsR § 14 Rn. 92 ff., 104 f.; Tiedtke JURA 1981, 354 (362 f.); Tiedtke,

Gutgläubiger Erwerb, 1985, S. 103 ff., 108 ff., 112; Vieweg/Lorz SachenR § 14 Rn. 12, 19; Wacke NJW 1981, 1577 (1578); Weirich/Ivo/Ivo, Grundstücksrecht, 4. Aufl. 2015, Rn. 957 f.; Westermann/Staudinger SachenR Rn. 507; Wieling/Finkenauer SachenR § 22 Rn. 28 f.; Wilhelm SachenR Rn. 2265 ff.; Wellenhofer SachenR § 19 Rn. 32; nur im Ergebnis Ludwig DNotZ 1987, 403 (408 ff.); mit Einschränkungen Hepting NJW 1987, 865 (870 ff.).

1. Argument
Dass die Voraussetzungen des gutgläubigen Erwerbs entgegen der von § 892 BGB aufgestellten Regel nicht im Zeitpunkt der Verfügung des Nichtberechtigten (Vollrechtserwerb) vorliegen müssen, sondern dass vielmehr ihr Vorliegen zur Zeit der Eintragung bzw. des Antrags auf Eintragung der Vormerkung genügt, lässt sich § 883 II 1 BGB entnehmen. Zwar schützt die Regelung den Vormerkungsgläubiger nach ihrem Wortlaut nur vor „vormerkungswidrigen Verfügungen" des Schuldners, die die Erfüllung des gesicherten Anspruchs unmöglich machten. Doch lässt sich der hierin enthaltene Gedanke dahingehend verallgemeinern, dass es beim späteren Erwerb des vorgemerkten Rechts – sowohl hinsichtlich der Berechtigung des Vormerkungsschuldners als auch für diejenigen Voraussetzungen, die diese ersetzen können (Bucheigentümerstellung des Verfügenden, Fehlen eines Widerspruchs, guter Glaube des Erwerbers) – allein auf den Zeitpunkt der Entstehung der Vormerkung ankommen soll. Dies folgt aus dem Wesen der Vormerkung als verlässliches Sicherungsmittel für den Rechtsverkehr. Diesen Zweck (Erwerbsschutz) kann sie nur erfüllen, wenn sie den Vormerkungsberechtigten nicht bloß gegen abweichende Zwischenverfügungen des Veräußerers, sondern (entsprechend § 883 II 1 BGB) auch gegen andere Beeinträchtigungen schützt, die den Rechtserwerb hindern würden (Staudinger/Gursky, 2013, BGB § 888 Rn. 72, § 892 Rn. 187 und ihm folgend Staudinger/Kesseler, 2020, BGB § 888 Rn. 84; zudem Staudinger/Picker, 2019, BGB § 892 Rn. 187).

2. Argument
Dafür dass die Voraussetzungen des gutgläubigen Erwerbs des eingetragenen Rechts lediglich im Augenblick des Erwerbs der Vormerkung vorzuliegen brauchen, spricht ferner, dass sich auch in allen anderen wesentlichen Fragen die Voraussetzungen der Zuordnung des gesicherten Rechts nach der Vormerkung bestimmen (vgl. §§ 883 III, 884 BGB, §§ 106, 254 II 1 InsO) (Canaris).

3. Argument
Die Vormerkung ist vor allem deshalb eingeführt worden, damit die Schutzlücke geschlossen wird, die sich für den Erwerber aus dem Verbot einer aufschiebend bedingten Grundstücksübereignung (§ 925 II BGB) ergibt. Bei Zulassung einer aufschiebend bedingten Übereignung wäre aber ein Entfallen der Gutglaubensschutzvoraussetzungen zwischen Eintragung und Bedingungseintritt bedeutungslos; genauso wie das bei aufschiebend bedingten Bestellungen von beschränkten Liegenschaftsrechten der Fall ist (vgl. Staudinger/Picker, 2019, BGB § 892 Rn. 197).

4. Argument
Ein anerkennenswerter Schutzzweck, den das Erfordernis einer materiell-rechtlichen Zustimmung des wahren Berechtigten erfüllen könnte, ist nicht ersichtlich (Canaris).

5. Argument
Gegen das Erfordernis der materiell-rechtlichen Zustimmung des wahren Berechtigten spricht, dass man dann dem Vormerkungsgläubiger einen Anspruch gegen den wahren Berechtigten auf Erteilung der Zustimmung geben müsste, sich hierfür aber keine geeignete Anspruchsgrundlage finden lässt. Eine analoge Anwendung des § 888 I BGB, nach dem der Vormerkungsgläubiger bei vormerkungswidrigen Verfügungen des Schuldners vom Dritterwerber (zur Verwirklichung des vorgemerkten Anspruchs) Zustimmung zur erforderlichen Eintragung verlangen kann, kommt hierfür nicht in Betracht. Die analoge Anwendung einer Rechtsnorm kann nämlich nicht zu einer Veränderung der angeordneten Rechtsfolge führen (sie führt lediglich zur Erweiterung des Anwendungsbereichs (vergleichbarer Sachverhalt?)). § 888 I BGB gibt aber – wie sich aus dem Wortlaut der Vorschrift ergibt – keinen Anspruch auf materiell-rechtliche Zustimmung, sondern verpflichtet den vormerkungswidrig eingetragenen Dritterwerber nur, die wegen des im Grundbuchrecht geltenden Grundsatzes der formellen Legitimation erforderliche Erklärung iSd § 19 GBO abzugeben (vgl. § 888 I BGB: „Zustimmung zu der Eintragung oder Löschung", nicht aber „Einigung").

6. Argument
Ein Anspruch des Vormerkungsgläubigers gegen den wahren Berechtigten auf Zustimmung zum Erwerb des vorgemerkten Rechtes würde den wahren Berechtigten unzumutbar belasten. Wenn er nämlich vom Vormerkungsgläubiger auf Abgabe dieser Zustimmungserklärung verklagt würde, müsste er nach der in § 892 BGB zum Ausdruck gebrachten Beweislastverteilung den bösen Glauben des Vormerkungsgläubigers beweisen. Gelänge ihm das nicht, würde er verurteilt und die Rechtskraft des Urteils ersetzte seine Zustimmungserklärung (§ 894 ZPO). Damit würde aber gem. § 185 BGB der Rechtserwerb des Vormerkungsgläubigers auch dann eintreten, wenn dieser in Wirklichkeit infolge Bösgläubigkeit die Vormerkung gar nicht erworben hatte. Stellt man stattdessen für die Voraussetzungen des gutgläubigen Erwerbs des vorgemerkten Rechts auf den Zeitpunkt der Eintragung der Vormerkung ab, so steht der wahre Berechtigte viel günstiger: Er kann sich Zeit lassen, bis er genug Beweismittel dafür hat, dass der angebliche gutgläubige Erwerber bereits bei Stellung des Antrags auf Eintragung der Vormerkung – dem nach § 892 II BGB entscheidenden Zeitpunkt – bösgläubig war, und dann die Klage auf Zustimmung zur Grundbuchberichtigung erheben (Roloff).

7. Argument
Durch den gutgläubigen Vormerkungserwerb ist bereits der Grund für die Erfüllbarkeit des Anspruchs gelegt. Der Erwerb des vorgemerkten Rechts vollzieht sich unabhängig von der weiteren Entwicklung des Grundbuchinhalts und guten Glaubens des Vormerkungsberechtigten. Daraus ergibt sich, dass als (berechtigter) Rechtsinhaber iSd § 892 BGB gilt, wer im Eintragungszeitpunkt der Vormerkung im Grundbuch eingetragen ist (RG).

II. (hier sog.) **Zustimmungstheorie**

Der gutgläubige Erwerb einer Vormerkung ändert nichts daran, dass ein gutgläubiger Erwerb des vorgemerkten (Voll-)Rechts nur dann in Betracht kommt, wenn die Voraussetzungen des Gutglaubensschutzes auch noch in dem Zeitpunkt vorliegen, in dem der Antrag auf Eintragung des Rechtserwerbs gestellt wird (vgl. § 892 II BGB). Hat der Vormerkungsgläubiger in der Zwischenzeit von der Nichtberechtigung des Vormerkungsschuldners Kenntnis erlangt oder ist in der Zwischenzeit das Grundbuch berichtigt oder ein Widerspruch eingetragen worden, so kann der Vormerkungsschuldner als bloßer Buchberechtigter dem Vormerkungsgläubiger das Recht nicht mehr verschaffen. Der Vormerkungsgläubiger kann jedoch aufgrund der gutgläubig erworbenen Vormerkung in Analogie zu § 888 I BGB von dem wahren Berechtigten Zustimmung zu der Verfügung des Nichtberechtigten verlangen. Durch diese Zustimmung wird die Verfügung des Nichtberechtigten gem. § 185 BGB wirksam.

Vertreten von:
J. F. Baur JZ 1967, 437; Gernhuber, Bürgerliches Recht, 3. Aufl. 1991, § 24 III 1c ff; wohl auch RGRK/Augustin BGB § 888 Rn. 17; wohl für Anspruch auf materielle Zustimmung aus § 888 I BGB unmittelbar Harms SachenR S. 296 f.; ähnlich Kupisch JZ 1977, 486 (495 f.) und OLG Düsseldorf DNotZ 1971, 371 (373), nach denen der Eigentümer aus § 888 I BGB analog sogar zur Abgabe der Auflassungserklärung verpflichtet ist.

1. Argument
Der Versuch, den endgültigen Rechtserwerb bei Wegfall der Voraussetzungen des Gutglaubensschutzes (nach dem gutgläubigen Erwerb der Vormerkung) durch eine Streckung des Tatbestandes des gutgläubigen Erwerbs des Vollrechts vom Augenblick des Vormerkungserwerbs bis zur Vollendung des endgültigen Rechtserwerbs zu begründen, bedeutet eine Durchbrechung des allgemeingültigen Grundsatzes, dass die Voraussetzungen des gutgläubigen Erwerbs auch noch im Augenblick der Verfügung des Nichtberechtigten vorliegen müssen (vgl. § 892 I 1, § 932 I 1, § 2366 BGB). Sie wäre allenfalls dann zulässig, wenn sich der Rechtserwerb des Vormerkungsgläubigers nicht anders „konstruieren" ließe. Die Auffassung, dass der Vormerkungsschuldner nach Wegfall der Gutglaubensschutzvoraussetzungen dem Vormerkungsgläubiger das Recht nicht mehr ohne Mitwirkung des wahren Berechtigten verschaffen kann, dass der Vormerkungsgläubiger aber gegen den wahren Berechtigten in Analogie zu § 888 I BGB einen Anspruch auf Zustimmung zu seinem Rechtserwerb hat, kommt ohne die Durchbrechung eines allgemeinen Grundsatzes aus und ist deshalb vorzuziehen (J. F. Baur).

2. Argument (gegen Theorie I, Arg. 5)
Dass § 888 I BGB in unmittelbarer Anwendung dem Vormerkungsgläubiger gegen den aufgrund einer vormerkungswidrigen Verfügung eingetragenen Dritterwerber nur einen Anspruch auf Abgabe der nach der GBO erforderlichen formell-rechtlichen Erklärung gibt, ist unerheblich. § 888 I BGB soll als Hilfsanspruch dann eingreifen, wenn die in § 883 II BGB ausgesprochene Unwirksamkeitsfolge nicht ausreicht, um dem Vormerkungsgläubiger die Durchsetzung seines Anspruchs zu ermöglichen. Im „Normalfall", von dem der Gesetzgeber bei der Abfassung des § 888 I BGB ausgegangen ist, bedarf es hierzu lediglich einer grundbuchrechtlichen Zustimmungserklärung. Die Möglichkeit, dass eine solche infolge eines gutgläubigen Erwerbs der Vormerkung nicht ausreichen könnte, hat der Gesetzgeber gar nicht berücksichtigt, wie er überhaupt die Möglichkeit eines gutgläubigen Erwerbs der Vormerkung nicht in Betracht gezogen hat. In diesem Falle wird man der ratio legis des § 888 I BGB nur

dann gerecht, wenn man den Anspruch hier als auf Abgabe einer materiell-rechtlichen Zustimmungserklärung gerichtet ansieht (J. F. Baur).

Fallbeispiel:

Im Ausgangsfall hat Y die Vormerkung gem. §§ 892 I 1, 893 Var. 2 BGB gutgläubig vom Nichtberechtigten A erworben. Ein gutgläubiger Erwerb des Grundstücks nach den §§ 873 I Var. 1, 925 I 1, 892 I 1 BGB durch den Bucheigentümer A scheitert nach Theorie II („Zustimungstheorie") jedoch daran, dass bereits vor der Umschreibung des Eigentums auf ihn ein Widerspruch gegen die Bucheigentümerposition des A eingetragen worden war. Y hätte danach noch kein Eigentum erworben, könnte jedoch analog § 888 I BGB von E Zustimmung zu der vom Nichtberechtigten A vorgenommenen Eigentumsübertragung an ihn verlangen, die ihn dann gem. §§ 185 II 1 Var. 1, 184 I BGB rückwirkend zum Eigentümer machen würde. Nach Theorie I („Rückbeziehungstheorie") ist der nach Erwerb der Auflassungsvormerkung eingetragene Widerspruch dagegen gem. § 883 II 1 BGB für den gutgläubigen Erwerb des vorgemerkten Rechts (Eigentum am Grundstück) unschädlich. Die gutgläubig erworbene Vormerkung bewirkte, dass die beim Vormerkungserwerb bestandene Verfügungsmacht des A fortwirkt. Y ist also trotz des Widerspruchs Eigentümer des Grundstücks geworden, ohne dass es einer Mitwirkung des E bedurfte.

S. ergänzend Canaris JuS 1969, 80; Ehricke/Diehn JuS 2002, 669; Gursky Klausurenkurs SachenR Fall 3; J. Hager JuS 1987, 555; Loyal JURA 2019, 399; Neuner SachenR Fall 16; Olzen/Maties/Loschelders Zivilrechtliche Klausurenlehre Fall 29; Stamm JURA 2006, 133; Thümmler JuS 2009, 635; Witt JuS 2004, 48.

3. Problem (§§ 892, 893, 883 BGB) Ist ein gutgläubiger Zweiterwerb der Vormerkung möglich?

Ausgangsfall:

Der im Grundbuch eingetragene Nichteigentümer N verkauft „sein“ Grundstück an den bösgläubigen K unter Bewilligung einer Auflassungsvormerkung. Nachdem diese eingetragen ist, tritt K den (kaufvertraglichen) Anspruch auf Übereignung des Grundstücks an den gutgläubigen Z ab. Der wahre Eigentümer E erfährt davon und verlangt von Z Zustimmung zur Löschung der Vormerkung. Zu Recht?

Ausgangspunkt:

Wie bereits im Rahmen des vorigen Problems ausgeführt wurde, ist heute allgemein anerkannt, dass der rechtgeschäftliche Ersterwerb einer Vormerkung Gutglaubensschutz genießt. Man streitet lediglich darüber, ob dies auf einer unmittelbaren Anwendung von § 892 BGB, auf einer Analogie zu dieser Vorschrift oder auf einer unmittelbaren Anwendung von § 892 BGB iVm § 893 Var. 2 BGB beruht (vgl. dazu oben, Problem Nr. 2; ferner Rüscher JURA 2020, 649 (654 f.); Gursky Klausurenkurs SachenR Rn. 36 f.). Ebenso ist es hA, dass bei der Begründung einer Vormerkung ein gutgläubiger Erwerb nicht infrage kommt, wenn die Vormerkung ohne rechtsgeschäftliche Bewilligung (vgl. § 892 I 1 BGB „durch Rechtsgeschäft erwirbt“), also aufgrund einer einstweiligen Verfügung (§ 885 I 1 Var. 1 BGB; s. aber §§ 894, 895, 898 ZPO) oder nach § 18 II GBO eingetragen wird (anders aber J. Hager JuS 1990, 429 (438)).

Mit der Frage des gutgläubigen Erwerbs einer Vormerkung bei ihrer Begründung (Ersterwerb) darf die andere, hier zu behandelnde Thematik nicht verwechselt werden, ob die zu Unrecht eingetragene Vormerkung Gutglaubensschutz genießt (Zweiterwerb). Da eine Vormerkung als streng akzessorisches Sicherungsmittel nicht selbstständig übertragen werden kann, sondern bei der Zession der gesicherten Forderung analog § 401 I BGB kraft Gesetzes auf den Erwerber der gesicherten Forderung mitübergeht (Akzessorietätsgrundsatz), beschränkt sich die Frage darauf, ob eine anfänglich unwirksame Vormerkung bei der Abtretung des (durch die Vormerkung) gesicherten Anspruchs durch den Zessionar gutgläubig erworben werden kann (sog. gutgläubiger Zweiterwerb). Dabei sind zwei Konstellationen zu unterscheiden:

(1) Nichtbestehen der zu sichernden Forderung: Da die Vormerkung gem. § 883 I BGB ausschließlich dazu dient, die Erfüllung eines Anspruchs zu sichern, ist eine isolierte Existenz der Vormerkung (dh ohne zugehörige Forderung) nicht denkbar. Auch scheidet ein gleichzeitig erfolgender gutgläubiger Forderungserwerb zumeist aus, da er mangels Rechtsscheinträger grundsätzlich nicht anerkannt wird (s. aber § 405 BGB; vgl. hierzu Morell JURA 2008, 165) und auch § 1138 Var. 1 BGB insoweit nicht helfen kann. Ein gutgläubiger Erwerb der Vormerkung kommt somit jedenfalls dann nicht in Betracht, wenn der vorgemerkte Anspruch nicht besteht.

(2) Nichtbestehen der eingetragenen Vormerkung aus anderen Gründen: Davon zu unterscheiden ist der Fall, dass die abgetretene Forderung existiert und eine Vormerkung zwar im Grundbuch eingetragen wurde, aber aus anderen Gründen in der Person des Abtretenden nicht wirksam entstanden ist (zB unwirksame Bewilligung,

Bösgläubigkeit etc.). Die sich in dieser Konstellation stellende Frage nach der Möglichkeit eines gutgläubigen Zweiterwerbs der Vormerkung über § 892 I 1 BGB (analog) ist erheblich schwieriger zu beantworten und wird in der Folge kontrovers diskutiert.

I. (hier sog.) **Theorie der Versagung des Gutglaubensschutzes**

Ein gutgläubiger (Zweit-)Erwerb einer anfänglich unwirksamen Vormerkung bei der Zession des (vermeintlich) gesicherten Anspruchs ist nicht möglich.

Vertreten von:
RG WarnR 1911, Nr. 184; RG ZBlFG 1911, 746 (749); s. auch OLG Hamburg OLGE 12, 174; Assmann, Die Vormerkung (§ 883 BGB), 1998, S. 397 ff., 405; J. F. Baur JZ 1967, 437 (438); Baur/Stürner SachenR § 20 Rn. 52, 65; BeckOGK/Assmann, 1.5.2024, BGB § 885 Rn. 159 ff.; BeckOK BGB/Eckert § 885 Rn. 27 f.; Canaris JuS 1969, 80 (84); Canaris FS Flume I, 1978, 371 (389); Ehricke/Diehn JuS 2002, 669 (673 f.); Füller, Eigenständiges Sachenrecht?, 2006, S. 104 ff.; Gerhardt ImmobiliarsachenR S. 81 f.; Görmer JuS 1991, 1011 (1012 f.); Gottwald PdW SachenR S. 25; Grüneberg/Herrler BGB § 885 Rn. 19; Gursky Klausurenkurs SachenR Rn. 26 ff.; Haag, Der gutgläubige Zweiterwerb im Sachenrecht, 2005, S. 106 ff., 127; Habersack SachenR Rn. 338; Knöpfle JuS 1981, 157 (166); Kupisch JZ 1967, 486 (495); Lange SachenR § 25 IV 2e ß; Latta/Rademacher JuS 2008, 1052 (1054); Lüke SachenR Rn. 450; R. Mayer NJW 1963, 2263; Medicus AcP 163 (1963), 1 (8 ff.); Medicus/Petersen BürgerlR Rn. 556 f. (zumindest nicht für gesicherte Übereignungsansprüche); Musielak/Mayer EK BGB Rn. 565 f.; NK-BGB/Krause § 892 Rn. 28; Planck/Strecker BGB § 883 Anm. 3k; Rahn BWNotZ 1970, 25; D. Reinicke NJW 1964, 2373 (2378 f.); Soergel/Stürner, 13. Aufl. 2002, BGB § 893 Rn. 8; Staudinger/Gursky, 2013, BGB § 892 Rn. 59 f.; Staudinger/Picker, 2019, BGB § 892 Rn. 59 f.; Tempel JuS 1965, 26 (28); Tiedtke JURA 1981, 354 (367 ff.); Tiedtke, Gutgläubiger Erwerb, 1985, S. 114 ff.; R. Weber SachenR II § 11 Rn. 62 ff.; Wiegand JuS 1975, 205 (212 f.); Wilhelm SachenR Rn. 2295 ff.; Wellenhofer SachenR, 37. Aufl. 2022, § 19 Rn. 36; Wolff/Raiser SachenR § 48 VII 1; u. bereits früh schon Zunft JW 1929, 2497 f. mwN.

1. Argument

Eine unmittelbare Anwendung von § 892 BGB kommt nicht in Betracht. Diese betrifft nach dem Wortlaut nur den rechtsgeschäftlichen Erwerb eines Rechts an einem Grundstück. Die Vormerkung ist jedoch nach völlig hM kein dingliches Recht, sondern ein Sicherungsmittel eigener Art, das nur in bestimmten Beziehungen einem dinglichen Recht gleichgestellt ist. Eine unmittelbare Anwendung von § 893 Var. 2 BGB, die Verfügungen über ein „eingetragenes Recht" betrifft, scheidet – im Gegensatz zum Ersterwerb einer Vormerkung – ebenfalls aus: Die Vormerkung selbst ist kein Grundstücksrecht und über das mit der Vormerkung belastete Grundstück wird durch die Übertragung des gesicherten Anspruchs nicht verfügt. Schließlich ist auch eine analoge Anwendung des § 893 Var. 2 BGB nicht möglich, da die Abtretung der Vormerkung (genauer: des durch die Vormerkung gesicherten Anspruchs) ein nach seiner Art auf Rechtserwerb gerichtetes Rechtsgeschäft darstellt und § 893 BGB derartige Rechtsgeschäfte – als unter § 892 BGB gehörig – gerade nicht erfassen will.

2. Argument
Ernstlich in Betracht kommt nur eine analoge Anwendung von § 892 BGB. Diese Vorschrift schützt – wie alle anderen Gutglaubensvorschriften des BGB – den guten Glauben des Erwerbers *nur bei rechtsgeschäftlichem Erwerb*, nicht auch bei Erwerb kraft Gesetzes (arg. § 892 I 1 BGB: „welcher … durch Rechtsgeschäft erwirbt"). Die Vormerkung wird aber nicht durch Rechtsgeschäft übertragen, sondern geht bei der Übertragung des gesicherten Anspruchs als Annex dieses Anspruchs kraft Gesetzes mit über (analog § 401 I BGB) (J. F. Baur).

3. Argument
Das Gesetz geht erkennbar davon aus, dass ein gutgläubiger Erwerb nach § 892 BGB nur in den Fällen möglich ist, in denen sich der Erwerb in den Formen des Liegenschafts- bzw. Immobiliarsachenrechts vollzieht. Die Übertragung der Vormerkung erfolgt jedoch außerhalb des Grundbuches nach den Regeln des Zessionsrechts über die §§ 398 ff. BGB (und nicht des Liegenschaftsrechts).

4. Argument (gegen Theorie II, Arg. 9)
Das Argument, dass der Zweiterwerb einer Vormerkung nicht dem immobiliarsachenrechtlichen Publizitätserfordernis entspricht (Arg. 3), lässt sich nicht dadurch entkräften, dass der Gutglaubensschutz zusätzlich von einer klarstellenden Umschreibung der Vormerkung auf den Erwerber abhängig gemacht wird. Diese Lösung wäre systemwidrig. Die Wirksamkeit eines Rechtsgeschäfts kann nicht von einer rein deklaratorischen (nämlich zum Zwecke der Grundbuchberichtigung erfolgten) Eintragung abhängen.

5. Argument
Es bedeutete einen Wertungswiderspruch, die Vormerkung hinsichtlich der Art ihrer Übertragung den Vorschriften über die Abtretung einer Forderung zu unterstellen (§§ 398 ff. BGB), sie hinsichtlich der Frage des gutgläubigen Erwerbs aber nicht nach diesen Regeln, die – mangels Publizitätsakt und damit Rechtscheinträger – grundsätzlich keinen gutgläubigen Erwerb kennen (s. aber § 405 BGB), sondern nach denen des Immobiliarsachenrechts zu behandeln (§§ 892, 893 BGB). Aus der Unterstellung der Übertragung unter das Zessionsrecht kann man vielmehr nur die Wertung schlussfolgern, dass die Vormerkung ebensowenig wie die Forderung ein Verkehrsgegenstand ist (Canaris).

6. Argument
Es besteht kein rechtspolitisches Bedürfnis für einen Gutglaubensschutz beim Zweiterwerb der Vormerkung: Ansprüche auf Übertragung oder auf Bestellung von Grundstücksrechten brauchen nicht verkehrsfähig zu sein; auch dient die Vormerkung allein der *vorläufigen* Sicherung. Der Erwerbsaspirant mag warten, bis das fragliche Recht selbst eingetragen ist. Die Zulassung des gutgläubigen Zweiterwerbs einer Vormerkung wäre zudem gar nicht geeignet, die Verkehrsfähigkeit von Ansprüchen auf Übertragung oder Bestellung von Grundstücksrechten wesentlich zu steigern. Denn da der gutgläubige Erwerb nur die Vormerkung, nicht aber den gesicherten Anspruch selbst erfassen könnte, bliebe ohnehin noch die Unsicherheit auf der obligatorischen Seite, neben der die auf der dinglichen Seite kein besonderes Eigengewicht hätte (Medicus).

II. (hier sog.) **Theorie der Zubilligung des Gutglaubensschutzes**

Die anfängliche unwirksame Vormerkung kann – sofern der gesicherte Anspruch besteht – bei der Zession dieses Anspruchs vom Zessionar gutgläubig erworben werden.

Vertreten von:
BGHZ 235, 277 Rn. 27 ff. = DNotZ 2023, 271; BGH NJW 1994, 2947 f.; 2007, 508 Rn. 16; OLG München NJW-RR 2010, 1027 (1028); OLG München BWNotZ 2002, 12 (14); LG München II BeckRS 2008, 17813; LG Köln NJW-RR 2001, 306 f.; BayObLGZ 1999, 226 (230 f.); AK-BGB/v. Schweinitz § 885 Rn. 26; Bauer/Schaub/Lieder, GBO, 5. Aufl. 2023, AT C. Rn. 97 ff.; BeckOGK/Hertel, 1.6.2024, BGB § 892 Rn. 115; Brehm/Berger SachenR Rn. 13.32; Bühler BWNotZ 1995, 171 (172); Eckert SachenR Rn. 822 f.; Erman/Artz BGB § 883 Rn. 29; Furtner NJW 1963, 1484 (1485); J. Hager JuS 1990, 429 (438 f.); J. Hager, Verkehrsschutz durch redlichen Erwerb, 1990, S. 115 f., 138 mit Fn. 285, 441 (jeweils mit der Einschränkung, dass wegen des sachenrechtlichen Publizitätsprinzips auch die Eintragung des Erwerbers bereits erfolgt sein müsse); Harms SachenR S. 300 f.; Heck SachenR § 47, III 10; HK-BGB/Staudinger § 883 Rn. 36; Jauernig/Berger BGB § 883 Rn. 28; Kainer SachenR § 26 Rn. 24 f.; Keller BWNotZ 1998, 25 (27 f.); Kempf JuS 1961, 22 (24); Löhnig/Gietl JuS 2008, 102 (106); Meikel/Schneider GBO, 12. Aufl. 2021, § 53 Rn. 49; Mülbert AcP 197 (1997), 335 (379 ff., 388); MüKoBGB/Kohler, 6. Aufl. 2017, § 883 Rn. 75 u. MüKoBGB/Kohler, 8. Aufl. 2020, § 885 Rn. 44; MüKoBGB/Lettmaier § 885 Rn. 47; Müller/Gruber SachenR Rn. 2970 ff.; Schreiber/Ruge/Preuß, Handbuch Immobilienrecht, 4. Aufl. 2020, Kap. 14 Rn. 58 f.; RGRK/Augustin BGB § 883 Rn. 19; Prütting SachenR Rn. 198; Prütting/Wegen/Weinreich/Huhn BGB § 885 Rn. 12; Schapp/Schur SachenR Rn. 375; C. Schreiber SachenR Rn. 413; K. Schreiber JURA 1994, 493 (494 f.); Soergel/Kern BGB § 893 Rn. 10; Stamm, Die Auflassungsvormerkung, 2003, S. 115 ff., 122 ff. (mit Einschränkungen); Stürner KreditsicherungsR § 14 Rn. 81 ff., 114; Weirich/Ivo/Ivo, Grundstücksrecht, 4. Aufl. 2015, Rn. 955; Wellenhofer SachenR § 19 Rn. 36 (anders noch die Voraufl.); H. Westermann SachenR § 85 IV 4; Westermann/Gursky/Eickmann SachenR § 83 Rn. 36; Westermann/Staudinger SachenR Rn. 506; Wieling/Finkenauer SachenR § 22 Rn. 17 (Vormerkung wird aber als dingliches Recht qualifiziert und die Abtretung in der Folge § 873 BGB unterworfen); Wunner NJW 1969, 113 (116 ff.); ähnlich E. Wolf SachenR S. 593 (analog § 1138 BGB).

Die dogmatische Konstruktion unterscheidet sich im Einzelnen sehr: § 892 I 1 BGB analog (BGH, H. Westermann, Furtner), §§ 892 I 1, 893 Var. 2 BGB analog (Heck) oder § 892 I 1 BGB direkt (Wunner, Wieling/Finkenauer, die die Vormerkung im Gegensatz zur völlig hM als beschränktes dingliches Recht auffassen).

1. Argument
Bei Abtretung eines bestehenden Anspruchs, der nur vermeintlich durch eine Vormerkung gesichert ist, muss ein gutgläubiger Erwerb der Vormerkung analog § 892 BGB zugelassen werden, weil sich der gutgläubige Erwerber hier ebenfalls auf die Grundbucheintragung stützen kann (ebenso wie im Fall des anerkannten gutgläubigen Ersterwerbs). – „Er vertraut darauf, dass die Grundbuchposition seines Rechtsvorgängers diesem ein gesichertes Recht gewährt, in das er eintritt und das wiederum auf dem eingetragenen Recht dessen basiert, der die Vormerkung bewilligt hat" (Westermann/Gursky/Eickmann).

2. Argument
Zwar stellt die Vormerkung kein dingliches Recht iSd § 892 I 1 BGB („Recht an einem Grundstück"), sondern ein Sicherungsmittel eigener Art dar, doch sind die Wirkungen der Vormerkung (§ 883 II, III BGB) zu berücksichtigen, die diese einem dinglichen Recht so stark annähern, dass eine analoge Anwendung des § 892 I 1 BGB aufgrund der vergleichbaren Interessenlage geboten ist (BGH).

3. Argument (gegen Theorie I, Arg. 2)
Dass nicht die Vormerkung, sondern der Anspruch übertragen wird und die Vormerkung dabei kraft Gesetzes (§ 401 I BGB) übergeht, spricht nicht gegen die (analoge) Anwendung von § 892 BGB („durch Rechtsgeschäft"). Denn der Übergang der Vormerkung als Folge der Übertragung der Forderung stellt keinen Fall des Erwerbs kraft Gesetzes dar. Darunter sind nämlich nur solche Fälle zu verstehen, in denen das Gesetz die Rechtsänderung an einen anderen Tatbestand als ein Rechtsgeschäft knüpft. Da der Übergang der Vormerkung eine Rechtsfolge darstellt, die sich unmittelbar an den *rechtsgeschäftlichen* Tatbestand der Forderungszession anschließt, liegt hier bei funktionaler Betrachtung vielmehr ein einheitlicher rechtsgeschäftlicher Erwerb von Anspruch und Vormerkung vor (insofern mag man Anspruch und Vormerkung als Einheit begreifen oder von einem mittelbar rechtsgeschäftlichen Erwerb der Vormerkung sprechen) (MüKoBGB/Kohler, 6. Aufl.).

4. Argument
Die Bezeichnung des (Mit-)Übergangs der Vormerkung im Fall der Forderungsabtretung als Erwerb kraft Gesetzes stellt lediglich eine vordergründig-formale Kennzeichnung dar. Der Übergang der Vormerkung trägt in erster Linie dem mutmaßlichen Parteiwillen Rechnung, sodass es sich in Wirklichkeit um eine gesetzlich vertypte rechtsgeschäftliche Übertragung bzw. einen rechtsgeschäftlichen Erwerb handelt, der lediglich gesetzlich eingekleidet ist (sog. mittelbarer rechtsgeschäftlicher Erwerb). Deshalb muss der Zweiterwerb einer Vormerkung für die Frage des Verkehrsschutzes wie ein echter Fall rechtsgeschäftlichen Erwerbs behandelt werden.

5. Argument
Dass sich der Zweiterwerb der Vormerkung über die §§ 398, 401 BGB außerhalb des Grundbuches vollzieht, ist unerheblich. Die Abtretungsform als solche hat keine Auswirkung auf die Schutzwürdigkeit des Erwerbers. Der Versuch, aus der Abtretungsart einen Wertungsmaßstab für die Frage des gutgläubigen Erwerbs abzuleiten, stellte eine Form unzulässiger Rechtsfortbildung dar. Stattdessen zeigt gerade die Regelung des § 893 Var. 2 BGB, dass das Gesetz Redlichkeitsschutz auch für Verfügungen gewährt, die sich nicht in den Formen des Immobiliarsachenrechts vollziehen (zB formlos wirksame Verfügungen, wie die Kündigung eines Grundpfandrechtes durch den Bucheigentümer) (s. darüber hinaus § 1155 BGB). Es kommt entscheidend auf die Rechtsscheinstellung des Zedenten und nicht auf die Abtretungsform an (Wunner).

6. Argument
Eine Beschränkung des gutgläubigen Erwerbs auf solche Verfügungen, die in speziell liegenschaftsrechtlichen Formen erfolgen, ergibt nur Sinn, wenn diese Formen einen sachlichen Bezug zum Rechtsschein hätten. Das wäre der Fall, wenn die vorgeschriebenen liegenschaftsrechtlichen Publizitätsakte jeweils dafür sorgen würden, dass zugleich die Rechtsscheinsbasis auf den Erwerber übergeht. Das tun sie aber nicht

in jedem Fall: Bei der – zweifellos unter dem Schutz des § 892 BGB stehenden – Übertragung einer Hypothek in der Form der §§ 1153 I, 1154 I BGB beispielsweise ist die Rechtsscheinsbasis die Grundbucheintragung, die dem Briefinhalt nicht widerspricht. Die Umschreibung des Grundbuchs ist aber gerade kein konstitutives Element des betreffenden Verfügungsgeschäfts (Mülbert).

7. Argument (gegen Theorie I, Arg. 4)
Das Interesse des Rechtsverkehrs erfordert die Möglichkeit des gutgläubigen Erwerbs einer Vormerkung und deren Verkehrsfähigkeit. Anderenfalls müsste bei den in der Praxis sehr häufigen Kettenveräußerungen für den Zessionar eine neue Vormerkung durch den Eingetragenen (Bucheigentümer) bewilligt werden, um den Zessionar an dem Schutz des guten Glaubens nach den §§ 892 f. BGB teilhaben zu lassen (es handelte sich in diesem Fall schließlich um einen Ersterwerb) (BGH, MüKoBGB/Lettmaier, Müller/Gruber).

8. Argument (gegen Theorie I, Arg. 3)
Der Einwand, dass der Zweiterwerb der Vormerkung außerhalb des Grundbuchs erfolgt und damit nicht dem liegenschaftsrechtlichen Publizitätserfordernis entspricht, ist ernst zu nehmen. Aber er zwingt nicht dazu, den gutgläubigen Zweiterwerb der Vormerkung völlig abzulehnen. Dem immobiliarsachenrechtlichen Publizitätserfordernis ist Rechnung getragen, wenn man den Gutglaubensschutz von der Umschreibung der Vormerkung im Grundbuch abhängig macht (J. Hager).

III. (hier sog.) **Differenzierende Theorie**

Ein gutgläubiger (Zweit-)Erwerb der anfänglich unwirksamen Vormerkung kommt in Betracht, wenn die Vormerkung in der Person des ersten Erwerbers deshalb nicht entstanden ist, weil der Bewilligende als Nichtberechtigter handelte und der Erwerber bösgläubig war. Er scheidet jedoch aus, wenn die anfängliche Unwirksamkeit der Vormerkung darauf beruht, dass die Bewilligung als solche nicht wirksam ist (unabhängig davon, ob der Bewilligende der durch die Vormerkung betroffene wahre Berechtigte ist).

Vertreten von:
BGHZ 25, 16 (23 f.) = NJW 1957, 1229 (mittlerweile aufgegeben)

Mittlerweile hat der BGH klargestellt, dass er an dieser Auffassung nicht mehr festhält, da es keinen sachlichen Grund für die vorgenommene Unterscheidung gibt. Vielmehr stelle sich die Sachlage für den schutzwürdigen Erwerber bei fehlender Bewilligung nicht anders als bei sonstiger Unwirksamkeit der Vormerkung dar. Für die Möglichkeit des gutgläubigen Zweiterwerbs ist der konkrete Unwirksamkeitsgrund der Vormerkungsbestellung damit irrelevant (BGHZ 235, 277 Rn. 34 = DNotZ 2023, 271).

Fallbeispiele:

1. Im Ausgangsfall kann E von Z nach § 894 BGB Zustimmung zur Löschung der Vormerkung iSd § 19 GBO verlangen, wenn das Grundbuch unrichtig ist, also die für Z eingetragene Vormerkung in Wirklichkeit nicht besteht. In der Person des K war

die Vormerkung nicht entstanden, weil sie nicht vom Berechtigten bewilligt worden war (§ 885 I 1 Var. 2 BGB) und ein gutgläubiger Ersterwerb vom Nichtberechtigten (§§ 892 I 1, 893 Var. 2 BGB (hM)) an der Bösgläubigkeit des K scheiterte. Damit kommt allein ein gutgläubiger Zweiterwerb der Vormerkung durch Z in Betracht. Nach Theorie II („Theorie der Zubilligung des Gutglaubensschutzes") und III („Differenzierende Theorie" (mittlerweile aufgegeben)) konnte Z als Zessionar des (vermeintlich) gesicherten Anspruchs die Vormerkung gutgläubig erwerben, während diese Möglichkeit nach Theorie I („Theorie der Versagung des Gutglaubensschutzes") nicht bestand.

2. E verkauft dem K sein Grundstück. Einige Tage später bewilligt er dem K eine Auflassungsvormerkung. In der Zeit zwischen Abschluss des Kaufvertrages und Bewilligung der Vormerkung war für E auf Antrag seiner Frau eine Betreuung mit Einwilligungsvorbehalt angeordnet worden (§§ 1814, 1825 BGB). K tritt den Anspruch auf Übereignung des Grundstücks an den gutgläubigen Z ab.

Nach Theorie II konnte Z als Zessionar des vermeintlich gesicherten Anspruchs die Vormerkung kraft guten Glaubens erwerben, die aufgrund der aus §§ 1825 I 3, 111 BGB folgenden Unwirksamkeit der Bewilligung zunächst nicht entstanden ist. Nach Theorie I und III schlägt der Erwerb jedoch fehl.

S. ergänzend Czeguhn/Ahrens SachenR Fall 23; Fehrenbacher/Kharag JuS 2009, 930; Gursky Klausurenkurs SachenR Fall 2; Kaiser JuS 2015, 337; Koch/Löhnig Fälle SachenR Fall 13; Mayer/Holste ZJS 2023, 1012; Neuner SachenR Fall 16 (Variante); Nick JA 2013, 888; Olzen/Maties/Loschelders Zivilrechtliche Klausurenlehre Fall 29; Stamm JURA 2006, 133; Thomale JuS 2013, 42. – Vgl. schließlich zur Konstellation des § 2366 BGB, Staudinger/Picker, 2019, BGB § 892 Rn. 61.

4. Problem (§ 904 BGB)
Trifft die Schadensersatzpflicht aus § 904 S. 2 BGB in den Fällen der Nothilfe zugunsten eines Dritten den Einwirkenden oder den Begünstigten?

Ausgangsfall:

A bemerkt, als er abends später nach Hause kommt, dass aus der Tür einer benachbarten Wohnung Gas ausströmt. Er schlägt die abgeschlossene Tür ein und rettet den bereits bewusstlosen Wohnungsmieter B, der Selbstmord hatte begehen wollen (ohne dass dies für einen außenstehenden Dritten erkennbar gewesen wäre). Der Hauseigentümer E verlangt von A Schadensersatz für die eingeschlagene Tür. Zu Recht?

Ausgangspunkt:

§ 904 BGB (sog. Agressivnotstand) stellt, in Ergänzung zu § 228 BGB (sog. Defensivnotstand), einen Rechtfertigungsgrund dar, der den Eigentümer zur Duldung eines Eingriffs in seine Rechte (§ 903 BGB) verpflichtet, sofern dieser „zur Abwendung einer gegenwärtigen Gefahr notwendig und der drohende Schaden gegenüber dem aus der Einwirkung dem Eigentümer entstehenden Schaden unverhältnismäßig groß ist". Die Regelung beruht auf dem Aufoperungsgedanken („dulde und liquidiere") und verknüpft die Einschränkung der Eigentümerrechte (S. 1) mit der Gewährung eines Schadensersatzanspruchs (S. 2). Problematisch ist insofern jedoch, dass sie nicht bestimmt, gegen wen sich der Anspruch richtet; dies führt in der Konstellation, in der Einwirkender und Begünstigter nicht personenidentisch sind, zur kontrovers diskutierten Frage nach der Bestimmung des richtigen Schuldners.

I. Theorie der Haftung des Einwirkenden

Die Haftung aus § 904 S. 2 BGB trifft grundsätzlich den Einwirkenden (dh den Handelnden). Dies gilt auch in den Fällen der Nothilfe, in denen ein Unbeteiligter eingreift, um das Rechtsgut eines Dritten zu retten; hier muss sich der Einwirkende im Innenverhältnis an den Begünstigten halten (Regressanspruch, zB gem. §§ 677, 683 S. 1, 670 BGB bzw. §§ 684 S. 1, 812 I 1, 818 II BGB). Eine Ausnahme ist nur da zuzulassen, wo der unmittelbar Einwirkende im Auftrag oder auf Weisung eines anderen tätig wird; dann ist dieser andere als Schuldner anzusehen (abweichend insoweit aber BeckOK BGB/Fritzsche § 904 Rn. 21, Grüneberg/Herrler BGB § 904 Rn. 5 und Gottwald PdW SachenR S. 41 f.: gesamtschuldnerische Haftung).

Vertreten von:
RGZ 113, 301 (303); BGHZ 6, 102 (105 f.) = NJW 1952, 1132; BGH NJW 1952, 1211 (Ls.) = BeckRS 1952, 31374699; BayObLGZ 2002, 35 (44); OLG Bremen VersR 1971, 277; OLG Düsseldorf JW 1927, 922; OLG Nürnberg OLGR 1999, 324; LG Frankfurt a.M. NJW-RR 2023, 808 Rn. 38; Baur/Stürner SachenR § 25 Rn. 7 f.; BeckOK BGB/Fritzsche § 904 Rn. 20 f.; BeckOGK/Lakkis, 1.4.2024, BGB § 904 Rn. 53 ff., 57 ff., 72 ff.; Bork, Allgemeiner Teil des Bürgerlichen Gesetzbuchs, 4. Aufl. 2016, Rn. 382; Brehm/Berger SachenR Rn. 6.10; v. Caemmerer FS Rabel I, 1954, 333

(375 f.); De la Durantaye RabelsZ 78 (2014), 71 (78 ff., 87); Eckert SachenR Rn. 126; Erman/Wilhelmi BGB § 904 Rn. 10; Goldmann/Lilienthal, Das Bürgerliche Gesetzbuch, Bd. II, 2. Aufl. 1912, § 9 III 4 mit Fn. 24; Gottwald PdW SachenR S. 41 f.; Grüneberg/Herrler BGB § 904 Rn. 5; HK-BGB/Staudinger § 904 Rn. 7; Jauernig/Berger BGB § 904 Rn. 5; Lange SachenR § 9 IV 2b mit Fn. 22; Lehmann, Allgemeiner Teil des BGB, 11. Aufl. 1958, § 18 III 3a; Medicus/Petersen BürgerlR Rn. 313; MüKoBGB/Brückner § 904 Rn. 19; Müller/Gruber SachenR Rn. 142 ff.; NK-BGB/Ring § 904 Rn. 30 ff.; Oetker, Über Notwehr und Notstand nach den §§ 227, 228, 904 des bürgerlichen Gesetzbuchs, 1903, S. 303 ff.; Planck/Strecker BGB § 904 Anm. 3b β; Prütting SachenR Rn. 313; Prütting/Wegen/Weinreich/Lemke BGB § 904 Rn. 19; RGRK/Augustin BGB § 904 Rn. 9; Rümelin, Die Gründe der Schadenszurechnung, 1896, S. 44 ff., 96 f.; Soergel/Kreße BGB § 904 Rn. 23; Staudinger/Seufert, 11. Aufl. 1956, BGB § 904 Rn. 24; v. Tuhr, Allgemeiner Teil des BGB, Bd. II/2, 1918, S. 603 f.; Weimar MDR 1965, 186 (187); H. Westermann SachenR § 28 III 1; E. Wolf SachenR S. 139.

1. Argument
Der Wortlaut des § 904 BGB lässt überhaupt gar keine andere Deutung zu als die, dass der Eigentümer den Schadensersatz vom Einwirkenden bekommen soll, denn gerade die Einwirkung nach S. 1 begründet die Ersatzpflicht des S. 2 (Goldmann/Lilienthal).

2. Argument
Die Haftung des Einwirkenden ist systemgemäß, da nach unserer Rechtsordnung auch sonst stets derjenige zum Schadensersatz verpflichtet ist, der den Schaden unmittelbar verursacht (vgl. etwa §§ 280 ff., 823 ff. BGB), sofern nicht das Gesetz selbst eine besondere Ausnahme ausspricht.

3. Argument
Der Anspruch aus § 904 S. 2 BGB muss im Zusammenhang mit den §§ 903 S. 1, 1004 I 1 BGB gesehen werden. Er stellt den Ausgleich für die in § 904 S. 1 BGB angeordnete Duldungspflicht des Eigentümers dar. Da § 904 S. 2 BGB dem Eigentümer den Abwehranspruch aus § 1004 I 1 BGB gerade gegenüber dem eingreifenden Nothelfer als „Störer“ versagt, ist dieser Eingreifende aus der Sicht des Eigentümers gesehen der durch § 904 S. 1 BGB Begünstigte. Ihn muss daher auch die Ersatzpflicht treffen (Baur/Stürner).

4. Argument
Für die Haftung des Einwirkenden spricht, dass dem Eigentümer nicht zugemutet werden kann, (möglicherweise zeitaufwendig) nach dem Begünstigten suchen zu müssen. Er muss sich vielmehr an den Eingreifenden halten können, der regelmäßig dem Schaden am nächsten und deshalb leichter zu ermitteln ist (Baur/Stürner).

5. Argument
In den Fällen der irrigen Annahme der Gefahr durch den Einwirkenden nehmen auch Vertreter von Theorie II (Canaris) eine Haftung des Einwirkenden an und setzen sich damit in Widerspruch zu ihrer eigenen Argumentation (besonders Theorie II, Arg. 3).

6. Argument
Unter dem Gesichtspunkt der Prozessökonomie erscheint es nicht sachgerecht, wenn der Eigentümer gem. § 823 BGB gegen den Einwirkenden und nach § 904 S. 2 BGB gegen den Begünstigten vorgehen müsste (Brückner).

7. Argument
Die Haftung des Begünstigten wäre (jedenfalls dann) nicht angebracht, wenn die Rettungsmaßnahme für ihn nutzlos ist, etwa weil er das bedrohte Rechtsgut ohnehin aufgeben wollte oder wenn die Eingriffshandlung nicht zur Rettung des Rechtsgutes geführt hat. Der Begünstigte darf daher allein einem, nach den vorrangigen Regeln der GoA bestehenden Regressanspruch des unmittelbar haftenden Eingreifers ausgesetzt sein (Wieling, der aber Theorie III folgt).

Untergliederung
Umstritten ist unter den Vertretern dieser Theorie, ob der Grundsatz der Haftung des Einwirkenden auch dann gilt, wenn dieser als Nothelfer nach § 323c StGB zum Eingreifen verpflichtet war.

Meinung A
Einwirkungsrecht und Schadensersatzpflicht müssen auch dann in derselben Person zusammenfallen, wenn diese nach § 323c StGB zur Hilfe verpflichtet war.

Vertreten von:
Baur/Stürner SachenR § 25 Rn. 7 f.; MüKoBGB/Brückner § 904 Rn. 19; Müller/Gruber SachenR Rn. 145; Soergel/Kreße BGB § 904 Rn. 23; Weimar MDR 1965, 186 (187); s. ferner auch BeckOGK/Lakkis, 1.4.2024, BGB § 904 Rn. 73 f.

Argument
Dem Hilfeleistungspflichtigen sind Belastungen seines Vermögens durch Schadensersatzverpflichtungen nach § 904 S. 2 BGB zuzumuten. Der Gesetzgeber bewertet das Leben eines in Gefahr befindlichen Menschen höher als Vermögenseinbußen eines anderen (Weimar).

Meinung B
In den Fällen des § 323c StGB bleibt der Handelnde von der Ersatzpflicht frei; diese trifft dann unmittelbar den Geretteten.

Vertreten von:
H. Westermann SachenR § 28 III 1.

Argument
Wenn der Staat einerseits das Unterlassen der Hilfeleistung bestraft, kann er nicht andererseits eine Ersatzpflicht an die Hilfeleistung knüpfen. Der Zwang zum Handeln muss durch das Absehen von der Ersatzpflicht ausgeglichen werden (andernfalls würde die Hilfeleistung gewissermaßen sanktioniert).

Meinung C
In den Fällen des § 323c StGB bleibt der Nothelfer von der Ersatzpflicht frei; die Ersatzpflicht trifft dann den Staat.

Vertreten von:
Staudinger/Seufert, 11. Aufl. 1956, BGB § 904 Rn. 24.

Argument
Da vom Staat bindende Weisung zum Eingreifen ausgeht, muss er als der Eingreifende angesehen werden.

Meinung D
Es haftet niemand nach § 904 S. 2 BGB.

So wohl Erman/Wilhelmi BGB § 904 Rn. 10; Grüneberg/Herrler BGB § 904 Rn. 5; HK-BGB/Staudinger § 904 Rn. 7; NK-BGB/Ring § 904 Rn. 33; Prütting SachenR Rn. 313.

II. Theorie der Haftung des Begünstigten

Die Haftung aus § 904 S. 2 BGB trifft nicht den Einwirkenden, sondern den Begünstigten (dh den Geretteten).

Vertreten von:
LG Essen NZM 1999, 95; Biermann SachenR § 904 Anm. 3; Canaris NJW 1964, 1987 (1993); Endemann, Lehrbuch des Bürgerlichen Rechts, Bd. I, 9. Aufl. 1903, § 85a I 3a mit Fn. 33; Esser/Schmidt, Schuldrecht, Bd. I, Allgemeiner Teil, Teilbd. 1, 8. Aufl. 1995, § 8 II 5; Fikentscher/Heinemann, Schuldrecht, 12. Aufl. 2022, Rn. 1711; Götz, Der Vergütungsanspruch gem. § 951 Absatz 1 Satz 1 BGB, 1975, S. 146 ff., 151; Horn JZ 1960, 350 (352); Kohler, Lehrbuch des Bürgerlichen Rechts I, 1906, S. 226; Konzen, Aufopferung im Zivilrecht, 1969, S. 108 ff.; Konzen JZ 1985, 181 (182); Kraffert AcP 165 (1965), 453; Kupfer/Weiß ZfPW 2019, 459 (466); Larenz SchuldR II, 12. Aufl. 1981, § 78 1; Larenz/Canaris SchuldR BT II/2 § 85 I 1b; Maultzsch, Zivilrechtliche Aufopferungsansprüche und faktische Duldungszwänge, 2006, S. 237 ff.; MüKoBGB/Säcker, 6. Aufl. 2013, § 904 Rn. 17 f.; Neuner, Allgemeiner Teil des BGB, 13. Aufl. 2023, § 21 Rn. 69; Siedler, Zurechnung von Realakten im Bürgerlichen Recht, 1999, S. 121 ff., 128; Staudinger/Althammer, 2020, BGB § 904 Rn. 34 ff., 38; Waldkirch, Zufall und Zurechnung im Haftungsrecht, 2018, S. 104, 183 ff.; Westermann/Gursky/Eickmann SachenR § 27 Rn. 16.

1. Argument
Für die Haftung des Begünstigten spricht die Parallele zur Enteignung. Wie die Entschädigung im Falle der Enteignung für einen erlaubten Eingriff zugunsten eines überwiegenden *öffentlichen* Interesses gewährt wird, wird sie durch § 904 S. 2 BGB für den erlaubten Eingriff zugunsten eines überwiegenden *privaten* Interesses gewährt. Da im Falle der Enteignung – wie allgemein anerkannt ist – die Entschädigungspflicht den Begünstigten trifft, müsste es als widersprüchlich angesehen werden, wenn iRd § 904 S. 2 BGB die Ersatzpflicht nicht den Begünstigten, sondern den Eingreifenden träfe.

2. Argument
Eine Haftung des Eingreifenden wäre eine singuläre, systematisch nicht einzuordnende Erscheinung. Denn nach geltendem Recht lassen sich alle anderen Schadensersatz- bzw. Schadensausgleichspflichten auf drei Grundprinzipien zurückführen:

(1) Schadensersatz für einen verschuldeten Unrechtssachverhalt;
(2) Ersatz von Schäden, die bei erlaubter Gefährdung entstanden sind;
(3) Ausgleich von Sonderopfern (Aufopferung).

Dabei haftet im ersteren Fall der schuldige Verursacher, im zweiten derjenige, der die betreffende Gefahrenlage geschaffen hat, im dritten Fall der Begünstigte. In die beiden ersten Gruppen lässt sich nun der Anspruch aus § 904 S. 2 BGB anerkanntermaßen nicht einordnen. Damit bleibt nur die Eingruppierung in den Bereich der Ausgleichsansprüche wegen Aufopferung und damit eine Begünstigtenhaftung übrig.

3. Argument
Einer der rechtspolitischen Zwecke des § 904 BGB ist darin zu sehen, die Neigung Dritter, in Notstandssituationen die Initiative zur Rettung zu ergreifen, zu fördern. Dieser Zweck wäre aber gefährdet, wenn man den Nothelfer gegenüber dem Eigentümer aus § 904 S. 2 BGB haften ließe und ihm mit dem Verweis auf einen Regressanspruch gegen den Begünstigten das Risiko für dessen Zahlungsunfähigkeit und die Mühen der Rechtsverfolgung aufbürden würde. Die drohende Schadensersatzpflicht schreckte von der Nothilfe ab und sanktionierte altruistisches Handeln.

4. Argument (gegen Theorie I, Arg. 4)
Die Einwirkendenhaftung lässt sich nicht damit begründen, dass es dem Eigentümer nicht zuzumuten sei, (zunächst mühsam) nach dem Begünstigten zu suchen. In Nothilfefällen ist die Person des Helfers, insbesondere bei Abwesenheit des Eigentümers, ebenso oft nicht mehr festzustellen wie die des Begünstigten.

5. Argument
Der Einwirkende ist dem Schaden – besonders in den Fällen des § 323c StGB – nicht näher als der Geschädigte, den die gleiche Rechtspflicht zum Handeln trifft, sodass es nicht gerechtfertigt ist, ihn im Verhältnis zum Geschädigten den Schaden tragen zu lassen (Larenz).

6. Argument
Es ist nicht angebracht, jemanden, der selbstlos und unter eigener Gefahr einem anderen hilft, dafür mit der Schadensersatzpflicht aus § 904 S. 2 BGB quasi zu bestrafen (Larenz, Esser/Schmidt). Hierfür spricht auch, dass es ohnehin der Verpflichtete ist, der am Ende die Verpflichtung tragen soll; dann ist aber die unmittelbare Inanspruchnahme dem Regressweg vorzuziehen (Althammer).

7. Argument
Das Risiko der Insolvenz des Geretteten darf nicht der Retter tragen; damit muss vielmehr der Eigentümer belastet bleiben. Falls der Gefährdete den nach § 904 S. 1 BGB erlaubten Eingriff selbst vorgenommen hätte, würde der Eigentümer auch das Risiko seiner Insolvenz tragen. Ein durchsetzbarer Anspruch des Eigentümers gegen den Retter wäre bei Vermögenslosigkeit des Geretteten ein unverdientes Zufallsgeschenk (Larenz/Canaris).

III. Theorie der gesamtschuldnerischen Haftung

Einwirkender und Begünstigter haften dem Geschädigten als Gesamtschuldner (im Innenverhältnis hat der Begünstigte den Schaden zu tragen).

Vertreten von:
Ahrens/Spickhoff, Deliktsrecht, 2022, § 41 Rn. 15; Deutsch, Allgemeines Haftungsrecht, 2. Aufl. 1996, Rn. 273, 739 (hier jedoch nur, sofern der Eingreifer berufsmäßig handelt); Hogenschurz MDR 1998, 1166 f.; Larenz/Wolf, Allgemeiner Teil des BGB, 9. Aufl. 2004, § 19 Rn. 37; Pawlowski, Allgemeiner Teil des BGB, 7. Aufl. 2003, Rn. 859; Wieling SachenR I § 8 II 2d bb; Wieling/Finkenauer SachenR § 8 Rn. 10; M. Wolf, Sachenrecht, 23. Aufl. 2007, Rn. 334.

Argument
Nur diese Lösung wird den Interessen des Eigentümers gerecht: Die Haftung des Begünstigten genügt nicht, wenn dieser nicht auffindbar oder zahlungsunfähig ist, und die Haftung des Eingreifers kann an fehlender Deliktsfähigkeit (§§ 827–829 BGB analog) scheitern.

Fallbeispiele:

1. Im Ausgangsfall kann E von A nicht nach § 823 BGB Schadensersatz verlangen, da die Verletzung seines Eigentums durch § 904 S. 1 BGB gerechtfertigt war. In Betracht kommt nur ein Schadensersatzanspruch nach § 904 S. 2 BGB. Wenn man annimmt, dass A nicht nach § 323c I StGB zur Rettung verpflichtet war, muss man mit Theorie I („Theorie der Haftung des Einwirkenden" – einschließlich aller Untergruppen) die Ersatzpflicht des A bejahen: A könnte seinerseits jedoch von B Befreiung von dieser Schadensersatzpflicht verlangen, vgl. §§ 677, 683, 679 (analog), 670, 257 S. 1 BGB. Nach Theorie II („Theorie der Haftung des Begünstigten") wäre A dem E dagegen nicht nach § 904 S. 2 BGB ersatzpflichtig. E müsste sich vielmehr an B halten. Theorie III („Theorie der gesamtschuldnerischen Haftung") würden schließlich sowohl A als auch B dem E gegenüber (als Gesamtschuldner) haften lassen.

2. E lässt den Dachdecker D das Dach seines Hauses ausbessern. Dabei rutscht D aus und sein Gehilfe (G) lässt, um ihn zu halten, seinen Hammer fallen, der auf der Straße den Hund des Passanten P verletzt. Hat P Schadensersatzansprüche gegen G oder D?

Ein Anspruch des P gegen G aus fahrlässiger Eigentumsverletzung (§ 823 I BGB) könnte an § 904 S. 1 BGB scheitern. Das ist jedoch etwas schwierig zu begründen, wenn man mit der hM für § 904 S. 1 BGB eine bewusste Einwirkung fordert, weil G hier nicht erst lange darüber nachgedacht haben wird, ob der fallengelassene Hammer fremdes Eigentum beschädigen könnte, sondern reflexartig gehandelt haben wird (vgl. zu diesem Problem Staudinger/Althammer, 2020, BGB § 904 Rn. 22 f.). Lässt man aber auch die unbewusste Einwirkung ausreichen, stellt sich für einen Schadensersatzanspruch aus § 904 S. 2 BGB die Frage, ob es hier auf den Theorienstreit überhaupt ankommt. Möglicherweise muss nämlich hier D und nicht G als „Einwirkender" angesehen werden, sodass „Einwirkender" und „Begünstigter" zusammenfallen. Das ließe sich mit der Erwägung begründen, dass G zwar nicht aufgrund einer ausdrücklichen Weisung des D gehandelt hat, aber doch in einem vertraglichen Abhängigkeitsverhältnis zu D steht, aufgrund dessen er dem D auch zur Hilfeleistung in derartigen Situationen verpflichtet war. Dann würde die Schadensersatzpflicht aus § 904 S. 2 BGB den D treffen.

S. ergänzend Hepperle/Kühn/Steffen JURA 2022, 612; Hoeren JURA 2005, 787; Jordan JSE 2016, 121 (Abwandlung).

5. Problem (§ 906 II 2 BGB)
Gibt es einen allgemeinen nachbarrechtlichen Ausgleichsanspruch wegen „faktischen Duldungszwangs"?

Ausgangsfall:

A und B sind Eigentümer benachbarter, jeweils mit einem Wohnhaus bebauter Grundstücke. Im Haus des B bricht nachts ein Brand aus, als dessen Ursache nach Lage der Dinge nur ein Defekt in einer elektrischen Leitung oder in einem der elektrischen Geräte in Betracht kommt. Der Brand greift auf das Haus des A über und richtet dort trotz sofortiger Löschmaßnahmen erhebliche Schäden an. A verlangt nun von B Schadensersatz in Höhe der erforderlichen Reparaturkosten (angelehnt an BGHZ 142, 66 = NJW 1999, 2896; ähnlich auch BGH NJW 2018, 1542). Zu Recht?

Ausgangspunkt:

Ein Grundstückseigentümer muss von einem Nachbargrundstück ausgehende Immissionen iSd § 906 I 1 BGB unter Umständen selbst dann hinnehmen, wenn diese von außen kommenden Einwirkungen die Benutzung seines eigenen Grundstücks wesentlich beeinträchtigen. Eine solche Duldungspflicht besteht nämlich nach § 906 II 1 BGB immer dann, wenn die (wesentliche (sonst § 906 I 1 BGB)) Beeinträchtigung durch eine ortsübliche Benutzung des anderen Grundstücks herbeigeführt wird und nicht durch Maßnahmen verhindert werden kann, die Benutzern dieser Art wirtschaftlich zumutbar sind. Für die Versagung des Abwehranspruchs wird der betroffene Grundstückseigentümer allerdings durch einen Ausgleichsanspruch entschädigt und so ein Ausgleich der betroffenen (auf Nutzung bzw. Abwehr gerichteten) Nachbarinteressen geschaffen: Nach § 906 II 2 BGB kann er von dem Benutzer des anderen Grundstücks einen angemessenen Ausgleich in Geld verlangen, wenn die Einwirkung eine ortsübliche Benutzung seines Grundstücks oder dessen Ertrag über das zumutbare Maß hinaus beeinträchtigt.

Die Regelung des § 906 II 2 BGB wurde dabei in der Vergangenheit sukzessive ausgedehnt und gewährt bereits seit langem in entsprechender Anwendung einen solchen Ausgleichsanspruch auch bei Einwirkungen, die nicht von § 906 I 1 BGB erfasst sind; gerechtfertigt wurde diese Ausweitung zumeist im Wege des Erst-recht-Schlusses und unter Hinweis auf Billigkeitsgründe. In diesem Zusammenhang (dh im Bereich der entsprechenden Anwendung des § 906 II 2 BGB) spricht man vom nachbarrechtlichen Ausgleichsanspruch bzw. einem bürgerlich-rechtlichen Aufopferungsanspruch, der – wie im unmittelbaren Anwendungsbereich des § 906 II 2 BGB – den Verlust der Abwehrbefugnis durch die Zuerkennung einer besonderen Entschädigung kompensiert. Im Zuge fortgesetzter Erweiterung hat die Rechtsprechung das Bestehen des Anspruchs schließlich auch in solchen Fällen bejaht, in denen die Durchsetzung eines an sich gegebenen negatorischen Abwehranspruchs (nach den §§ 1004 I, 862 I BGB) nicht aus rechtlichen, sondern aus tatsächlichen Gründen scheiterte: nämlich in solchen Fällen, in denen der betroffene Nachbar von der Störung, ihrem Ausmaß oder der Person des Störers zu spät erfahren hat, um eine durch die rechtswidrige Einwirkung bewirkte Schädigung seines Grundstücks zu verhindern (sog. faktischer Duldungszwang).

Die analoge Anwendung des § 906 II 2 BGB auf diese Fälle des faktischen Duldungszwangs ist jedoch, namentlich mit Blick auf das Fehlen eines Verschuldenserfordernisses, lebhaft umstritten (s. zur Problematik erg. Tolani FS Roth, 2021, 97).

I. (hier sog.) **Theorie der analogen Anwendung**

Kommt es wegen Handlungen des Eigentümers oder Benutzers eines privatwirtschaftlich genutzten Grundstücks oder wegen selbstständig eintretender Entwicklungen auf einem solchen Grundstück (und sind diese zumindest mittelbar auf den Willen des Eigentümers oder Besitzer zurückführbar) zu einer schädigenden Einwirkung auf das Nachbargrundstück, ohne dass den Eigentümer oder Nutzer des beeinträchtigenden Grundstücks ein Verschulden trifft, so kann dem Eigentümer oder Besitzer des betroffenen Nachbargrundstücks in Analogie zu § 906 II 2 BGB ein (allgemeiner) nachbarrechtlicher Ausgleichsanspruch wegen „faktischen Duldungszwangs" zustehen, dessen Höhe sich nach den Grundsätzen der Enteignungsentschädigung bestimmt (es wird mithin nicht Ersatz des vollen Schadens nach den §§ 249 ff. BGB geschuldet).

Dies setzt zunächst voraus, (1) dass kein anderes in sich geschlossenes Haftungs- oder Ausgleichssystem (vgl. zum Begriff BGH NJW 2018, 1542 Rn. 14) einschlägig ist (sog. Subsidiarität, vgl. hierzu Staudinger/Roth, 2020, BGB § 906 Rn. 71), da es andernfalls an der für den Analogieschluss notwendigen planwidrigen Regelungslücke fehlte. Daneben ist zum einen erforderlich, (2) dass der betroffene Nachbar die grenzüberschreitende schädigende Einwirkung auf sein Grundstück (3) theoretisch mithilfe des negatorischen Beseitigungs- bzw. Unterlassungsanspruchs aus § 1004 I BGB oder § 862 I BGB hätte unterbinden können, aus tatsächlichen Gründen aber an der rechtzeitigen Geltendmachung dieses Anspruchs (gegen den Störer) gehindert und damit faktisch zur Duldung (der Störung) verpflichtet war. (4) Zum anderen müssen die Nachteile, die dem betroffenen Nachbarn infolge der fraglichen Einwirkung entstanden sind, über das Maß hinausgehen, dass ein Eigentümer bei Immissionen im unmittelbaren Anwendungsbereich des § 906 BGB ohne Entschädigung hinnehmen müsste. (5) Schließlich ist mittlerweile anerkannt, dass das beeinträchtigende Verhalten dem Bereich der konkreten privatwirtschaftlichen Grundstücksnutzung zuzuordnen sein und zu diesem einem sachlichen Bezug aufweisen muss (sog. spezifischer Grundstücksbezug) (s. zu den Voraussetzungen im Einzelnen Bruns NJW 2020, 3493 (3494 ff.)). (6) Ist der Anspruch gegeben, richtet er sich gegen den Eigentümer bzw. Besitzer des Grundstücks, von dem die Beeinträchtigung ausgeht, sofern und soweit dieser die Nutzungsart des Grundstücks bestimmt und dementsprechend als Störer iSd §§ 1004 I, 862 I BGB anzusehen ist.

Was den Punkt (3) betrifft, so spielt es keine Rolle, ob die drohende oder bereits eingetretene Beeinträchtigung für den betroffenen Nachbarn zunächst nicht erkennbar war – wie bei dem allmählichen Eindringen von Wurzeln der auf dem angrenzenden Grundstück stehenden Bäume in einen Hausanschlusskanal –, ob ihm jedenfalls die Gefährlichkeit der vom Nachbargrundstück herüberkommenden Immissionen verborgen blieb (bzw. bleiben musste), ob die Unklarheit der Rechtslage einer sofortigen Erhebung der Abwehrklage entgegenstand oder ob diese wegen der Plötzlichkeit und elementaren Gewalt der Beeinträchtigung (wie bei den Auswirkungen eines Brandes oder eines Wasserrohrbruchs auf dem angrenzenden Grundstück) als Abwehrmittel von vornherein nicht in Betracht kam. Ebenso ist es keine (Anspruchs-)Voraussetzung

zung, dass die Grundstücke aneinandergrenzen (BGH NZM 2019, 893 Rn. 23 = JuS 2020, 272). Gleichgestellt werden schließlich die Fälle, in denen sich der eigentlich gegebene, aber aus tatsächlichen Gründen nicht rechtzeitig durchsetzbare Beseitigungs- oder Unterlassungsanspruch nicht aus § 1004 I bzw. § 862 I BGB ergibt, sondern auf dem nachbarlichen Gemeinschaftsverhältnis und damit letztlich auf § 242 BGB beruht.

Vertreten von:
BGHZ 85, 375 (384 f.) = NJW 1983, 872 (Grundstücksvertiefung); BGHZ 90, 255 (262) = NJW 1984, 2207 (Regenwasser); BGHZ 111, 158 (162 f.) = NJW 1990, 1910 (Schrotblei); BGHZ 142, 66 (67 ff.) = NJW 1999, 2896 (Dielenbrand); BGHZ 155, 99 (101 ff.) = NJW 2003, 2377 (Wasserrohrbruch); BGHZ 198, 327 Rn. 7 f. = NJW 2014, 458 (Schlauchverbindung); BGH NJW 1990, 3195 (3196); 1995, 714; 2001, 1865 (1866 ff.) (Lagerhalle); BGH NJW 2003, 1732 (1733); 2008, 992 Rn. 7 ff. (Warenvorräte); BGH NJW 2011, 3294 Rn. 18 ff.; 2018, 1010 Rn. 10 ff. (Laubrente); BGH NJW 2018, 1542 Rn. 5 ff. (Flachdachbrand); BGH NJW-RR 2011, 739 Rn. 5 ff.; 2016, 588 Rn. 20 ff. (Grenzwand); OLG Düsseldorf NJW-RR 2015, 211 Rn. 3 f.; OLG Hamm BeckRS 2021, 35277 Rn. 56 ff.; vgl. ferner, iErg einen Anspruch aber ablehnend: BGH NJW 2009, 3787 Rn. 9 ff. (Silvesterrakete); BGH NZM 2019, 893 Rn. 22 ff. (Weltkriegsbombe); BGH DNotZ 2023, 674 Rn. 12 (Pappel II); OLG Hamm BeckRS 2023, 19156 Rn. 11; Baumann JuS 1989, 433 (435 f.); Baur/Stürner SachenR § 25 Rn. 29; BeckOK BGB/Fritzsche § 906 Rn. 91 ff., 96 f. (mit Einschränkungen); Bruns NJW 2020, 3493; Deneke, Das nachbarliche Gemeinschaftsverhältnis, 1987, S. 167 ff., 170; Enders, Die zivilrechtliche Verantwortlichkeit für Altlasten und Abfälle, 1999, S. 250 ff.; Erman/Ebbing BGB § 1004 Rn. 94 ff.; Fikentscher/Heinemann, Schuldrecht, 12. Aufl. 2022, Rn. 1711; Gerlach, Privatrecht und Umweltschutz im System des Umweltrechts, 1989, S. 227 ff.; Grüneberg/Herrler BGB § 906 Rn. 37; Hagen FS H. Lange, 1992, 483 (501); Hagen EWiR 2003, 919 (920); G. Hager JZ 1990, 397 (400); Jauernig/Berger BGB § 906 Rn. 15; Krämer FS Wenzel, 2005, 345 (354 ff.); Krahe/Middelberg ZfS 2002, 557 (558); Kreuzer FS W. Lorenz, 1991, 123 (135); Roth/Lemke/Krohn/Lemke, Der bürgerlich-rechtliche Aufopferungsanspruch als Problem der Systemgerechtigkeit im Schadensrecht, 2001, S. 47 ff.; Lettl JuS 2005, 871 (876); Marburger UTR 2 (1987), 109 (127); MüKoBGB/Säcker, 6. Aufl. 2013, § 906 Rn. 169; MüKoBGB/Brückner § 906 Rn. 195 ff.; NK-BGB/Ring § 906 Rn. 262 ff., 282 sowie § 909 Rn. 49 ff.; Pfeiffer, Die Bedeutung des privatrechtlichen Immissionsschutzes, 1987, S. 28; Pfeiffer JuS 1989, 357 (358); Prütting SachenR Rn. 339; Prütting/Wegen/Weinreich/Lemke BGB § 906 Rn. 41 ff.; Röthel JURA 2005, 539 (545 f.); Salje DAR 1988, 302 (303 ff.); K. Schreiber JURA 2011, 263 (267); Seidel, Öffentlich-rechtlicher und privatrechtlicher Nachbarschutz, 2000, Rn. 955; Soergel/Kreße BGB § 906 Rn. 154 ff.; Vieweg NJW 1993, 2570 (2574 ff.); Vieweg/Lorz SachenR § 9 Rn. 50; Wandt VersR 2017, 1109; Westermann/Gursky/Eickmann SachenR § 61 Rn. 25, 33 f.; Wieling SachenR, 5. Aufl. 2007, § 23 II 4 i.

1. Argument
Es ist weithin anerkannt, dass ein an sich tatbestandsmäßig gegebener Abwehranspruch aus § 1004 I BGB gegen Immissionen eines unmittelbar dem öffentlichen Interesse dienenden gemeinwichtigen Betriebes ausgeschlossen sein kann, weil die Unterbindung der Störung die Einstellung oder eine erhebliche funktionsmäßige Beeinträchtigung dieses Betriebes zur Folge haben würde (vgl. Staudinger/Gursky,

2013, BGB § 1004 Rn. 192 mwN bzw. Staudinger/Thole, 2023, BGB § 1004 Rn. 537 mwN). Ebenso, dass der betroffene Grundstückseigentümer dann als Ersatz für den versagten negatorischen Rechtsbehelf einen sog. bürgerlich-rechtlichen oder nachbarrechtlichen Ausgleichsanspruch erhält, der zunächst auf den in § 26 GewO aF, § 904 S. 2 BGB und §§ 74, 75 Einl. ALR enthaltenen Rechtsgedanken gestützt wurde (Gesamtanalogie), heute aber meist nur noch auf einer Analogie zu § 906 II 2 BGB beruht. Die vergleichbare Interessenlage ist aber auch gegeben, wenn die erfolgreiche Durchsetzung eines an sich gegebenen Abwehranspruchs gegen Beeinträchtigungen des Grundstückseigentums nicht an rechtlichen, sondern an faktischen Hindernissen scheitert.

2. Argument
Die Zubilligung eines verschuldensunabhängigen Anspruchs in solchen Fällen, in denen eine rechtswidrige Beeinträchtigung des Grundstückseigentums aus tatsächlichen Gründen nicht mithilfe des Eigentumsfreiheitsanspruchs aus § 1004 I BGB zu verhindern war, entspricht einem unabweisbaren praktischen Bedürfnis und zugleich einem evidenten Gebot der Gerechtigkeit: Es liegt auf der Hand, dass etwa dem Grundstückseigentümer, der durch einen Wasserrohrbruch auf dem Nachbargrundstück erhebliche Schäden erlitten hat, nicht zugemutet werden kann, diese ohne jeden Ausgleich zu tragen.

3. Argument (gegen Theorie II)
Der Eigentümer des Grundstücks, von dem die Beeinträchtigungen ausgingen, ist „näher dran“ und hat daher zB die durch einen Rohrbruch auf seinem Grundstück auf dem Nachbargrundstück eingetretenen Schäden zu tragen. Nur er hätte durch besondere – überpflichtmäßige – Vorkehrungen den gefährlichen Zustand seines Grundstücks entdecken können. Die Gesichtspunkte der Veranlassung, der Gefahrbeherrschung und der Vorteilsziehung aus der Nutzung des Grundstücks sprechen dafür, ihm die (Ausgleichs-)Verantwortung für das schädigende Geschehen und ihm eine an die Stelle der undurchsetzbaren primären Abwehransprüche tretende Ausgleichungspflicht aufzuerlegen. Nur so gelangt man zu einer sachgerechten Verantwortungszuweisung, die der Wertung des § 906 II 2 BGB zugrundeliegt.

4. Argument
Das BGB muss um den allgemeinen nachbarrechtlichen Ausgleichsanspruch bei faktischem Duldungszwang ergänzt werden, weil sich ohne diese Rechtsfortbildung ein nicht hinnehmbarer Wertungswiderspruch ergibt: Die Eigentumsbeeinträchtigung ist in den Fällen des faktischen Duldungszwangs immer rechtswidrig gewesen; andernfalls wäre der Störer nicht zumindest ganz kurzfristig einem Abwehranspruch ausgesetzt gewesen. Wenn nun der Störer für die Folgen der Beeinträchtigung nur nach Deliktsrecht und dh nur im Verschuldensfalle haften müsste, stünde der Verursacher rechtswidriger Immissionen besser dar als der für rechtmäßige (weil vom Betroffenen nach § 906 II 1 BGB zu duldende) Immissionen verantwortliche Störer (Pfeiffer). Oder aus anderer Perspektive: Es wäre unerträglich, wenn der Eigentümer oder Nutzer eines Grundstücks bei einer vom Nachbargrundstück ausgehenden und faktisch nicht abwehrbaren rechtswidrigen Einwirkung auf sein Grundstück schlechter gestellt würde als im Falle einer rechtmäßigen und von ihm deshalb hinzunehmenden Einwirkung (BGH).

5. Argument
Anknüpfend an Arg. 4 lässt sich auch der Erst-recht-Schluss formulieren: Wenn dem Eigentümer oder Besitzer schon bei einer *rechtmäßigen* Einwirkung ein Ausgleichsanspruch nach § 906 II 2 BGB gewährt wird, dann muss ihm bei einer *rechtswidrigen* Einwirkung auf sein Grundstück erst recht ein solcher Ausgleichsanspruch zustehen. In beiden Fällen geht es um Beeinträchtigungen aus der (vorteilhaften) Nutzung des Grundstücks, die letztlich auf den nachbarschaftlichen Nutzungskonflikt zurückzuführen sind, dessen Interessenausgleich § 906 BGB gerade bezwecken will (vergleichbare Interessenlage).

6. Argument
Schon der grundrechtliche Eigentumsschutz (Art. 14 GG) gebietet es, einen Ausgleichsanspruch auch dann zu gewähren, wenn ein negatorischer Abwehranspruch nicht an einer rechtlichen Duldungspflicht, sondern aus tatsächlichen Gründen scheitert (Vieweg).

7. Argument (gegen Theorie II)
Die Zubilligung eines verschuldensunabhängigen allgemeinen nachbarrechtlichen Duldungsanspruchs wegen faktischen Duldungszwangs scheitert (auch in den Kurzschluss- oder Rohrbruchfällen) nicht einfach daran, dass es mangels Störers iSd § 1004 I BGB unmittelbar vor dem schädigenden Brandübergriff oder dem Eindringen des Wassers keinen Abwehranspruch gegeben hätte: Die Frage, ob der Eigentümer eines Grundstücks für hiervon ausgehende Beeinträchtigungen des Nachbargrundstücks als Störer in Anspruch genommen werden kann, lässt sich nicht begrifflich klären, sondern kann nur „unter wertender Betrachtung von Fall zu Fall" beantwortet werden. Auch bei an sich nicht gefahrgeneigter bestimmungsgemäßer Nutzung des Grundstücks kann eine Haftung des Grundstückseigentümers nach § 1004 I BGB in Betracht kommen, wenn es Sachgründe gibt, die Verantwortung dem Eigentümer des Grundstücks aufzuerlegen, von dem die Beeinträchtigungen ausgehen. Dies ist dann anzunehmen, wenn sich aus der Art der Nutzung des Grundstücks, von dem die Einwirkung ausgeht, eine „Sicherungspflicht", also eine Pflicht zur Verhinderung möglicher Beeinträchtigungen, ergibt (vgl. BGH NJW-RR 2011, 739 Rn. 12). Ein Brand als Folge eines Defekts der elektrischen Leitungen oder Geräte eines Hauses beruht auf Umständen, auf die grundsätzlich nur der Eigentümer Einfluss nehmen konnte, wenn konkret auch kein Anlass für ein vorbeugendes Tätigwerden bestanden haben mag. Kommt es zu dem Ausbruch des Brandes, so ist es seine Sache, auch zur Verhinderung einer Ausweitung, für eine Eindämmung und Behebung zu sorgen. Greift der Brand über, kann der betroffene Nachbar Maßnahmen zur Abwehr, und zwar selbst unter Inkaufnahme der Beschädigung des Hauses, von dem der Brand ausgeht, treffen (§ 228 BGB). Es ist daher gerechtfertigt, den Eigentümer des Hausgrundstückes, auf dem infolge eines Kabeldefekts der Brand entstanden ist, als Störer iSv § 1004 I BGB anzusehen (BGH).

8. Argument (gegen Theorie II bzw. Theorie III, Arg. 3)
Zu Unrecht wird geltend gemacht, die Zubilligung eines verschuldensunabhängigen Ausgleichsanspruchs in den Rohrbruch- und Kurzschlussfällen laufe auf eine vom Gesetzgeber nicht vorgesehene Gefährdungshaftung zwischen Grundstücksnachbarn hinaus. Beim nachbarrechtlichen Ausgleichsanspruch wegen faktischen Duldungszwangs handelt es sich um ein von der Gefährdungshaftung verschiedenes Institut,

deren dogmatischen Grundlagen, unterschiedlichen Voraussetzungen und abweichenden Rechtsfolgen. Es geht in diesen „technischen Unfallschadensfällen" von der Interessenlage her nicht um die Einführung einer Gefährdungshaftung für eine gefährliche Einrichtung im Verhältnis zwischen Nachbarn, also nicht um das Einstehen für Schäden, die er allein auf das rechtmäßige Vorhandensein einer Anlage oder auf eine erlaubte Tätigkeit zurückzuführen sind, sondern um die einzelfallbezogene Einstandspflicht für rechtswidrige Störungen aus einer bestimmungsgemäßen Grundstücksnutzung, die von dem beeinträchtigten Nachbarn aus tatsächlichen Gründen nicht abgewehrt werden können. Dementsprechend schließen die Regeln des Haftungsrechts nicht das Vorliegen einer planwidrigen Regelungslücke aus. Vielmehr ist festzuhalten, dass dieser typisch nachbarrechtliche Nutzungskonflikt nicht in § 906 II BGB geregelt ist, aber vom Regelungsplan des Gesetzgebers her zu dem gleichen Abwägungsergebnis geführt hätte (BGH).

9. Argument (gegen Theorie III, Arg. 4)
Dass der Ausgleichsanspruch wegen faktischen Duldungszwangs nur den Eigentümern bzw. Besitzern der Nachbargrundstücke gewährt wird, nicht aber auch den Eigentümern beweglicher Sachen, die ebenfalls von unzulässigen Immissionen oder ähnlichen Einwirkungen betroffen werden, ist gerechtfertigt. Der sachliche Grund für diese Sonderbehandlung liegt einfach darin, dass Grundstücksnachbarn den von einem anderen Grundstück ausgehenden Gefahren nicht ausweichen können.

II. Differenzierende Theorie

Ein nachbarrechtlicher Ausgleichsanspruch wegen faktischen Duldungszwangs (analog § 906 II 2 BGB) kommt nur in Betracht, wenn die schädigende Beeinträchtigung auf unzulässige Nutzungshandlungen des Grundstücks zurückgeht, die – wie die Verursachung von Immissionen oder das Herstellen bzw. Halten von unzulässigen Anlagen iSv § 907 BGB – mit einer spezifischen Gefahr für die Nachbarn verbunden sind. Bei schädigenden Beeinträchtigungen, die sich aus (allgemein) gefährlichen Zuständen auf einem Nachbargrundstück entwickeln, etwa durch defekte technische Geräte ausgelöste übergreifende Brände oder Wasserschäden infolge eines Rohrbruchs (sog. technische Unfallschäden), scheidet diese Anspruchsgrundlage von vornherein aus.

Vertreten von:
Larenz/Canaris SchuldR BT II/2 § 85 III 1b; ähnlich auch Dötsch NZM 2004, 177 (180); Eckert SachenR Rn. 903b, c; HK-BGB/Staudinger § 906 Rn. 20 ff.; Roth JuS 2001, 1161 (1164); Roth/Lemke/Krohn/Roth, Der bürgerlich-rechtliche Aufopferungsanspruch als Problem der Systemgerechtigkeit im Schadensrecht, 2001, 1 (23 ff., 44 f.); Staudinger/Roth, 2020, BGB § 906 Rn. 69; Wolf/Wellenhofer, Sachenrecht, 30. Aufl. 2015, § 25 Rn. 25, 27 ff.; weniger deutlich aber Wellenhofer SachenR § 25 Rn. 25, 27 ff.; wohl auch Westermann/Staudinger SachenR Rn. 91; vgl. auch Karsten, Der nachbarrechtliche Ausgleichsanspruch gem. § 906 Abs. 2 Satz 2 BGB analog im System der Ausgleichsansprüche, 1998, S. 129 ff., 189 ff., 195 f. (Ausgleichspflicht analog § 906 II 2 BGB nur dann, wenn die Beeinträchtigung notwendige Folge einer Nutzungshandlung ist oder auf eine Nutzungshandlung zurückgeht, die wegen ihrer Gefährlichkeit als Verstoß gegen das nachbarrechtliche Rücksichtnahmegebot verstanden werden kann); Heiderhoff JA 2000, 357 (358); Popescu/Mayer NZM 2009, 181 (182 ff.); Süss, Die verschuldensunabhängige Haftung analog § 906 Absatz 2

Satz 2 BGB, 1998, S. 72 ff., 83 ff., insbes. 103 f.; zum. ablehnend bei Unfallschäden Wellenhofer GS Wolf 2011, 323 (331 ff.); wohl auch Grunewald/Riesenhuber BürgerlR Rn. 600; Kupfer/Weiß ZfPW 2019, 459 (461 f., 487); s. für andere Einschränkungen auch BeckOK BGB/Fritzsche § 906 Rn. 94 mit Verweis auf Mayer NZM 2020, 584 (586 ff.) (Beschränkung auf Beeinträchtigungen der ortsüblichen Grundstücksnutzung); Tolani FS Roth, 2021, 97 (116 ff.) (Einschränkung auf objektiv prognostizierbare Einwirkungen).

1. Argument
Die Lehre vom nachbarrechtlichen Ausgleichsanspruch wegen faktischen Duldungszwangs sieht sich dem Einwand ausgesetzt, dass damit das Enumerationsprinzip der Gefährdungshaftung unterlaufen wird. Diesem ist dadurch Rechnung zu tragen, dass man den Anspruch von vornherein auf Beeinträchtigungen aufgrund von unzulässigen Handlungen beschränkt. Die Gefährdungshaftung ist in ihrem Kernbereich schließlich eine Zustandshaftung (Larenz/Canaris).

2. Argument
Die Lehre vom nachbarrechtlichen Ausgleichsanspruch wegen faktischen Duldungszwangs hat ihren Ausgangspunkt in dem Erst-recht-Schluss aus § 906 II 2 BGB. Diese Norm gilt unmittelbar nur für die nach § 906 II 1 BGB zu duldenden Immissionen. Es liegt aber auf der Hand, dass der betroffene Nachbar bei unzulässigen, dh rechtswidrigen Immissionen nicht schlechter stehen darf. Solche Immissionen beruhen aber (zumindest in der Regel) auf menschlichen Handlungen. Gerade deshalb empfiehlt es sich, den Ausgleichsanspruch auf solche Beeinträchtigungen zu beschränken, die sich aus gefahrträchtigen Maßnahmen entwickeln, die der gestörte Nachbar eigentlich hätte verbieten können. Bei den sog. technischen Unfallschäden fehlt es aber an der vergleichbaren Interessenlage. Denn die Beeinträchtigung wird bei einem übergreifenden Brand (wertungsmäßig) nicht durch eine Nutzung des Nachbargrundstücks verursacht, sondern ist letzlich auf ein von niemandem zu beherrschendes (Unfall-)Ereignis zurückzuführen. Es handelt sich hier um zufällige, nicht aber (wie im Fall des gesetzlichen Duldungszwangs) notwendige Nebenfolgen einer Grundstücksnutzung (Popescu/Mayer).

3. Argument
In den Fällen, in denen die Beeinträchtigung eines Grundstücks auf einem Rohrbruch, einem Kurzschluss in den elektrischen Leitungen des Nachbargrundstücks oder einem ähnlichen technischen Versagen der Einrichtungen des Nachbarhauses beruht, scheitert der behauptete bürgerlich-rechtliche Aufopferungsanspruch regelmäßig schon daran, dass vor dem technischen Versagen gar kein vorbeugender Unterlassungsanspruch bestand: Solange nur die theoretische Möglichkeit eines Rohrbruchs oder eines Leitungsdefekts besteht, fehlt es an der von § 1004 I 2 BGB verlangten Besorgnis künftiger Beeinträchtigungen (Roth).

4. Argument
Wenn die Beeinträchtigung aus einem mangelhaften Zustand des Nachbargrundstücks (wie einem defekten Stromkabel oder einer Schwachstelle einer Wasserleitung) entstanden ist, hatte der später geschädigte Grundstückseigentümer theoretisch schon vor der Entstehung des Schadens einen negatorischen Gefahrenabwehranspruch aus § 908 BGB oder § 1004 I BGB. Wollte man aber auch einen solchen Gefahrabwen-

dungsanspruch gegenüber einem unerkennbar bedrohlichen Zustand des Nachbargrundstücks als Grundlage für einen nach dem Schadenseintritt entstehenden verschuldensunabhängigen Ausgleichsanspruch genügen lassen, käme man (der Sache nach) zu einer generellen Gefährdungshaftung zwischen Grundstücksnachbarn. Für eine so weitgehende Sonderbehandlung von Grundstücksnachbarn besteht aber nicht einmal de lege ferenda ein tragfähiger Grund.

5. Argument
Schäden, die sich aus einem unerkennbar gefährlichen Zustand eines Grundstücks bzw. Grundstücksbestandteils ergeben, können zu riesigen Schadenssummen führen; man denke nur an die immer wieder vorkommenden Gasexplosionen oder den mehr theoretischen Fall eines brechenden Staudamms. Gerade wegen dieser enormen Tragweite darf die Entscheidung über einen verschuldensunabhängigen Ausgleichsanspruch in solchen Fällen nicht ohne sichere Verankerung im Gesetz getroffen werden (Larenz/Canaris).

6. Argument
Der Umstand, dass Grundstücksnachbarn den von einem anderen Grundstück ausgehenden Einwirkungen nicht ausweichen können, weil das Grundstück unbeweglich ist, rechtfertigt den besonderen Schutz dieser Personen durch eine verdeckte Gefährdungshaftung noch nicht. Hinzutreten müsste für eine Gefährdungshaftung zumindest noch eine besondere Gefahr, die in der Nachbarschaft als solcher noch nicht gesehen werden kann (Roth).

III. (hier sog.) Nichtanwendungstheorie

Es gibt keinen bürgerlich-rechtlichen Aufopferungsanspruch oder nachbarrechtlichen Ausgleichsanspruch bei faktischem Duldungszwang analog § 906 II 2 BGB. Die Fälle sind vielmehr nach dem bestehenden kodifizierten Recht zu beurteilen.

Vertreten von:
v. Bar Karlsruher Forum 1987, 4 (9 f.); J. F. Baur FS 50 Jahre BGH I, 2000, 849 (868); Bensching, Nachbarrechtliche Ausgleichsansprüche – zulässige Rechtsfortbildung oder Rechtsprechung contra legem?, 2002, S. 222 ff., 226 ff., 278 ff., 284; Binder VersR 2003, 1226 (1229 ff.); Buchholz/Radke JURA 1997, 454 (464); Dürkop, Das nachbarliche Gemeinschaftsverhältnis und § 906 BGB, 2023, S. 133 ff., 165 ff., 183 f. (der aber eine Haftung nach § 280 I BGB iVm dem nachbarlichen Gemeinschaftsverhältnis und den Regeln des Deliktsrechts als denkbar qualifiziert); Erman/Wilhelmi BGB § 906 Rn. 43a; Goebel JR 2002, 485 (489); Grigoleit/Riehm, Schuldrecht IV, 3. Aufl. 2022, Rn. 395 ff.; Hennig/Honer JuS 2016, 591 (594 f.); Katzenstein FS Picker, 2010, 425; Maultzsch, Zivilrechtliche Aufopferungsansprüche und faktische Duldungszwänge, 2006, S. 43 ff., 114 ff., 249 ff., 262 ff.; Neuner JuS 2005, 487 (491); Regenfus, Vorgaben des Grundgesetzes für die Lösung sachenrechtlicher Zuordnungs- und Nutzungskonflikte, 2013, S. 475 ff., 487; Schlechtriem FS Gernhuber, 1993, 407 (416 ff.); A. Schmidt, Der nachbarliche Ausgleichsanspruch, 2000, S. 145 ff., 172 f., 191 ff.; Singer, Persönlichkeitsschutz in Nachbarschaftslagen, 1999, S. 91 ff.; Waldkirch, Zufall und Zurechnung im Haftungsrecht, 2018, S. 178 ff.; Wilhelmi, Risikoschutz durch Privatrecht, 2009, S. 97 ff., 100 f.; Wilhelm SachenR Rn. 781 ff. (anders aber für die Zeit nach Geltendmachung des Abwehranspruchs durch den Betrof-

fenen, wenn der Verursacher an seiner Einwirkung festhält); wohl auch Wieling LMK 2003, 183 (184); Wieling LMK 2005, 26 f.; vgl. ferner BeckOGK/Klimke, 1.6.2024, BGB § 906 Rn. 373 f. („für die Rechtsanwendung … hinzunehmen"); in ähnliche Richtung auch Henke/Singbartl ZfIR 2018, 318 (319 f.); Lüneborg NJW 2012, 3745 (3748 ff.); Würdinger JZ 2014, 690 (691 f.); Ringshandl JZ 2018, 682 (683 f.); Klöpfer/Meier NJW 2018, 1516 (1517 ff.).

1. Argument
Für die analoge Anwendung von § 906 II 2 BGB oder für eine Gesamtanalogie zu den §§ 904 S. 2, 906 II 2 BGB, § 14 S. 2 BImSchG fehlt es in den Fällen des faktischen Duldungszwangs an der für eine Analogie erforderlichen vergleichbaren Interessenlage. Alle diese Normen geben einen verschuldensunabhängigen Ausgleichsanspruch ausschließlich in solchen Fällen, in denen ein an sich tatbestandsmäßig gegebener Abwehranspruch aus rechtlichen Gründen ausgeschlossen ist. Das Gesetz selbst legt hier dem betroffenen Eigentümer im Interesse des Störers bzw. der Allgemeinheit eine Duldungspflicht auf und kompensiert die in der Versagung des Abwehranspruchs liegende Zurücksetzung der Interessen des Beeinträchtigten zugleich mit der Zubilligung des Ausgleichsanspruchs. Die Fälle des „faktischen Duldungszwangs" sind damit nicht vergleichbar. Ein rein tatsächliches Hindernis für die Geltendmachung eines an sich gegebenen Abwehranspruchs ist etwas ganz anderes als die gesetzliche Entscheidung für eine Duldungspflicht bei gleichzeitiger Kompensation der versagten Abwehrmöglichkeit durch einen Ausgleichsanspruch.

2. Argument (Theorie I, Arg. 5)
Die vergleichbare Interessenlage mit dem Erst-recht-Schluss zu begründen, greift zu kurz. Es wird zum einen verkannt, dass § 906 II 2 BGB seinen Geltungsgrund in der Versagung zukünftiger Abwehransprüche findet. Beim faktischen Duldungszwang geht es aber um bereits eingetretene Schäden (Neuner, Dürkop, Wilhelmi). Zum anderen ist der beeinträchtigte Nachbar nicht schlechter gestellt, weil er die unzulässigen Immissionen mithilfe seines Abwehranspruchs aus § 1004 I BGB unterbinden kann und die Möglichkeit besitzt, den Störer derart aufzuklären, dass eine Fortsetzung der Immissionen als schuldhafte Eigentumsverletzung eingestuft werden muss (dies führte zur Haftung nach § 823 I BGB bzw. den §§ 1004 I, 280 I, II, 286 BGB).

3. Argument
Die Konstruktion eines bürgerlich-rechtlichen Aufopferungsanspruchs bei von einem Nachbargrundstück ausgehenden Einwirkungen, die aus tatsächlichen Gründen nicht (mit § 1004 I BGB) abgewehrt werden konnten, läuft auf eine allgemeine Kausalhaftung oder eine im Gesetz nicht vorgesehene Gefährdungshaftung des Grundstückseigentümers hinaus. Mit der Anerkennung eines solchen Anspruchs unterläuft die Rechtsprechung, gerade weil die Voraussetzungen der speziellen Gefährdungshaftungstatbestände nicht vorliegen, das Enumerationsprinzip der Gefährdungshaftung, das eine Ausdehnung des Anwendungsbereichs der Letzteren im Wege der Rechtsfortbildung entgegensteht. Mit den haftungsrechtlichen Verkehrssicherungspflichten (iRd §§ 823 ff. BGB) steht für die Lösung solcher Fälle vielmehr ein „systemkonformes Instrument zur Verfügung" (Schlechtriem).

4. Argument
Die an § 906 II 2 BGB anknüpfende Konstruktion eines Ausgleichsanspruchs des Grundstückseigentümers oder -besitzers bei faktisch nicht abwehrbaren rechtswidri-

gen Einwirkungen, die von einem Nachbargrundstück ausgehen, führt zu einer nicht zu rechtfertigenden Ungleichbehandlung von Immobiliarberechtigten einerseits und Inhabern nicht ortsgebundener Rechte und Rechtsgüter andererseits. Die Ersteren erhalten auch bei fehlendem Verschulden des Störers einen Ausgleich für die ihnen aus dem Eingriff entstandenen Nachteile, die Letzteren dagegen werden – soweit nicht zufällig ein besonderer Gefährdungshaftungstatbestand erfüllt ist – nur über das Deliktsrecht und damit nur verschuldensabhängig geschützt (Wilhelm).

5. Argument
Die Rechtsprechung schafft mit dem bürgerlich-rechtlichen Ausgleichsanspruch bei faktischem Duldungszwang praktisch ein „Deliktsrecht zweiten Grades", das auf das Verschuldenserfordernis der §§ 823 ff. BGB verzichtet und dafür den Umfang des Ersatzes beschränkt. Dies ist nicht zu rechtfertigen, zumal der „angemessene Ausgleich in Geld" häufig doch allzu nah an einer vollständigen Schadenskompensation iSd §§ 249 ff. BGB liegt (Bensching, Buchholz/Radke).

6. Argument
Der Gesichtspunkt des faktischen Duldungszwangs ist schon deshalb nicht geeignet, den verschuldensunabhängigen Ausgleichsanspruch zu begründen, weil er gar nicht auf eine bestimmte Fallgruppe zu beschränken wäre: Jeder Eigentumsverletzung iSv § 823 I BGB ist schließlich zumindest theoretisch ein negatorischer Unterlassungsanspruch vorgeschaltet gewesen, dessen Durchsetzung aber aus faktischen Gründen – nämlich wegen der Schnelligkeit des Deliktstäters – nicht in Betracht kam. Die Gefahr einer solch extensiven Normanwendung zeigt sich auch darin, dass der BGH mittlerweile selbst die Notbremse gezogen und eine verschuldensunabhängige Haftung für technische Unfallschäden zwischen bloßen Mietern verneint hat (BGHZ 157, 188 = NJW 2004, 775). Das aber wirkt willkürlich; ob ein Rohrbruch in einer Wohnung andere Mieter des gleichen Hauses oder aber den Eigentümer oder Mieter des Nachbarhauses schädigt, ist reiner Zufall; jedenfalls ist in beiden Fällen die gleiche Interessenlage gegeben (vgl. Dötsch VersR 2004, 520 (521 f.)). Der nunmehrige Versuch einer Eingrenzung des nachbarrechtlichen Ausgleichsanspruchs führt mithin nur zu neuen Wertungswidersprüchen. Das ist ein Anzeichen dafür, dass der mit der „Entdeckung" dieses Anspruchs eingeschlagene Weg von vornherein verfehlt war.

7. Argument (gegen Theorie I, Arg. 6)
Der Versuch einer verfassungsrechtlichen Begründung für die Lehre vom nachbarrechtlichen Ausgleichsanspruch bei faktischem Duldungszwang muss scheitern. Nicht einmal der Anspruch, den § 906 II 2 BGB in unmittelbarer Anwendung gewährt, gehört zu dem Mindestmaß an Schutz des Eigentums, den Art. 14 I GG fordert. Die entsprechende Anwendung der Norm bei faktisch unabwendbaren Einwirkungen ist somit erst recht nicht verfassungsrechtlich geboten (Süss, der allerdings Theorie II vertritt).

Fallbeispiele:

1. Im Ausgangsfall ist zunächst ein Anspruch aus § 280 I BGB in Verbindung mit dem nachbarlichen Gemeinschaftsverhältnis denkbar. Allerdings ist es insofern hA, dass ein solches keine Pflichten iSd § 241 BGB begründet. Es fehlt bei Grundstücks-

nachbarn an dem für ein gesetzliches Schuldverhältnis typischen Geflecht wechselseitiger Duldungs-, Mitwirkungs- und Leistungspflichten (BGH NJW 2011, 3294 Rn. 7). Auch ergibt sich kein Anspruch aus § 836 I BGB. Ein technischer Leitungsdefekt ist nicht als „Ablösung von Teilen des Gebäudes" einzuordnen (insbesondere wurde der Sachschaden am Nachbargrundstück nicht durch eine „Ablösung von Teilen des Gebäudes" verursacht). Ein Schadensersatzanspruch des A gegen B aus § 823 I BGB scheitert daran, dass für ein Verschulden des B kein Anhaltspunkt besteht. Auch ein Anspruch aus § 2 I 1 HPflG scheitert; Elektrizitätsleitungen, die nur einen unselbstständigen Teil eines Hauses bilden, stellen keine „Anlage" im Sinne der Regelung dar (Larenz/Canaris SchuldR BT II/2 § 84 IV 1b).

Damit bleibt als Anspruchsgrundlage allenfalls der nachbarrechtliche Ausgleichsanspruch in Analogie zu § 906 II 2 BGB übrig. Theorie I („Theorie der analogen Anwendung") würde diesen bejahen (vgl. BGHZ 142, 66 = NJW 1999, 2896); insbesondere stellt § 2 I 1 HPflG keine andere in sich geschlossene und daher vorrangige Haftungsregelung dar (BGH NZM 2021, 567 Rn. 7). Theorie III („Nichtanwendungstheorie") würde diese Anspruchsgrundlage generell verneinen. Auch Theorie II („Differenzierende Theorie") könnte den nachbarrechtlichen Ausgleichsanspruch im vorliegenden Fall nicht bejahen, weil die schädigenden Auswirkungen nicht auf einer unzulässigen und deshalb von dem betroffenen Nachbarn theoretisch untersagbaren Nutzung des Grundstücks beruhen, auf dem der Brand ausgebrochen ist. Für Theorie I stellt sich dann die weitere Frage, ob A mithilfe des nachbarrechtlichen Ausgleichsanspruchs den vollen Betrag der Reparaturkosten bzw. die damit wohl identische Sachwertminderung ersetzt verlangen kann oder ob der Anspruchsumfang dahinter zurückbleibt. Grundsätzlich ist der Anspruch nur auf eine angemessene Entschädigung in Geld gerichtet, die nach den Grundsätzen der Enteignungsentschädigung berechnet wird. Der BGH betont jedoch, dass der nachbarrechtliche Ausgleichsanspruch bei Substanzschäden durchaus auch auf vollen Schadensersatz gehen kann (BGH NJW-RR 1997, 1374; BGHZ 142, 66 (70 f.) = NJW 1999, 2896).

2. Der Schützenverein W.e.V. unterhielt von 1966–1987 einen Trap- und Skeet-Schießstand auf einem eigenen Grundstück. Der Betrieb der Schießanlage führte zu Bleiablagerungen im angrenzenden landwirtschaftlich genutzten Grundstück des L. Infolge dieser Ablagerungen war 1987 das Grundstück des L für eine weitere landwirtschaftliche Nutzung nicht mehr geeignet, was wiederum einen erheblichen Wertverlust des Grundstücks bedeutete. L hatte von der eingetretenen Verschlechterung seines Grundstücks erst erfahren, als der Boden bereits einen den zulässigen Grenzwert weit überschreitenden Bleigehalt aufwies. Dass L vorher nicht gegen die vom Schießstand ausgehenden „Immissionen" vorgegangen war, beruhte darauf, dass er die auf sein Grundstück niederfallenden Schrotkugeln für ungefährlich gehalten hatte; in dieser Zeit war nämlich in der Bevölkerung das Bewusstsein für Umweltbeeinträchtigungen dieser Art noch kaum vorhanden. L verlangte nun von dem Verein Ersatz für alle Schäden, die ihm durch die auf den Schießbetrieb zurückführenden Bleiablagerungen im Boden seines Grundstücks entstanden waren (nach BGHZ 111, 158 = NJW 1990, 1910). Zu Recht?

Ein Schadensersatzanspruch aus § 823 I BGB steht dem L nicht zu, weil auch den Vereinsorganen die Gefährlichkeit der auf das Nachbargrundstück gelangenden Schrotladungen für dessen Bodenbeschaffenheit nicht erkennbar war. Ein Ausgleichsanspruch aus § 906 II 2 BGB unmittelbar kam ebenfalls nicht in Betracht: Zum einen gilt die Norm nur für Immissionen der in § 906 I 1 BGB genannten Art; bei den auf das Grundstück des L niederfallenden Schrotkugeln handelt es sich dagegen um Grobimmissionen, die nicht von § 906 I 1 BGB erfasst werden und die ohne Weiteres mit dem negatorischen Abwehranspruch nach § 1004 I 1 und 2 BGB unterbunden werden können.

L könnte aber ein nachbarrechtlicher Ausgleichsanspruch wegen faktischen Duldungszwangs in Analogie zu § 906 II 2 BGB zugestanden haben, wie ihn Theorie I und (für einen engeren Bereich) auch Theorie II anerkennen. Fraglich ist allerdings, ob hier wirklich von einem faktischen Duldungszwang die Rede sein kann. L hat immerhin gewusst, dass beim Schießbetrieb Schrotblei auf sein Grundstück niederfiel, und er hätte das auch – gerade weil es sich um per se unzulässige Grobimmissionen handelte – mit einer Unterlassungsklage nach § 1004 I 2 BGB unterbinden können. Entscheidend ist aber, dass L die eigentliche Qualität der Beeinträchtigung, nämlich die Gefahr einer schleichenden Bodenvergiftung durch die ständigen Bleiablagerungen, nicht erkannt hat und nach dem damaligen allgemeinen Informationsstand der Bevölkerung wohl auch gar nicht erkennen konnte. Auch das reicht für einen faktischen Duldungszwang aus (BGHZ 111, 158 (163 f.) = NJW 1990, 1910). Wie Theorie I müsste auch Theorie II diesen Anspruch vorliegend bejahen, weil die schädigende Beeinträchtigung auf gefahrträchtige Nutzungshandlungen des Nachbargrundstücks beruht. Theorie III müsste den Anspruch wiederum verneinen.

S. ergänzend die Konstellationen bei BGH NJW 2009, 3787 (Silvesterrakete) oder BGH NZM 2019, 893 (Weltkriegsbombe) sowie § 14 Abs. 3 WEG (Wohnungseigentümer) u. ferner Czeguhn/Ahrens SachenR Fall 22; Gerecke/Valentin JuS 2007, 834; Happ JA 2020, 728; Hennig/Honer JuS 2016, 591; Lakkis/Rupp JA 2012, 411; Nath/Heinrich JURA 2021, 303; Semmelmayer/Bieber JuS 2023, 1045; Stadler/Klöpfer JA 2017, 901; Utech/Bernhardt JURA 2020, 607.

6. Problem (§ 912 BGB)
Wie sind die Eigentumsverhältnisse beim unentschuldigten Grenzüberbau?

Ausgangsfall:

A hat ein bisher unbebautes Grundstück erworben und lässt darauf ein Einfamilienhaus errichten. Infolge grober Fahrlässigkeit des bauleitenden Architekten wird das Gebäude in einer Breite von 12 cm auf das benachbarte, dem B gehörende Grundstück hinübergebaut. Wie ist die Eigentumslage bezüglich des Gebäudes?

Ausgangspunkt:

Hat der Eigentümer eines Grundstücks bei der Errichtung des Gebäudes über die Grenze seines Grundstücks gebaut (sog. Überbau), ohne dass ihm Vorsatz oder grobe Fahrlässigkeit zur Last fällt, so muss der Nachbar den Überbau dulden, sofern er nicht sofort nach der Grenzüberschreitung Widerspruch erhoben hat (§ 912 I BGB). Über die Eigentumsverhältnisse ist damit noch nichts gesagt („dulden" schließt einen Anspruch aus § 1004 I BGB aus). Nach fast einhelliger Ansicht erwirbt der Eigentümer des Stammgrundstücks (Grundstück, von dem aus überbaut wurde) im soeben beschriebenen, gesetzlich erfassten Fall des sog. entschuldigten Überbaus analog § 95 I 2 BGB das Eigentum an dem hinübergebauten Gebäudeteil (die §§ 94 I 1, 946 BGB werden mithin verdrängt); die überbaute Grundstücksfläche verbleibt dagegen im Eigentum des Nachbarn, der für die Duldungspflicht nach § 912 II BGB zu entschädigen ist (s. zuletzt BGH NJW 2023, 3090 Rn. 7). Auf diese Weise soll die Zerschlagung wirtschaftlicher Werte vermieden und die Erhaltung natürlicher Gebäudeeinheiten gewährleistet werden.

Erheblich schwieriger sind die Eigentumsverhältnisse im Fall des sog. unentschuldigten Überbaus zu beurteilen, bei dem der Überbauende vorsätzlich oder grob fahrlässig baute, oder der Betroffene sofort widersprochen hat, sodass gerade keine Duldungspflicht nach § 912 I BGB besteht. Hier kollidieren zwei miteinander unvereinbare Zuordnungsvorschriften und Prinzipien: Einerseits sprechen die §§ 94 I 1, 946 BGB dafür, dass der über die Grenze gebaute Gebäudeteil dem Eigentümer des überbauten Bodens zustehen soll. Schließlich erstreckt sich das Eigentum an einem Grundstück nach § 946 BGB auch auf dessen wesentliche Bestandteile, zu denen nach § 94 I 1 BGB ein mit Grund und Boden fest verbundenes Gebäude zählt (sog. Bodenakzessionsprinzip). Andererseits bildet aber auch das Gebäude selbst eine einheitliche, zusammengehörige Sache, deren wesentliche Bestandteile nach § 93 BGB nicht verschiedenen Eigentümern gehören können. Das spricht in Verbindung mit § 94 II BGB dafür, dass das gesamte Gebäude – einschließlich des auf dem Nachbargrundstück stehenden Teils – einheitlich dem Eigentümer des Stammgrundstücks zugeordnet wird (sog. Prinzip des Gebäudezusammenhangs).

Welcher dieser sich widersprechenden Zuordnungsvorschriften schließlich der Vorrang (in der Konstellation des unentschuldigten Grenzüberbaus) einzuräumen ist, wird kontrovers diskutiert.

I. (hier sog.) Theorie der Realteilung

Im Falle des nicht nach § 912 I BGB entschuldigten Grenzüberbaus wird das Eigentum am Gebäude auf der Grenzlinie (dh durch eine gedachte, lotrecht auf der Grenzlinie stehende Trennwand) real geteilt (§§ 94 I 1, 946 BGB; Bodenakzessionsprinzip). Der Eigentümer des überbauten Grund und Bodens (also der Nachbar) ist auch Eigentümer des auf seinem Grundstück errichteten Gebäudeteils.

Vertreten von:
BGHZ 27, 204 (207 f.) = NJW 1958, 1182; BGHZ 57, 245 (248 f.) = NJW 1972, 195; BGHZ 62, 141 (143) = NJW 1974, 794; BGHZ 64, 333 (337) = NJW 1975, 1553; BGH NJW 1985, 789 (790 f.); 2011, 1069 Rn. 17; NJW-RR 2014, 973 Rn. 25; OLG Karlsruhe DNotZ 1986, 753; KG MittBayNot 2016, 145 (146); Baur/Stürner SachenR § 25 Rn. 11; BeckOGK/Vollkommer, 1.5.2024, BGB § 912 Rn. 6, 60; BeckOK BGB/Fritzsche § 912 Rn. 31, § 94 Rn. 13 aE; Biermann SachenR § 912 Anm. 4; Brehm/Berger SachenR 6.35; Busch BayZ 1914, 157 f.; (wohl auch) Eckert SachenR Rn. 920 f.; Erman/Elzer BGB § 912 Rn. 4; Erman/Stieper BGB § 94 Rn. 13; J. v. Gierke SachenR § 27 V 2; Gottwald PdW SachenR S. 49; Grüneberg/Herrler BGB § 912 Rn. 18; Gunia, Grenzüberbau und Akzessionsprinzip, 2009, S. 171 ff.; Hennig/Honer JuS 2016, 591 (596); HK-BGB/Staudinger § 912 Rn. 17; Jacoby/v. Hinden BGB § 912 Rn. 1; Jauernig/Berger BGB § 912 Rn. 10; Kainer SachenR § 33 Rn. 43; Klempt JZ 1969, 223; Lüke SachenR Rn. 509; MüKoBGB/Brückner § 912 Rn. 39; MüKoBGB/Stresemann § 94 Rn. 11; Müller/Gruber SachenR Rn. 199; NK-BGB/Ring § 912 Rn. 79 f.; Planck/Strecker BGB § 95 Anm. 4b, § 912 Anm. 2b α; Prütting SachenR Rn. 346; Prütting/Wegen/Weinreich/Lemke BGB § 912 Rn. 29; RGRK/Augustin BGB § 912 Rn. 29; RGRK/Kregel BGB § 94 Rn. 5; Ring JA 2000, 414 (420); Schrader JA 2022, 777 (779); C. Schreiber SachenR Rn. 130; Staudinger/Beutler, 12. Aufl. 1982, BGB § 912 Rn. 38, § 921 Rn. 20; Staudinger/Gursky, 2013, BGB § 1004 Rn. 42 f.; Staudinger/Stieper, 2021, BGB § 94 Rn. 13; Staudinger/Roth, 2020, BGB § 912 Rn. 76; Tersteegen RnotZ 2006, 433 (443); Vieweg/Lorz SachenR § 9 Rn. 62; Westermann/Gursky/Eickmann SachenR § 62 Rn. 13; Wieling/Finkenauer SachenR § 23 Rn. 12; E. Wolf SachenR S. 572; Wellenhofer SachenR § 25 Rn. 37;Wolff/Raiser SachenR § 55 II 1 Fn. 13; Zander BWNotZ 2017, 87 (89).

Eine besondere, aber vereinzelt gebliebene Variante dieser Auffassung vertritt Weitnauer ZfBR 1982, 97 (98): Die von der Grenze durchschnittenen Gebäudeteile sollen danach wie eine Grenzeinrichtung iSv § 921 BGB zu behandeln sein. Die beiden Nachbarn wären somit nach § 922 BGB zur Mitbenutzung der fraglichen Gebäudeteile verpflichtet, müssten die Kosten ihrer Unterhaltung gemeinsam tragen und dürften ohne Zustimmung des anderen keine Veränderungen daran vornehmen.

1. Argument
Das grundsätzlich richtige Bestreben nach eigentumsmäßiger Zusammenfassung wirtschaftlicher Einheiten muss da seine Grenze finden, wo – wie im Falle des nicht durch § 912 I BGB entschuldigten Grenzüberbaus – bei der Schaffung der wirtschaftlichen Einheit fremdes Eigentum verletzt wird. Der Bodeneigentümer, nicht der unberechtigt Überbauende, verdient auch eigentumsmäßig den Schutz der Rechtsordnung (BGH).

2. Argument
Die eigentumsrechtliche Zuordnung beim entschuldigten sowie unentschuldigten Grenzüberbau ist im Gesetz nicht explizit geregelt. Wie der Konflikt der widerstreitenden Gesetzesbestimmungen zu lösen ist, muss sich daher gesondert für die jeweilige Fallgestaltung nach einer sachgerechten Interessensabwägung bestimmen. Hierbei muss beachtet werden, dass der unentschuldigt Überbauende angesichts seines vorsätzlichen oder grob fahrlässigen Verhaltens weniger schützenswert erscheint, sodass dem Bodenakzessionsprinzip (§§ 94 I 1, 946 BGB) vor dem grundsätzlich anzuwendenden Prinzip des Gebäudezusammenhangs (§§ 93, 94 II BGB) Vorrang gebührt (BGH).

3. Argument (gegen Theorie II, Arg. 2)
Mit dem volkswirtschaftlichen Interesse an der Erhaltung des vorhandenen Gebäudes kann der Vorrang des § 93 BGB vor § 94 I 1 BGB (und damit das Alleineigentum des Überbauenden am ganzen Gebäude) nicht begründet werden. Eine dem volkswirtschaftlichen Interesse widerstreitende Zerstörung des Gebäudes könnte durch die Zuerkennung dieses Alleineigentums an den Überbauenden nämlich ohnehin nicht verhindert werden, denn der unentschuldigt Überbauende wäre nach ganz hM trotz des Eigentumserwerbs dem beeinträchtigten Nachbarn nach § 1004 I 1 BGB zur Beseitigung des Überbaus verpflichtet.

4. Argument
Ein hinreichender Schutz des durch einen unentschuldigten Grenzüberbau beeinträchtigten Nachbarn kann allein durch § 1004 I 1 BGB (häufig) nicht gewährleistet werden, denn die Durchsetzung des Beseitigungsanspruchs scheitert häufig daran, dass aufgrund öffentlich-rechtlicher Bauordnungsvorschriften der Abriss von Gebäuden genehmigungspflichtig ist. Wenn der beeinträchtigte Nachbar im Falle der Versagung dieser Genehmigung einen gewissen Schutz erhalten soll, muss ihm wenigstens das Eigentum am Überbau selbst zufallen (Klempt).

5. Argument (gegen Theorie III)
Durch den unentschuldigten Grenzüberbau darf auch kein Miteigentum an den unmittelbar von der Grundstücksgrenze durchschnittenen Nutzungseinheiten des Gebäudes entstehen. Anderenfalls würde nämlich sogar der vorsätzlich Überbauende dem Nachbareigentümer eine unauflösbare Miteigentümergemeinschaft aufzwingen können. Das aber kann einfach nicht richtig sein (Staudinger/Beutler).

II. (hier sog.) **Alleineigentumstheorie**

Auch im Falle des unentschuldigten Grenzüberbaus gehört der auf das fremde Grundstück gesetzte Gebäudeteil eigentumsmäßig zum Stammgrundstück. Wer als Eigentümer des Stammgrundstückes unentschuldigt ein Gebäude über die Grenze baut, wird Eigentümer des ganzen Gebäudes einschließlich des auf dem Nachbargrundstück errichteten Teiles (§ 93 BGB iVm § 94 II BGB; Prinzip des Gebäudezusammenhangs).

Vertreten von:
OLG Düsseldorf RheinArch 109 (1913), 277 (283 ff.); OLG Köln OLGE 13, 311; H. Becker BayZ 1915, 65 (67); W. Becker ZakDR 1936, 84; Bergenroth JW 1937, 970 (972); Boethke Gruchot 45 (1901), 720 (722); Dehner, Nachbarrecht, Loseblattausgabe

(Stand: Januar 2014), B § 7 III 3 aE, B § 8 II 3c, B § 24 II 2; Delbrück ArchBürgR 39 (1913), 406 (432 ff., 437); mit Einschränkungen Ebel AcP 141 (1935), 183 (192 ff.); Enneccerus/Nipperdey, Allgemeiner Teil des Bürgerlichen Rechts I, 15. Aufl. 1959, § 125 Fn. 45; Glaser MDR 1956, 449 (450); Gollnick AcP 157 (1958/59), 460 (462 ff.); Hauck, Die Eigentumsverhältnisse am Gebäude auf der Grenze, insbesondere an der gemeinschaftlichen Giebelmauer, 1970, S. 126 ff.; Hausmann, Das Recht der halbscheidigen Giebelmauer, 1969, S. 53 ff., 57; Hodes NJW 1964, 2382 (2383 ff.); Hodes NJW 1970, 87 (88); Hodes NJW 1972, 900 f.; Hoeniger ArchBürgR 35 (1910), 250 (282 ff., 288 ff.) (mit der Annahme eines gemeinschaftlichen Verwaltungs- und Nutzungsrechts am Gesamtgebäude entsprechend §§ 921, 923 BGB); Kisch KrVJSchr 61 (1932), 356 (362 f.); Pfirstinger BayZ 1907, 483 (485); mit Einschränkungen Schmitt BayZ 1914, 58 (60 f.); Soergel/Kreße BGB § 912 Rn. 24; Spyridakis, Zur Problematik der Sachbestandteile, 1966, S. 83 ff.; Staudinger/Coing, 11. Aufl. 1957, BGB § 94 Rn. 20; Staudinger/Seuffert, 11. Aufl. 1956, BGB § 921 Rn. 12, 24 f.; Warneyer BayZ 1915, 211 f.; Wilhelm SachenR Rn. 1126 ff.; Woite MDR 1961, 895 f.

1. Argument
Wenn § 93 BGB in zwingender Weise die rechtliche Zusammengehörigkeit der Bestandteile einer Einheitssache verfügt, so erhebt die Vorschrift einen wirtschaftlichen, dem gesunden Menschenverstand entsprechenden Grundsatz zum Rechtssatz. Im Gegensatz zu diesem quasi der Natur selbst entnommenen Rechtssatz beruht die Vorschrift des § 94 BGB auf der vom Recht angeordneten Fiktion, dass ein nur gedachter Ausschnitt der einheitlichen Erdmasse eine selbstständige Sache ist. § 93 BGB hat somit die höhere Dignität als § 94 I BGB. Dies zeigt sich auch darin, dass § 93 BGB keine Ausnahme kennt, während § 94 I BGB durch § 95 BGB und durch die Regelung des entschuldigten Überbaus in § 912 BGB durchbrochen wird (Dehner, Staudinger/Seufert, Woite).

2. Argument
Es ist im volkswirtschaftlichen Interesse erforderlich, das Bauwerk einem einheitlichen Eigentumsrecht zu unterwerfen. Das muss beim Konflikt zwischen §§ 93, 94 II BGB und den §§ 94 I, 946 BGB den Ausschlag geben.

3. Argument
Wenn beim unentschuldigten Überbau das Eigentum am Gebäude real geteilt würde, so könnte der Eigentümer des überbauten Nachbargrundstücks noch nachträglich den Überbau genehmigen und damit zu einem rechtmäßigen machen. Auf diese Weise könnte er bewirken, dass das Gebäude nunmehr ganz in das Alleineigentum des Überbauers überginge. Die Möglichkeit, das Eigentum an einem mit Grund und Boden fest verbundenen Gebäude durch einseitige Erklärung zu übertragen, wäre aber mit den strengen Vorschriften des Sachenrechts und ihrem Zweck, klare Rechtsverhältnisse zu schaffen, unvereinbar (Hodes).

4. Argument
Die Frage des Eigentums an dem über die Grenze gesetzten Gebäudeteil muss für den entschuldigten und unentschuldigten Überbau einheitlich beantwortet werden. § 912 I BGB begründet für den entschuldigten Überbau lediglich die Duldungspflicht und schließt damit den Beseitigungsanspruch des beeinträchtigten Nachbarn aus § 1004 I 1 BGB aus, nimmt zur Eigentumsfrage aber gar keine Stellung. Aus § 912 I

BGB lässt sich hinsichtlich der Eigentumslage eine Differenzierung zwischen entschuldigtem und unentschuldigtem Grenzüberbau nicht herleiten.

5. Argument (gegen Theorie I)
Die lotrechte Realteilung des Gebäudes auf der Grenzlinie muss notwendigerweise zu wirtschaftlich sinnwidrigen Ergebnissen führen. Wenn das Gebäude – wie in den meisten Überbaufällen – nur wenige Zentimeter über die Grenze gesetzt wird, erhielte der unrechtmäßig „überbaute" Nachbar Eigentum an einem bloßen Mauerteil, mit dem er regelmäßig nichts anfangen kann. Wenn aber ein größerer Teil des Gebäudes auf das Nachbargrundstück gesetzt wird, so würde die Realteilung dazu führen, dass keiner der beiden Eigentümer sein Eigentum sinnvoll nutzen könnte (Bergenroth, Gollnick, Hodes, Hausmann).

6. Argument
Im Falle des unentschuldigten Grenzüberbaus verdient der Eigentümer des überbauten Nachbargrundstückes zwar Schutz, aber nicht gerade in der Form des Eigentumserwerbs an dem über die Grenze gesetzten Gebäudeteil, der für ihn regelmäßig praktisch wertlos ist. Im Falle des unentschuldigten Grenzüberbaues steht dem Eigentümer des überbauten Grundstücks immer der Beseitigungsanspruch aus § 1004 I 1 BGB zu und der hierdurch gewährte Schutz ist stärker als der rein formale Eigentumserwerb an dem über die Grenze ragenden Gebäudeteil.

7. Argument (gegen Theorie I, Arg. 1)
Die Behauptung, das Streben nach eigentumsmäßiger Zusammenfassung wirtschaftlicher Einheiten müsse da seine Grenze finden, wo bei der Schaffung wirtschaftlicher Einheiten fremdes Eigentum verletzt werde, ist unzutreffend. Die §§ 946 ff. BGB, die genau wie § 93 BGB auf dem Gedanken beruhen, dass das Interesse an der Erhaltung wirtschaftlicher Einheit regelmäßig auch deren rechtliche Einheit erfordert, gelten anerkanntermaßen auch dann, wenn diese wirtschaftliche Einheit (Verbindung, Vermischung etc.) in rechtswidriger Weise herbeigeführt worden ist.

III. (hier sog.) **Theorie der Aufteilung nach Nutzungseinheiten**

Die Eigentumslage ist für die einzelnen Nutzungseinheiten (zB abgeschlossene Wohnungen) des Gebäudes getrennt zu prüfen. Nutzungseinheiten, die sich ganz auf einem Grundstück befinden, gehören dem Bodeneigentümer. Das Eigentum an den von der Grenze durchschnittenen Einheiten wird analog § 947 BGB zugeordnet: Es fällt also grundsätzlich demjenigen zu, auf dessen Grundstück sich der Hauptteil der betreffenden Einheit befindet; wenn ein Hauptteil nicht zu erkennen ist, steht diese Einheit im Miteigentum der beiden Grundstückseigentümer; dabei ist das Recht, die Aufteilung der Gemeinschaft zu verlangen (§§ 749, 752 BGB), als ausgeschlossen anzusehen (diese Lösung gilt gleichermaßen für die Konstellation des entschuldigten Überbaus).

Vertreten von:
MüKoBGB/Säcker, 6. Aufl. 2013, § 912 Rn. 33 ff., 43 (MüKoBGB/Brückner hat ab der 7. Aufl. nicht an dieser Ansicht festgehalten).

1. Argument
Nur diese Lösung ermöglicht eine sachgerechte Nutzung und Verwaltung des Gebäudes; sie ergibt sich damit sozusagen aus der Natur der Sache.

2. Argument
Diese Lösung wird auch am ehesten dem schutzwürdigen Interesse des Rechtsverkehrs an der Offenlegung der dinglichen Rechtslage am Überbau gerecht. Die dingliche Rechtslage hängt danach nämlich nur von Faktoren ab, die durch eine bloße Besichtigung von Grundstück und Gebäude feststellbar sind.

Fallbeispiele:

1. Im Ausgangsfall handelt es sich um einen unentschuldigten Überbau (dh die Voraussetzungen des § 912 I BGB liegen nicht vor). Auch wenn A selbst kein Schuldvorwurf bezüglich der Grenzüberschreitung zu machen sein sollte, muss er sich doch die grobe Fahrlässigkeit seines bauleitenden Architekten zurechnen lassen. Das ist im Ergebnis allgemein anerkannt; man streitet lediglich darüber, ob diese Zurechnung nach § 166 I BGB, § 278 BGB oder § 831 BGB erfolgt (vgl. dazu Staudinger/Roth, 2020, BGB § 912 Rn. 27). Daraus folgt, dass das Eigentum am Gebäude nach Theorie I („Theorie der Realteilung") auf der Grenzlinie real geteilt ist, sodass B das Eigentum am hinübergebauten Gebäudeteil zugeordnet wird. Nach Theorie II („Alleineigentumstheorie") steht das Eigentum am ganzen Gebäude dem A als Eigentümer des Stammgrundstückes zu. Entsprechendes gilt für Theorie III („Theorie der Aufteilung nach Nutzungseinheiten"), die ebenfalls zum Alleineigentum des A gelangt.

2. A lässt auf seinem Grundstück ein zweistöckiges Gebäude errichten. Infolge einer falschen Vermessung wird dieses insgesamt zwanzig Meter breite Gebäude zwei Meter breit über die Grenze zum Nachbargrundstück des B gesetzt. Obwohl dieser nach Beendigung der Ausschachtungsarbeiten der Grenzüberschreitung widerspricht, lässt A den Bau wie begonnen durchführen. Das fertige Gebäude vermietet er an die Firma Y, die darin ihr Hauptbüro einrichtet. B verlangt nunmehr von A Herausgabe eines Zehntels der Einnahmen aus der Vermietung des Gebäudes. Zu Recht?

Ein Anspruch auf ein Zehntel der Einnahmen aus der Vermietung des Gebäudes könnte sich aus den §§ 990 I, 987 I, 100, 99 III BGB ergeben. Dies setzt das Vorliegen einer Vindikationslage voraus, verlangt mithin, dass B Eigentümer und A unrechtmäßiger Besitzer des auf das Grundstück des B gesetzten Gebäudeteils ist, der ein Zehntel des gesamten Gebäudes ausmacht. Der Grenzüberbau ist hier schon deshalb unentschuldigt, weil B der Grenzüberschreitung „sofort" widersprochen hat. „Sofort" iSd § 912 I BGB ist der Widerspruch nämlich dann, wenn er so rechtzeitig erfolgt, dass eine irgendwie erhebliche Zerstörung des zu errichtenden Gebäudes vermieden werden kann. Das war hier der Fall, weil zum entsprechenden Zeitpunkt lediglich die Ausschachtungsarbeiten durchgeführt waren, mit der Errichtung des eigentlichen Gebäudes aber noch gar nicht begonnen war. Dann steht nach Theorie I der über die Grenze gebaute Teil des Gebäudes im Eigentum des B, während nach Theorie II das ganze Gebäude im Alleineigentum des A steht. Auch Theorie III müsste in diesem Sinne entscheiden, denn das Gebäude enthält keine Mehrheit abgeschlossener Nutzungseinheiten, für die eine getrennte rechtliche Zuordnung vorzunehmen wäre, sondern nur ein einziges Großraumbüro mit Nebenräumen; ausschlaggebend ist deshalb, dass sich der Hauptteil des Gebäudes auf dem Grundstück des A befindet. Ein Nutzungsherausgabeanspruch des B nach den §§ 990, 987 BGB oder auch § 988 BGB kommt deshalb nur nach Theorie I in Betracht. Von den weiteren Voraussetzungen eines derartigen Anspruchs ist zunächst offensichtlich, dass A mittelbarer Besitzer dieses Gebäudes ist und ihm ein Recht zum Besitz nicht zusteht. Etwaige Gegenansprüche aus § 951 BGB oder den §§ 994 ff. BGB könnten A nur ein Zurückbehaltungsrecht nach § 273 BGB oder nach § 1000 BGB, nicht aber ein echtes Recht zum Besitz iSv § 986 BGB geben (herrschende Literatur, vgl. dazu Soergel/Thöne, BGB § 986 Rn. 11 f.), sodass die erforderliche Vindikationslage nach Theorie I besteht. Der Nutzungsherausgabeanspruch nach den §§ 990, 987 BGB hängt aber weiterhin davon ab, dass A beim Erwerb des Besitzes am Überbau (der hier mit der Gebäudeerrichtung zusammenfällt) bösgläubig handelte, dh sein mangelndes Besitzrecht kannte bzw. infolge grober Fahrlässigkeit nicht kannte. Darüber fehlen nähere Angaben im Sachverhalt. Nach § 988 BGB ist A aber auch ohne Verschulden zur Herausgabe der Nutzungen verpflichtet, sofern er nicht entreichert ist (§ 818 III BGB).

Folgt man Theorie I, kommt weiterhin ein Anspruch aus den §§ 687 II 1, 681 S. 2, 667 BGB sowie schließlich ein Anspruch analog § 816 I 1 BGB in Betracht. Diese letztere Vorschrift, die durch die Sonderregelung des Eigentümer-Besitzer-Verhältnisses nicht verdrängt wird, wird nämlich von einer bestrittenen, in der Literatur aber verbreiteten Auffassung auf die unberechtigte Vermietung fremder Sachen entsprechend angewandt. S. dazu Gursky/Linardatos, 20 Probleme aus dem Bereicherungsrecht, 7. Aufl. 2023, Problem Nr. 11, S. 105 ff.

S. ergänzend Gursky Klausurenkurs SachenR Fall 10; Hennig/Honer JuS 2016, 591; Jayme/v. der Seipen JURA 1985, 602; Lange/Schiemann Fälle SachenR Fall 17; Meder/Flick JuS 2011, 160.

7. Problem (§§ 107, 932 BGB)

Kann ein gutgläubiger Erwerb nach den §§ 929 S. 1, 932 I 1 BGB stattfinden, wenn ein Minderjähriger ohne Zustimmung seines gesetzlichen Vertreters eine fremde Sache veräußert?

Ausgangsfall:

Die 17-jährige, aber älter aussehende N veräußert ohne Wissen ihrer Eltern ein Buch, das sie von ihrem Onkel O ausgeliehen hat, für 50 EUR an den Antiquar A, der keinen Anlass hat, an der Eigentümerstellung der N zu zweifeln und ihre Minderjährigkeit nicht erkennt. Nachdem O hiervon erfahren hat, verlangt er von A Herausgabe des Buches. Zu Recht?

Ausgangspunkt:

Wenn ein Minderjähriger ohne Zustimmung seines gesetzlichen Vertreters eine fremde Sache veräußert, könnte der Eigentumserwerb des Käufers schon hinsichtlich der dinglichen Einigung (§ 929 S. 1 BGB) an den §§ 107, 108 I BGB scheitern. Nach dem Wortlaut dieser Normen ist für Verträge, die ein Minderjähriger abschließt, die Zustimmung seines gesetzlichen Vertreters nur dann entbehrlich, wenn er durch den Vertrag lediglich einen rechtlichen Vorteil erlangt. Auf eine wirtschaftliche Betrachtungsweise kommt es dabei nicht an (häufiger Fehler!), sondern allein auf rechtliche Gesichtspunkte. Insofern ist für den Fall der Übereignung einer fremden Sache festzustellen, dass dem Minderjährigen daraus keine rechtlichen Vorteile erwachsen. Nun ist allerdings nach allgemeiner Meinung eine teleologische Reduktion des § 107 BGB erforderlich: Rechtsgeschäfte eines Minderjährigen sind danach schon dann ohne Zustimmung des gesetzlichen Vertreters wirksam, wenn sie dem Minderjährigen jedenfalls keine rechtlichen Nachteile bringen (sog. neutrales Rechtsgeschäft); dem Schutzzweck des § 107 BGB ist in diesen Fällen Genüge getan. Insoweit ist die Übereignung einer fremden Sache unstreitig ein solches neutrales Geschäft für den Minderjährigen, wenn sie mit Einwilligung des *Berechtigten* erfolgt. Möglicherweise lässt sich aber auch darüber hinaus, in der hier gegebenen Konstellation (keine Zustimmung des Berechtigten gegeben) ein neutrales Geschäft annehmen (keine Zustimmung des gesetzlichen Vertreters erforderlich).

Sollte das der Fall und das Vorliegen einer dinglichen Einigung zu bejahen sein, stellt sich die weitere Frage, ob auch die sonstigen Voraussetzungen eines gutgläubigen Erwerbs nach den §§ 929 S. 1, 932 I 1 BGB gegeben sind. Nach dem Wortlaut des § 932 I 1, II BGB erfordert die Annahme eines gutgläubigen Eigentumserwerbs weiterhin, dass der Käufer ohne positive Kenntnis oder grobe Fahrlässigkeit vom Eigentum des Verfügenden ausgeht. Auffällig ist im vorliegenden Kontext allerdings, dass die vom Minderjährigen ohne Zustimmung seines gesetzlichen Vertreters vorgenommene Übereignung zweifellos an den §§ 107, 108 I BGB gescheitert wäre, wenn die von ihm übereignete Sache ihm selbst gehört hätte (Eigentumsverlust als rechtlicher Nachteil). Es drängt sich deshalb die Frage auf, ob der Erwerber wirklich besser stehen darf, wenn (und weil) ein Minderjähriger über eine fremde Sache verfügt hat.

I. Theorie des nachteiligen Geschäftes

Die Übereignung nach den §§ 929 S. 1, 932 I 1 BGB scheitert bereits an den §§ 107, 108 I BGB. Sie ist kein rechtlich nur vorteilhaftes Geschäft, das der Minderjährige auch ohne Zustimmung seines gesetzlichen Vertreters vornehmen könnte.

Vertreten von:
Braun JURA 1993, 459 (460); Harte, Der Begriff des lediglich rechtlichen Vorteils i.S.d. § 107 BGB, 2008, S. 141 ff., 155; NK-BGB/Kunz/Baldus § 107 Rn. 66; Staudinger/Wiegand, 2017, BGB § 932 Rn. 10 f.; wohl auch Pawlowski, Allgemeiner Teil des BGB, 7. Aufl. 2003, Rn. 180a; s. ferner schon früh Strohal JherJb 57 (1910), 231 (427).

1. Argument
Wenn man die von dem minderjährigen Veräußerer vorgenommene Übereignung einer fremden Sache zu einem neutralen Geschäft erklärt, deshalb die Zustimmungsbedürftigkeit der Einigung verneint und infolgedessen zu einer nach §§ 929 S. 1, 932 I 1 BGB wirksamen Eigentumsübertragung gelangt, setzt man den Minderjährigen schuldrechtlichen Ausgleichsansprüchen aus. Der Minderjährige würde dem Eigentümer zumindest nach § 816 I 1 BGB auf Erlösherausgabe, unter Umständen aber auch aus den §§ 990 I, 989 BGB oder § 823 I BGB und gegebenenfalls ergänzend aus §§ 687 II 1, 678 BGB auf Schadensersatz haften. Die vorgenommene Veräußerung bringt ihm folglich durchaus rechtliche Nachteile, wenn sie ohne Zustimmung des gesetzlichen Vertreters wirksam ist (s. aber zur Berücksichtigung mittelbarer Nachteile MüKoBGB/Spickhoff, § 107 Rn. 39 mwN).

2. Argument
Dass im Rahmen der Entscheidung über die Anwendung der §§ 107, 108 I BGB etwaige haftungsrechtlichen Folgen des Rechtsgeschäfts (als nur mittelbare Nachteile) keine Rolle spielen sollen, ist nicht einsichtig. Dass der Gesetzgeber den Minderjährigen auch vor mittelbaren Folgen seines rechtsgeschäftlichen Handelns schützen wollte, zeigt § 179 III 2 BGB, dem auch ein rechtlich neutrales Geschäft (§ 165 BGB) zugrundeliegt.

3. Argument (gegen Theorie III, Arg. 3)
Erst recht stimmt es nicht, dass die Haftung des Minderjährigen gegenüber dem Sacheigentümer schon durch die tatsächliche Weitergabe der Sache und nicht erst durch die Wirksamkeit der vorgenommenen Übereignung ausgelöst wird. Jedenfalls für den Anspruch aus § 816 I 1 BGB trifft das nicht zu. Dieser könnte bei unwirksamer Einigung auch nicht durch eine Genehmigung des Berechtigten ausgelöst werden.

II. Restriktionstheorie

Der gutgläubige Eigentumserwerb nach den §§ 929 S. 1, 932 I 1 BGB von einem nichtberechtigten Minderjährigen, der die fremde Sache ohne Zustimmung des gesetzlichen Vertreters veräußert, scheitert zwar nicht schon an den §§ 107, 108 I BGB, wohl aber an einer teleologischen Reduktion des § 932 I 1 BGB.

Vertreten von:
Altmeppen, Disponibilität des Rechtsscheins, 1993, S. 165 ff., 168; BeckOK BGB/Kindl § 932 Rn. 5; Erman/Bayer BGB § 932 Rn. 1; Habersack SachenR Rn. 142;

Krampe JURA 1989, 167; Medicus/Petersen BürgerlR Rn. 540, 542; Medicus/Petersen, Allgemeiner Teil des BGB, 12. Aufl. 2024, Rn. 568; Müller/Gruber SachenR Rn. 1436; Petersen JURA 2003, 399 (401); Stadler, Allgemeiner Teil des BGB, 21. Aufl. 2022, § 23 Rn. 18; Vieweg/Lorz SachenR § 5 Rn. 12; R. Weber JuS 1999, 1 (7); R. Weber SachenR I § 9 Rn. 48; Zeranski JuS 2002, 340 (343); ähnlich, aber ohne expliziten Rekurs auf eine teleologische Reduktion Grunewald/Riesenhuber BürgerlR Rn. 247 („wertungswidersprüchlich"); ebenso Kindler/Paulus JuS 2013, 393 (395); Faust BGB AT, 8. Aufl. 2023, § 16 Rn. 22; s. ferner Braun JURA 1993, 459 (460), NK-BGB/Kunz/Baldus § 107 Rn. 66 u. Staudinger/Wiegand, 2017, BGB § 932 Rn. 10 f. (die kumulativ dazu den Erwerb auch an § 107 BGB scheitern lassen wollen); MüKoBGB/Oechsler § 932 Rn. 11 (iErg aber: neutrales Geschäft).

1. Argument
Der Zweck der Vorschriften über den redlichen Erwerb (§§ 932 ff. BGB) besteht allein darin, den Erwerber so zu stellen, wie er stünde, wenn seine Vorstellung von der Berechtigung des Veräußerers zuträfe. In diesem Fall (also bei Zutreffen der Erwerbervorstellung) aber müsste der Eigentumserwerb scheitern, weil er selbst bei angenommener Eigentümerstellung des minderjährigen Veräußerers an der Zustimmung des gesetzlichen Vertreters hinge. Die Wirksamkeit der Übereignung setzt daher – auch bei einem Erwerb vom unberechtigten Minderjährigen – die Zustimmung nach den §§ 107, 108 I BGB voraus (Medicus/Petersen).

2. Argument (gegen Theorie III)
Theorie III, die die hier vorgeschlagene teleologische Reduktion des § 932 BGB ablehnt und deshalb den gutgläubigen Erwerb vom nichtberechtigten Minderjährigen zulässt, müsste konsequenterweise annehmen, dass selbst die Kenntnis des Erwerbers von der Minderjährigkeit des nichtberechtigten Veräußerers den gutgläubigen Erwerb nicht ausschließt. Wer einem Minderjährigen eine Sache „abluchst", würde also mit dem Eigentumserwerb „belohnt", wenn der Minderjährige zufällig Nichtberechtigter ist; er würde mithin gegenüber dem Erwerb vom berechtigten Minderjährigen unzulässig privilegiert (Braun).

3. Argument
Die Ablehnung eines gutgläubigen Erwerbs in den Fällen, in denen der Erwerber besser stünde als bei Zutreffen seiner Vorstellung, überzeugt, weil die „Enteignung" des Eigentümers zugunsten des redlichen Erwerbers nicht durch den von § 932 BGB bezweckten Verkehrsschutz gerechtfertigt ist (Faust).

III. Theorie der Zubilligung des Gutglaubensschutzes

Wenn ein Minderjähriger ohne Zustimmung seines gesetzlichen Vertreters eine fremde Sache veräußert, ist ein gutgläubiger Erwerb nach den §§ 929 S. 1, 932 I 1 BGB möglich. Er scheitert weder an den §§ 107, 108 I BGB, noch an einer Restriktion des § 932 I 1 BGB.

Vertreten von:
LG Köln NJW-RR 1991, 868 (beiläufig); Bayreuther/Arnold JuS 2003, 769 (770 f.); BeckOGK/Duden, 1.5.2024, BGB § 107 Rn. 84 ff.; BeckOGK/Klinck, 1.3.2024, BGB

§ 932 Rn. 25; Bitter/Röder, BGB Allgemeiner Teil, 5. Aufl. 2020, § 5 Rn. 51 f.; Brox/Walker, Allgemeiner Teil des BGB, 47. Aufl. 2023, § 12 Rn. 23; Erman/Müller BGB § 107 Rn. 10; Gröschler, BGB Allgemeiner Teil, 2. Aufl. 2023, Rn. 322; Grüneberg/Ellenberger BGB § 107 Rn. 7; Grüneberg/Herrler BGB § 932 Rn. 3; Haberzettl JA 2019, 801 (805 f.); HK-BGB/Dörner § 107 Rn. 9; Hommelhoff/Stüsser JURA 1985, 654 (658); Jauernig/Mansel BGB § 107 Rn. 6; Köhler, Allgemeiner Teil des BGB, 47. Aufl. 2023, § 10 Rn. 21; Kulke JuS 2000, L 81 (83); Martinek/Wax JURA 1988, 38 (39); MüKoBGB/Spickhoff § 107 Rn. 55; Neuner, Allgemeiner Teil des Bürgerlichen Rechts, 13. Aufl. 2023, § 34 Rn. 33 f.; Neuner SachenR Rn. 14 f.; NK-BGB/Meller-Hannich § 932 Rn. 12; v. Olshausen AcP 189 (1989), 223 (231 ff.); Paefgen JuS 1992, 192 (193); C. Schreiber SachenR Rn. 175; K. Schreiber JURA 1987, 221 (222); Schröder FamRZ 1979, 643 (644) (zur Parallelkonstellation bei § 1369 BGB); Soergel/Gössl BGB § 107 Rn. 16; Soergel/Henssler, 13. Aufl. 2002, BGB § 932 Rn. 34 ff. (mit Einschränkungen); Staudinger/Klumpp, 2021, BGB § 107 Rn. 79, 82; v. Tuhr, Allgemeiner Teil des BGB, Bd. II/1, 1914, S. 341 f. mit Fn. 49; Westermann/Gursky/Eickmann SachenR § 47 Rn. 14; Wilhelm SachenR Rn. 882 f. (mit Einschränkungen).

1. Argument

§ 107 BGB schützt nur die eigenen Interessen des Minderjährigen, die aber im Falle der Wirksamkeit der Veräußerung der fremden Sache gar nicht tangiert sind. Da der Minderjährige nicht über sein eigenes, sondern über fremdes Eigentum verfügt, stellt die Übereignung für ihn ein neutrales bzw. indifferentes Geschäft dar. Solche neutralen Geschäfte müssen aber – wie im Ansatz allgemein anerkannt ist (vgl. § 165 BGB) – in erweiternder Auslegung von § 107 BGB (mangels Schutzbedürftigkeit des Minderjährigen) wie rechtlich nur vorteilhafte behandelt werden; sie sind also auch ohne Zustimmung des gesetzlichen Vertreters wirksam.

2. Argument (gegen Theorie I, Arg. 1)

Dass dem Minderjährigen bei Wirksamkeit des Übereignungsgeschäfts Ausgleichsansprüche des bisherigen Eigentümers drohen, ist zutreffend, aber für § 107 BGB irrelevant. Derartige gesetzliche Ansprüche wären nur mittelbare nachteilige Folgen der Übereignung. Im Rahmen des § 107 BGB sind aber nur solche rechtlichen Nachteile von Bedeutung, die sich *unmittelbar* aus dem vom Minderjährigen vorgenommenen Geschäft (oder anders ausgedrückt: aus dem Geschäftsinhalt selbst und ohne weitere Zwischenschritte) ergeben (vgl. hierzu auch MüKoBGB/Spickhoff § 107 Rn. 37 ff. mwN oder auch BGH NJW 2005, 415 (418)). Andernfalls würde der Zweck der §§ 106 ff. BGB, den Minderjährigen (bei hinreichendem Schutz) eigenständig am Rechtsverkehr teilhaben zu lassen, leerlaufen, weil praktisch jedes Rechtsgeschäft irgendwelche Pflichten oder potenzielle Rechtsnachteile mit sich bringt (zB Pflichten aus § 241 II BGB, Möglichkeit der Rückabwicklung nach den §§ 346 ff. BGB etc.).

3. Argument (gegen Theorie I, Arg. 1 u. 2)

Für die meisten der betreffenden Ausgleichsansprüche ist es ohnehin gleichgültig, ob die Verfügung des Minderjährigen wirksam ist oder nicht. Sie knüpfen nämlich an die tatsächliche Weggabe der Sache als Realakt an; § 107 BGB bezieht sich aber nur auf die Folgen von Willenserklärungen. Außerdem hat das Gesetz die Schutzbedürftigkeit des Minderjährigen ohnehin bei der Ausgestaltung der Haftung des Minderjährigen in abgewogener und flexibler Weise angemessen berücksichtigt (vgl. §§ 276 I 3, 682, 818 III, 828 II, III BGB).

4. Argument (gegen Theorie II)
Theorie II funktioniert im Endergebnis den Regelungszweck der §§ 106 ff. BGB um. Bei Zugrundelegung von Theorie II würden diese Normen nicht mehr den Minderjährigen selbst vor den unbedachten Folgen seines rechtsgeschäftlichen Handelns, sondern den wirklichen Eigentümer vor einem drohenden Eigentumsverlust schützen (Bayreuther/Arnold).

5. Argument (gegen Theorie II)
Theorie II vermengt den Minderjährigenschutz und den Verkehrsschutz in undurchsichtiger Weise. Im Verhältnis zwischen dem Erwerber und dem bisherigen Eigentümer ist die Minderjährigkeit des nichtberechtigten Veräußerers völlig irrelevant: Der Interessenkonflikt ist trotz der Minderjährigkeit exakt der in § 932 BGB geregelte. So wie der Minderjährigenschutz nicht zugunsten des redlichen Verkehrs eingeschränkt ist, darf umgekehrt der Verkehrsschutz keine Einbuße erleiden, wenn und weil der nichtberechtigte Veräußerer minderjährig ist.

6. Argument (gegen Theorie II, Arg. 1)
Die teleologische Reduktion rechtfertigt sich nur, wenn die Annahme zuträfe, dass die §§ 932 ff. BGB den Erwerber nur so stellen wollen, wie er bei Richtigkeit seiner Vorstellung stünde. Diese Prämisse ist aber schlichtweg unzutreffend.

7. Argument (gegen Theorie II, Arg. 1)
Die These, Verkehrsschutztatbestände wie § 932 BGB dürften dann nicht bzw. jedenfalls nicht unmodifiziert angewandt werden, wenn der Erwerber bei wörtlicher Anwendung der Norm bessergestellt würde, als er bei Richtigkeit der angenommenen Rechtslage stünde, ist schlicht falsch. Es gibt zahlreiche Fälle, wo unstreitig exakt dieses Ergebnis eintritt (Beispiel: Der geschäftsunfähige E veräußert ein Grundstück an K, der für E eine Grundschuld in Höhe des Kaufpreises bestellt. Anschließend übereignet K das Grundstück an X. Dann erwartet X ein belastetes Grundstück zu erwerben, erhält aber nach § 892 BGB ein unbelastetes Grundstück). Wenn die Vertreter von Theorie II konsequent wären, müssten sie in Fällen dieser Art den gutgläubigen Erwerb sogar wegen eines nur eingebildeten Erwerbshindernisses (wie der zu Unrecht angenommenen Belastung, die im Falle ihrer Existenz den Erwerb unbelasteten Eigentums verhindert hätte) einschränken oder gegebenenfalls ganz ausschließen, um zu verhindern, dass der Erwerber besser steht als er erwarten konnte. Dafür gibt es aber keinerlei Rechtfertigung.

8. Argument
Für die Restriktion des § 932 BGB ist überhaupt nur Raum, wenn die Einigung trotz der fehlenden Geschäftsfähigkeit des verfügenden Minderjährigen nach § 107 BGB voll wirksam ist. Dann ergibt es aber keinen Sinn, den Eigentumserwerb anschließend über eine teleologische Reduktion des § 932 BGB doch noch an der Minderjährigkeit scheitern zu lassen. Die Minderjährigkeit spielt nur bei der Frage der Einigung eine Rolle, nicht aber bei den Verkehrsschutzvoraussetzungen.

9. Argument (gegen Theorie II, Arg. 1)
Der Regelungszweck des § 932 BGB besteht nicht darin, den gutgläubigen Erwerber so zu stellen, wie er erwarten konnte, sondern darin, die Sicherheit und Leichtigkeit des Rechtsverkehrs bei der Übereignung beweglicher Sachen zu fördern. Von diesem Schutzziel her ist es aber nicht zu beanstanden, wenn in Einzelfällen der Erwerber sogar bessergestellt wird, als er erwartet hat und erwarten konnte.

Untergliederung:
Innerhalb der Theorie III ist jedoch umstritten, ob der gutgläubige Erwerb nicht wenigstens dann ausscheidet, wenn der Erwerber die Minderjährigkeit des Verfügenden kennt.

Meinung A
Der gutgläubige Erwerb von einem minderjährigen Nichtberechtigten ist nach dem Rechtsgedanken des § 242 BGB ausgeschlossen, wenn der Erwerber die Minderjährigkeit kennt.

Vertreten von:
Gröschler, BGB Allgemeiner Teil, 2. Aufl. 2023, Rn. 322; Soergel/Henssler, 13. Aufl. 2002, BGB § 932 Rn. 36; Wilhelm SachenR Rn. 883.

1. Argument
Bei Kenntnis der Minderjährigkeit des Veräußerers ist der Erwerber nicht schutzwürdig. § 932 BGB schützt nur das Vertrauen auf ein wirksames Geschäft.

2. Argument
Obwohl die Voraussetzungen des Verkehrsschutzes an sich gegeben sind, wäre die Berufung des Erwerbers auf den Eigentumserwerb nach § 932 BGB rechtsmissbräuchlich. Dem Eigentümer muss angesichts der völligen Schutzunwürdigkeit des Erwerbers, der angesichts der Kenntnis der Minderjährigkeit des Verfügenden selbst keinen wirksamen Eigentumserwerb erwarten konnte, eine Arglisteinrede (§ 242 BGB) gewährt werden.

Meinung B
Die Kenntnis der Minderjährigkeit des Veräußerers hindert den Eigentumserwerb nach § 932 BGB nicht.

Vertreten von:
NK-BGB/Meller-Hannich § 932 Rn. 12; Soergel/Höpfner BGB § 932 Rn. 38.

Argument
Für eine Arglisteinrede (§ 242 BGB) zugunsten des Eigentümers fehlt es an einem treuwidrigen Verhalten des iSv § 932 BGB gutgläubigen Erwerbers gegenüber dem (bisherigen) Eigentümer. Dies liegt darin begründet, dass der Umstand des Kennens bzw. Kennenmüssens der schwebenden Unwirksamkeit der Übereignung (nach § 108 I BGB) nur das Verhältnis zum Minderjährigen selbst betrifft und nichts mit dem Verkehrsschutz nach den §§ 932 ff. BGB zu tun hat; dies zeigt bereits die Möglichkeit einer Genehmigung durch den gesetzlichen Vertreter.

Fallbeispiele:

1. In Betracht käme in erster Linie ein Herausgabeanspruch aus § 985 BGB. Vom ursprünglichen Eigentum des O muss wegen § 1006 II BGB ausgegangen werden. O könnte sein Eigentum allerdings nach den §§ 929 S. 1, 932 I 1 BGB an A verloren haben. Theorie I (sog. Theorie des nachteiligen Geschäfts) und II (sog. Restriktionstheorie) würden den gutgläubigen Erwerb verneinen; Theorie I nach den §§ 107, 108 I BGB wegen der fehlenden Einwilligung des gesetzlichen Vertreters zu dem als rechtlich nachteilig eingestuften Veräußerungsgeschäft, Theorie II im Wege einer teleologischen Reduktion des § 932 BGB. Diese Auffassungen würden also den Vindikationsanspruch des O gegen A bejahen, während Theorie III (sog. Theorie der Zubilligung des Gutglaubensschutzes) den gutgläubigen Erwerb des A annehmen und deshalb einen fortdauernden Vindikationsanspruch des O verneinen müsste.

Wenn man Theorie III folgt, könnte man einen Herausgabeanspruch aus § 816 I 2 BGB prüfen. Die Voraussetzungen der Norm liegen jedoch nicht vor; der Erwerb des A ist nicht unentgeltlich, sondern wegen der schwebenden Unwirksamkeit des Kaufvertrages (wegen der Verpflichtung aus § 433 I 1 BGB ist dieser für den Minderjährigen stets rechtlich nachteilig iSd § 107 BGB) rechtsgrundlos. Auch eine analoge Anwendung von § 816 I 2 BGB ist bei einer nach § 932 BGB wirksamen, aber rechtsgrundlosen Übereignung durch einen Nichtberechtigten wegen der hier völlig anderen Interessenlage nicht möglich (str., s. dazu Linardatos JA 2018, 184 (185) mwN). Während der Erwerber bei einem unentgeltlichen wirksamen Erwerb vom Nichtberechtigten mangels eines eigenen Vermögensopfers nicht besonders schutzwürdig ist, ändert die Nichtigkeit des Kaufvertrages nichts daran, dass der Käufer den Kaufpreis bezahlt hat und deshalb das „Rückholrisiko“ seines Vertragspartners trägt; eine Direktkondiktion wäre nicht gerechtfertigt.

2. Wie bisher. A kennt aber die N und weiß, dass sie minderjährig ist. Er verlässt sich nun auf die (unzutreffende) Mitteilung der N, dass ihre Eltern mit der Veräußerung des Buches einverstanden seien.

Eine Veränderung der Lösung käme nur für Theorie III, Meinung A in Betracht. Diese will den gutgläubigen Erwerb im Ergebnis schon an der Kenntnis der Minderjährigkeit scheitern lassen. Begründet wird das damit, dass der Erwerber in diesem Fall von der Unwirksamkeit des Erwerbs ausgeht und deshalb nicht schutzwürdig ist. Diese Erwägung trifft vorliegend jedoch nicht zu, da A gerade an das Vorhandensein der Zustimmung des gesetzlichen Vertreters glaubt. Theorie III, Meinung A müsste hier deshalb – genau wie Theorie III, Meinung B – den gutgläubigen Erwerb des A bejahen und deshalb den Vindikationsanspruch des O verneinen.

S. ergänzend Bayreuther/Arnold JuS 2003, 769; Fezer/Obergfell, Klausurenkurs zum BGB AT, 11. Aufl. 2022, Fall 19; Heinemann/Kern Übungen im Bürgerlichen Recht Fall 4; Hommelhoff/Stüsser JURA 1985, 654; Lübke JuS 2013, 914; Martinek/Omlor, Grundlagenfälle zum BGB für Fortgeschrittene, 4. Aufl. 2021, Fall 13; Neuner SachenR Fall 1; Rodi ZJS 2015, 75; Schulze JuS 2017, 424.

8. Problem (§ 932 BGB)

Reicht es für den gutgläubigen Eigentumserwerb nach den §§ 929 S. 1, 932 I 1 BGB als „Übergabe" aus, wenn der Besitz auf scheinbaren Geheiß des nichtbesitzenden Veräußerers von einem Dritten, der unmittelbarer Besitzer ist, an den Erwerber übertragen wird („Scheingeheißerwerb")?

Ausgangsfall (nach BGHZ 36, 56 = NJW 1962, 299):

A hat bei B gegen Vorauszahlung Kohlen auf Abruf bestellt. Bei Abruf hat B sein Kohlengeschäft bereits aufgegeben und arbeitet als Provisionsvertreter bei E. B spiegelt dem E vor, in dessen Namen die Kohlen an A veräußert zu haben. Deshalb liefert E die Ware an A, der darin eine Lieferung des B sieht. Nachdem A die Zahlung an E verweigert, verlangt E nun von A die Herausgabe der Kohlen nach § 985 BGB. Zu Recht?

Ausgangspunkt:

Die Übergabe stellt als Publizitätsakt eine wesentliche Voraussetzung der Übereignung und damit auch des Gutglaubenserwerbs dar, weil sie als Besitzverschaffung die notwendige Legitimationswirkung für einen gutgläubigen Erwerb erzeugt (vgl. § 1006 BGB). Es ist jedoch – mit Blick auf die Bedürfnisse des modernen Wirtschaftsverkehrs an vereinfachten Abwicklungen von Lieferbeziehungen (vor allem bei sog. Streckengeschäften, bei denen eine bestellte Sache direkt – also ohne Zwischenschaltung des Verkäufers – vom Hersteller an den Endkunden geliefert wird) – mittlerweile allgemein anerkannt, dass eine Übergabe iSd § 929 S. 1 BGB auch dadurch erfolgen kann, dass der Besitz auf Geheiß (Veranlassung bzw. Weisung) des Veräußerers durch einen Dritten, der weder Besitzmittler noch Besitzdiener ist, dem Erwerber übertragen wird (sog. Geheißperson – hier auf Veräußererseite, vgl. zur Erwerberseite Vieweg/Lorz SachenR § 4 Rn. 25, 31 f.). Der Veräußerer verfügt in diesen Fällen zwar über keine eigene Besitzposition (unmittelbarer oder mittelbarer Besitz), man lässt insofern aber die bestehende tatsächliche *Besitzverschaffungsmacht* genügen.

Hieran anknüpfend wird auch ein gutgläubiger Erwerb bei Einschaltung einer Geheißperson nach den §§ 929 S. 1, 932 I 1 BGB zugelassen. Umstritten ist jedoch, ob ein gutgläubiger Eigentumserwerb auch dann in Betracht kommen kann, wenn der besitzende Dritte (der unter Umständen auch Eigentümer ist) die Sache dem Erwerber nicht auf Weisung des (vermeintlichen) Veräußerers aushändigt, sondern nur dem Anschein nach für den Veräußerer agiert, tatsächlich aber selbst – auf eigene Rechnung – an den Erwerber veräußern bzw. übereignen will (sog. Scheingeheißerwerb).

I. (hier sog.) **Besitzverschaffungsmachttheorie**

Beim gutgläubigen Erwerb von einem Nichteigentümer nach den §§ 929 S. 1, 932 I 1 BGB genügt es für die Übergabe iSv § 929 S. 1 BGB, dass der Besitz auf scheinbaren Geheiß (Veranlassung) des Veräußerers von einem besitzenden Dritten an den Erwerber übertragen wird. Der Umstand, dass aus Sicht des Erwerbers die Übergabe der Sache auf Geheiß des Veräußerers erfolgt (scheinbare Besitzverschaffungsmacht), bildet insofern eine hinreichende Grundlage für die Anwendung der Gutglaubensregeln.

Vertreten von:
BGHZ 36, 56 (60 f.) = NJW 1962, 299; BGH NJW 1974, 1132 (1134); M. Bauer FS Bosch, 1976, 1 (9, 22 Fn. 73); BeckOGK/Klinck, 1.3.2024, BGB § 932 Rn. 83 ff.; BeckOK BGB/Kindl § 932 Rn. 9; Erman/Bayer BGB § 932 Rn. 2; Gomille JURA 2013, 711 (715 f.); Grüneberg/Herrler BGB § 932 Rn. 4; Gursky Klausurenkurs SachenR Rn. 112 ff.; J. Hager, Verkehrsschutz durch redlichen Erwerb, 1990, S. 286 ff.; J. Hager ZIP 1993, 1446 (1449 ff.); Jacoby/v. Hinden BGB § 932 Rn. 4b, c; Kainer SachenR § 13 Rn. 48 ff.; Kindl, Rechtsscheintatbestände und ihre rückwirkende Beseitigung, 1998, S. 339 ff., 354 f.; Kolb, Geheißerwerb, 1997, S. 156 f.; Larenz/Canaris SchuldR BT II/2 § 70 III 3a; Masloff JA 2000, 503 (504 f.); Müller/Gruber SachenR Rn. 1397 f., 1460 ff.; MüKoBGB/Oechsler § 932 Rn. 17; Musielak JuS 1992, 713 (716 ff.); NK-BGB/Meller-Hannich § 932 Rn. 15; Pinger AcP 179 (1979), 301 (333 Fn. 180); Prütting SachenR Rn. 428; Soergel/Höpfner BGB § 932 Rn. 13 f.; Stagl AcP 211 (2011), 530 (558 f.); Staudinger/Heinze, 2020, BGB § 932 Rn. 20 ff.; Staudinger/Klinck, Eckpfeiler des Zivilrechts, 2022, Rn. U 134; Westermann/Gursky/Eickmann SachenR § 47 Rn. 2 ff.; Wieling SachenR I § 10 IV 6; Wieling/Finkenauer SachenR § 10 Rn. 26; Wieling JZ 1977, 291 (295 f.); Wellenhofer SachenR § 8 Rn. 7. S. ferner Wolff/Raiser SachenR § 69 II 2a (ohne Entscheidung zur der von Theorie II vertretenen Einschränkung).

1. Argument
Im Rahmen des § 929 S. 1 BGB ist die Übergabe weniger im Sinne einer Besitzübertragung als im Sinne einer Besitzbegründung zu verstehen. Dort wird nämlich dem Erfordernis der Übergabe bereits anerkanntermaßen dann Genüge getan, wenn der Erwerber auf Veranlassung des Veräußerers Besitz erlangt. Im Rahmen der in § 932 I 1 BGB enthaltenen Verweisung kann der Begriff der Übergabe aber keine andere Bedeutung haben als in § 929 S. 1 BGB unmittelbar.

2. Argument
Der Erwerber kann oft gar nicht feststellen, ob der Veräußerer die tatsächliche Sachherrschaft hat. Er kann vielmehr häufig lediglich aus der Tatsache, dass der Veräußerer in der Lage ist, ihm den Besitz zu verschaffen, den Schluss zu ziehen, dass der Veräußerer bisher die tatsächliche Sachherrschaft gehabt haben muss. Die Tatsache, dass der Veräußerer ihm den Besitz verschafft, stellt deshalb für den Erwerber mindestens einen genauso starken Rechtsscheinstatbestand wie der Besitz des Veräußerers selbst dar. Sie muss deshalb auch genauso behandelt werden (Gursky).

3. Argument (gegen Theorie III)
Dass nur der Besitz einen ausreichenden Rechtsschein schaffen soll, ist dem Gesetz nicht zu entnehmen. Der Gesetzgeber hat die Frage, ob auch ein nichtbesitzender Nichteigentümer dem gutgläubigen Erwerber das Eigentum verschaffen kann, ausdrücklich in § 934 Var. 2 BGB geregelt. Wenn der selbst nicht im Besitz der Sache befindliche nichtberechtigte Veräußerer dem Erwerber seinen Herausgabeanspruch gegen den unmittelbaren Besitzer abtritt, wird danach der Erwerber noch nicht mit

dieser Anspruchsabtretung Eigentümer, sondern erst dann, wenn er „den Besitz der Sache von dem Dritten (dem Besitzer) erlangt“, sofern er in diesem Zeitpunkt noch gutgläubig ist. Hierin lässt sich der allgemeine Rechtsgedanke erblicken, dass der nichtbesitzende Nichteigentümer dem gutgläubigen Erwerber das Eigentum nicht durch bloße Einigung allein (also auch nicht durch bloße Anspruchsabtretung), wohl aber dadurch verschaffen kann, dass er die Übertragung des Eigenbesitzes von dem Drittbesitzer an den Erwerber herbeiführt (Wolff/Raiser; s. auch Soergel/Höpfner („dass nicht nicht nur die auf eigenen Besitz beruhende, sondern jede Besitzverschaffungsmacht des Veräußerers eine ausreichende Rechtsscheingrundlage für den gutgläubigen Erwerb bildet“)).

4. Argument (gegen Theorie II, Arg. 4)
Es stimmt nicht, dass der Grund für die Herausgabe durch den besitzenden Dritten völlig gleichgültig ist. Für § 934 Var. 2 BGB ist anerkanntermaßen erforderlich, dass die Herausgabe an den Erwerber „aufgrund“ bzw. „in Anerkennung“ des Veräußerungsgeschäfts geschieht. Der Dritte muss die Sache also entweder auf eine ausdrückliche Weisung des nichtberechtigten Veräußerers dem Erwerber aushändigen oder aber wenigstens deshalb, weil er von der Wirksamkeit der Veräußerung überzeugt ist. Auch im letzteren Falle ist die Herausgabe aber durch das Veräußerungsgeschäft veranlasst.

5. Argument (gegen Theorie II)
Auch für Fälle, in denen der vom Nichteigentümer getäuschte unmittelbare Besitzer bei der Übergabe für eigene Rechnung handeln will, kann nichts anderes gelten. Denn für den Erwerber ist es typischerweise gar nicht ersichtlich, ob der unmittelbar besitzende Dritte an den Erwerber leistet, weil er sich tatsächlich dem Geheiß des Veräußerers unterwirft oder aber, weil er von diesem getäuscht worden ist. Für den Erwerber ist in beiden Fällen nur erkennbar, dass der Veräußerer in der Lage ist, ihm durch einen Dritten den Besitz zu verschaffen, was ihn wie bei eigenem Besitz als Herrn der Sache auszuweisen scheint. Ob ein Rechtsschein vorliegt, kann nicht von Umständen abhängig sein, die nicht nach außen dringen, dem Erwerber nicht ersichtlich sind (Verkehrsschutz). Als geeigneter Rechtsscheinsträger kommt deshalb nur die Tatsache in Betracht, dass der Veräußerer es verstanden hat, den unmittelbar besitzenden Dritten zur Herausgabe der Sache an den Erwerber zu veranlassen, ohne dass es darauf ankommen kann, auf welche Weise er ihn dazu veranlasst hat (Gursky).

6. Argument (gegen Theorie II, Arg. 3 und Theorie III)
Es ist zwar richtig, dass eine Besitzverschaffung, die in keinem Zusammenhang mit einer früheren (vorweggenommenen) Einigung steht, weder für den Erwerb vom Berechtigten noch für den gutgläubigen Erwerb vom Nichtberechtigten genügen kann; die Übergabe muss vielmehr Ausdruck des Übereignungswillens sein. Ob dieser Bezug gegeben ist, kann aber sinnvollerweise nur unter Berücksichtigung des Empfängerhorizonts entschieden werden. Auf den internen, nicht nach außen gedrungenen Willen des den Besitz Abgebenden kann nicht abstellt werden, da andernfalls eine gefährliche Rechtsunsicherheit drohte. Wenn sich die Übergabe durch den Dritten aus der Sicht des Erwerbers (oder genauer: eines objektiven Betrachters in der Rolle des Erwerbers) als das Handeln eines Leistungsmittlers des Veräußerers darstellt, ist der konkrete Einigungsbezug damit gegeben. Dies entspricht auch dem Grund-

gedanken der Redlichkeitsvorschriften (§§ 932 ff. BGB), die auf Verkehrsschutz zielen (s. ferner auch MüKoBGB/Oechsler § 932 Rn. 17 unter Hinweis auf § 935 BGB).

II. (hier sog.) **Unterwerfungstheorie**

Für den gutgläubigen Erwerb nach den §§ 929 S. 1, 932 I 1 BGB reicht es als „Übergabe" aus, dass ein unmittelbar besitzender Dritter auf Geheiß des nichtbesitzenden Veräußerers die Sache dem Erwerber übergibt. Dies gilt jedoch nur, wenn der unmittelbare Besitzer sich *tatsächlich* den Weisungen des Veräußerers unterworfen und die Übergabe für dessen Rechnung vollzogen hat (Geheißerwerb), nicht jedoch, wenn der unmittelbare Besitzer durch eine Täuschung seitens des Veräußerers dazu veranlasst wird, die Sache für eigene Rechnung an den Erwerber zu liefern (Scheingeheißerwerb).

Vertreten von:
AK-BGB/Reich § 929 Rn. 15; Baur/Stürner SachenR § 52 Rn. 13; Brehm/Berger SachenR Rn. 27.22 mit Fn. 30, 27.40; v. Caemmerer JZ 1963, 586 (587 f.) (mit Einschränkungen); Eckert SachenR Rn. 329 f.; Flume FS E. Wolf, 1985, 61 (69 f.); Flume AcP 199 (1999), 1 (32); Gernhuber, Bürgerliches Recht, 3. Aufl. 1991, § 8 III 2c; Habersack SachenR Rn. 166; Harms SachenR S. 146; Hassold, Zur Leistung im Dreipersonenverhältnis, 1981, S. 172 f.; HK-BGB/Schulte-Nölke § 932 Rn. 7 (ohne ausdrückliche Erwähnung der Täuschungsmodalität); Jauernig/Berger BGB § 932 Rn. 13; Kupisch, Gesetzespositivismus im Bereicherungsrecht, 1978, S. 71 f. Fn. 226; Lopau JuS 1975, 773 (774 f.); Martinek AcP 188 (1988), 573 (582 f., 629 ff., 646 ff.) (mit Einschränkungen); Medicus/Petersen BürgerlR Rn. 563 f. (mit Einschränkungen); MüKoBGB/Quack, 4. Aufl. 2004, § 929 Rn. 143, 145; v. Olshausen JZ 1975, 29 (30 f.) (mit Einschränkungen); Picker NJW 1974, 1790 (1794 f.); Reuter/Martinek, Ungerechtfertigte Bereicherung II, 2. Aufl. 2016, S. 178 ff.; Schapp/Schur SachenR Rn. 212; C. Schreiber SachenR Rn. 168; Soergel/Mühl, 12. Aufl. 1990, BGB § 932 Rn. 6; Stöhr JuS 2010, 292 (295); Tiedtke JURA 1983, 460 (463 f.); Tiedtke, Gutgläubiger Erwerb, 1985, S. 12 f.; Weitnauer NJW 1974, 1729 (1733) mit Fn. 31; Wilhelm SachenR Rn. 930.

1. Argument
Erst wenn der unmittelbare Besitzer sich wirklich der Weisung des Veräußerers unterwirft und für dessen Rechnung leistet, liegt ein Vertrauenstatbestand vor, den man genauso bewerten kann wie den Fall, dass der Veräußerer vorher unmittelbar oder mittelbar Besitzer und als solcher in der Lage war, seine Besitzdiener oder Besitzmittler zur Übergabe an den Erwerber anzuweisen. Wenn der unmittelbare Besitzer dagegen infolge einer Täuschung durch den Veräußerer für eigene Rechnung leistet, unterwirft er sich gar nicht dem Geheiß des Veräußerers, fehlt es also an einer (im Verhältnis zum Besitzdiener oder Besitzmittler vergleichbaren) tatsächlichen Weisungs- bzw. Dispositionsmacht und damit an einem geeigneten Rechtsscheinsträger (s. auch Reuter/Martinek: „Genauso wenig wie der bloße Schein des Besitzes kann der bloße Schein der Besitzverschaffungsmacht den Rechtsschein des Eigentums begründen").

2. Argument
Da erst die wirkliche Unterwerfung des unmittelbaren Besitzers unter den Willen des Veräußerers dem Rechtsscheintatbestand des Besitzes entspricht, genügt es nicht,

wenn der Erwerber lediglich an eine derartige Unterwerfung des unmittelbaren Besitzers unter den Willen des Veräußerers glaubte bzw. glauben konnte. Denn die bloße Annahme einer Geheißunterwerfung würde nur den guten Glauben an das Vorhandensein eines Rechtsscheinsträgers bedeuten. Ein derartiger Glaube wird in unserer Rechtsordnung jedoch nicht geschützt. Erforderlich ist vielmehr der durch einen wirklich vorhandenen Rechtsscheinsträger gestützte Glaube an das Recht selbst (Medicus/Petersen).

3. Argument
Auch beim Eigentumserwerb vom Berechtigten genügt iRd § 929 S. 1 BGB als Übergabe nicht jede beliebige Besitzverschaffung durch den Veräußerer, sondern nur eine solche, die „zu Übereignungszwecken", dh zur Durchführung des betreffenden Übereignungsgeschäftes erfolgt. Diese Beziehung der Besitzverschaffung auf das Veräußerungsgeschäft ist in den Fällen der Veräußerung durch einen nichtbesitzenden Nichteigentümer nur dann gegeben, wenn der zur Übergabe veranlasste unmittelbare Besitzer sich damit einer echten Weisung des Veräußerers unterwirft, nicht aber, wenn er mit der Übergabe selbst übereignen oder sonstige eigene Zwecke verfolgen will (v. Caemmerer).

4. Argument (gegen Theorie I, Arg. 4)
Aus § 934 Var. 2 BGB lässt sich nicht ableiten, dass die vom nichtberechtigten Veräußerer durch Täuschung herbeigeführte Übergabe der Sache durch einen Dritten für den gutgläubigen Erwerb ausreicht. Diese Norm ist für die in Rede stehende Problematik gar nicht relevant. Sie bietet insbesondere keinen Anhalt dafür, dass die bloße faktische Besitzverschaffungsmacht des nichtbesitzenden Veräußerers eine geeignete Rechtsscheinsbasis für den gutgläubigen Erwerb nach § 932 BGB abgibt. § 934 Var. 2 BGB verlangt für den gutgläubigen Erwerb nur die spätere Herausgabe der Sache an den Erwerber. Weshalb der im Besitz der Sache befindliche Dritte diese an den Erwerber herausgibt, ist dabei völlig gleichgültig.

5. Argument
Auf § 934 Var. 2 BGB lässt sich eine Lösung für die strittige Fallkonstellation der durch Täuschung des Besitzers erreichten Herausgabe an den Erwerber im Übrigen aber auch schon deshalb nicht aufbauen, weil es sich bei diesem Gutglaubenstatbestand um eine systemwidrige Ausnahmevorschrift handelt; derartige Normen eignen sich nicht als Basis für Analogieschlüsse und sonstige Verallgemeinerungen.

III. (hier sog.) **Modifizierte Unterwerfungstheorie**

Dass ein unmittelbar besitzender Dritter auf Geheiß des nichtbesitzenden Veräußerers die Sache dem Erwerber übergibt, reicht für den gutgläubigen Erwerb nach den §§ 929 S. 1, 932 I 1 BGB nur aus, wenn der Dritte die Besitzübertragung gerade mit Bezug auf die konkrete Einigung zwischen dem nichtberechtigten Veräußerer und dem Erwerber vornimmt.

Vertreten von:
Wadle JZ 1974, 689 (693 f.); Martinek AcP 188 (1988), 573 (582 f., 629 ff., 646 ff.) („korrigierte Unterwerfungstheorie"); v. Olshausen JZ 1975, 29 (30 f.); aufgrund der Überschneidungen und mitunter lediglich marginalen Abweichungen zwischen der

Theorie II und Theorie III fällt eine eindeutige Zuordnung mancher Literaturstellen schwer, vgl. bspw. Medicus/Petersen BürgerlR Rn. 564, die auch dieser Ansicht zuneigen, wie die dort zitierte Äußerung v. Olshausen zeigt; s. ferner v. Caemmerer JZ 1963, 586 (588).

Argument
Als Übergabe iSv § 929 S. 1 BGB oder §§ 929 S. 1, 932 I 1 BGB reicht nur eine Besitzverschaffung, die einen finalen Bezug auf die konkrete Einigung aufweist: Die Besitzeinräumung muss gerade zur Durchführung des fraglichen Übereignungsgeschäfts bestimmt sein. Falls nun die Übergabe auf Veranlassung des Veräußerers von einem Dritten vorgenommen wird, muss dieser Dritte den erforderlichen Bezug zur Einigung herstellen. Dazu muss er aber von dieser Einigung, an der er gar nicht beteiligt ist, natürlich Kenntnis haben.

IV. Theorie der Ablehnung des (Schein-)Geheißerwerbs

Der gutgläubige Eigentumserwerb vom Nichtberechtigten setzt voraus, dass der nichtberechtigte Veräußerer Besitzer der Sache ist und diesen Besitz dem Erwerber überträgt. Dass ein unmittelbar besitzender Dritter auf Geheiß des nichtbesitzenden Veräußerers die Sache dem Erwerber übergibt, reicht für die nach den §§ 929 S. 1, 932 I 1 BGB erforderliche Übergabe nicht aus.

Vertreten von:
Früher: v. Lübtow FS Juristische Fakultät der Freien Universität Berlin zum 41. Deutschen Juristentag, 1955, 119 (217) (implizit); früher auch Palandt/Hoche (bis 26. Aufl.) BGB § 932 Anm. 1; ebenso wenigstens im Ergebnis (bei gänzlich abweichender Begründung) E. Wolf SachenR S. 239 f. – Heute: Der Eigentumserwerb durch Einschaltung einer Geheißperson ist allgemein anerkannt; lediglich die Konstellation der *Schein*geheißperson ist nach wie vor umstritten.

Argument
Die bloße Tatsache der Besitzverschaffungsmacht kann das Vertrauen des Erwerbers nicht objektiv rechtfertigen. Die objektive Grundlage des gutgläubigen Erwerbs bildet immer der Besitz des Veräußerers, nicht die Besitzverschaffungsmacht durch den Veräußerer. Denn der Besitz des Veräußerers als Publizitätsträger ist es, der das Vertrauen des Erwerbers an eine den Besitz entsprechende Eigentumslage (§ 1006 BGB) rechtfertigt.

Fallbeispiele:

1. Ein Anspruch des E gegen A auf Herausgabe der Kohlen nach § 985 BGB setzt voraus, dass E noch Eigentümer der Kohlen ist. Ein Eigentumsverlust nach § 929 S. 1 BGB durch Übereignung von E an A scheidet aus, da es nach Maßgabe der §§ 133, 157 BGB an einer dinglichen Einigung zwischen E und A fehlt; aus objektivierter Empfängersicht des A sollte gerade B die Partei der dinglichen Einigung sein. E stellte sich für ihn nur als Geheißperson des B dar. Insofern könnte E aber sein Eigentum nach §§ 929 S. 1, 932 I 1 BGB durch Übereignung vom (nichtberechtigten) B an A verloren haben. Problematisch erscheint dabei bereits die erforderliche Übergabe, da

A die Kohlen nicht unmittelbar von B, sondern von E erhalten hat. Zwar ist es anerkannt, dass die Übergabe auch durch eine Geheißperson (hier E) erfolgen kann. Allerdings hatte E sich in Wirklichkeit nicht den Weisungen (Geheiß) des B unterworfen und die Übergabe nicht auf dessen Rechnung vollzogen. E agierte damit lediglich aus Sicht des A als Scheingeheißperson des B. Es stellt sich die umstrittene Frage, ob dies für einen gutgläubigen Eigentumserwerb nach den §§ 929 S. 1, 932 I 1 BGB ausreichen kann. Theorie I („Besitzverschaffungsmachttheorie") würde den gutgläubigen Erwerb wegen der scheinbaren Besitzverschaffungsmacht des B zulassen und in der Folge den Herausgabeanspruch aus § 985 BGB ablehnen. Theorie II („Unterwerfungstheorie") würde dies hingegen mangels einer tatsächlichen Unterwerfung des E verneinen, sodass ein Anspruch des E aus § 985 BGB bestehen würde. Zum gleichen Ergebnis würden Theorie III („Modifizierte Unterwerfungstheorie") und Theorie IV („Theorie der Ablehnung des (Schein-)Geheißerwerbs") gelangen.

Hinweis: Auch ein Herausgabeanspruch des E gegen A nach § 812 I 1 Var. 1 BGB scheidet aus, da es nach der hM (Lehre vom Empfängerhorizont) an einer „Leistung" von E an A fehlt. Ein Anspruch aus § 812 I 1 Var. 2 BGB scheitert wiederum spätestens am Vorrang der Leistungsbeziehung (zwischen B und A); s. näher zum Leistungsbegriff und Vorrang der Leistungsbeziehung Thöne JuS 2019, 193 (194 ff.). Im Einzelfall – zB bei Weiterveräußerung der Sache – wäre daneben allerdings noch ein Anspruch aus § 816 I 1 BGB in Betracht zu ziehen, vgl. dazu den berühmten „Hemdenfall" in BGH NJW 1974, 1132.

2. E verkaufte eine Maschine unter Vereinbarung eines Eigentumsvorbehalts an V. Dieser verkaufte sie umgehend weiter an B und erklärte diesem, er werde die Maschine unmittelbar von seinem eigenen Lieferanten an ihn (B) übersenden lassen. Anschließend forderte er E auf, die Maschine nicht an ihn, sondern an B zu übersenden, da er sie B für sechs Monate vermietet habe. E tat das. Hat B damit Eigentum an der Maschine erworben?

Unmittelbar von E hat B das Eigentum nicht erworben, denn er durfte die Übersendung der Maschine nicht als Übereignungsofferte des E verstehen (§§ 133, 157 BGB) (wenn der Verkäufer vom Käufer angewiesen wird, unmittelbar an einen Dritten zu liefern, so wird der Angewiesene mit dem Vollzug der Anweisung nämlich üblicherweise an seinen Vertragspartner übereignen wollen: Er weiß ja normalerweise gar nicht, ob sein Vertragspartner dem als Lieferadresse Bezeichneten die Sachen nicht nur unter Eigentumsvorbehalt übereignet oder sogar nur vermietet hat. Derartige abgekürzte Lieferungen sind deshalb generell als konkludente Übereignungsofferte des Angewiesenen an den Anweisenden so wie eine weitere Übereignungsofferte des Anweisenden an dessen Abnehmer zu verstehen). Somit kommt nur ein Eigentumserwerb von V in Betracht, der – da die Übersendung der Maschine nicht als Verzicht auf den Eigentumsvorbehalt gewertet werden kann – Nichtberechtigter war. Eine konkludente Einigung zwischen V und B über den Eigentumsübergang kann nach dem oben Gesagten angenommen werden. Das Merkmal der Übergabe ist nach Theorie I und II erfüllt, nach Theorie III dagegen nicht. Für die Vertreter von Theorie II müsste ausschlaggebend sein, dass E die Übersendung nicht für eigene Rechnung, sondern für Rechnung des V vorgenommen, sich also – wenn auch aufgrund einer Täuschung – wirklich dem Geheiß des E unterworfen hat. Theorie III müsste darauf abstellen, dass die Übergabe durch E ohne den erforderlichen konkreten Einigungsbezug erfolgt ist.

S. weitere Konstellationen bei BGH NJW 1974, 1132; v. Caemmerer JZ 1963, 586.

S. ergänzend Czeguhn/Ahrens SachenR Fall 8; Gursky Klausurenkurs SachenR Fall 7; Jotzo JURA 2016, 1055; Koch/Löhnig Fälle SachenR Fall 3; Neuner SachenR Fall 11 (Var. 2); Püschel JuS 2024, 590; Rußmann JuS 2012, 1008; Vieweg/Röthel SachenR Fall 10; Zech JURA 2010, 215.

9. Problem (§§ 892, 932 BGB)
Fällt das Eigentum beim „Rückerwerb des Nichtberechtigten" automatisch an den Altberechtigten zurück?

Ausgangsfall:

A hat dem B eine Maschine vermietet. B veräußert diese an den gutgläubigen C. Dieser tritt wegen eines Sachmangels vom Vertrag zurück und übergibt die Maschine in der Folge (wieder) dem B. Daraufhin wird die Maschine für einen Gläubiger des B gepfändet. Kann A gegen die Pfändung gem. § 771 ZPO vorgehen?

Ausgangspunkt:

Der (einmal eingetretene) gutgläubige Eigentumserwerb (§§ 892 f., 932 ff. BGB) ist grundsätzlich endgültig und voll wirksam: Der Erwerber erlangt in jeder Hinsicht vollwertiges Eigentum. Wenn er nun seinerseits die Sache übereignet, verfügt er als Berechtigter, sodass es für die Wirksamkeit dieser Weiterveräußerung auf den guten Glauben des Erwerbers nicht ankommt. Dieser erwirbt also auch dann Eigentum, wenn er positiv weiß, dass der Veräußerer vom Nichtberechtigten erworben hatte.

Auch in dem Fall, in dem der (vorherige) Nichtberechtigte selbst die Sache von dem gutgläubigen Erwerber zurückerwirbt, liegt ein Erwerb vom Berechtigten vor, sodass nach dem oben Gesagten der Nichtberechtigte (ohne Rücksicht auf eine evtl. Bösgläubigkeit) Eigentum nach den §§ 873 ff., 929 ff. BGB erwerben müsste. Dieses Ergebnis wirkt befremdend, und zwar insbesondere dann, wenn der Rückerwerb mit der vorausgegangenen Veräußerung in einem rechtlichen Zusammenhang steht, etwa weil die Rückübertragung lediglich infolge einer anfechtungs- oder rücktrittsbedingten Rückabwicklung erfolgt.

Ob ein solches Resultat vermieden werden kann, bzw. ob der nach der strikten Gesetzesanwendung eintretetende „Rückerwerb des Nichtberechtigten" einer Korrektur zugunsten des ursprünglichen Eigentümers bedarf, ist außerordentlich umstritten. Im Folgenden kann aus Raumgründen nur auf die wichtigsten Theorien und Konstruktionsversuche eingegangen werden; insbesondere das ältere Schrifttum muss deshalb weitgehend außer Betracht bleiben.

I. (hier sog.) **Differenzierende Theorie des automatischen Eigentumsrückfalls**

Das Eigentum des Altberechtigten lebt automatisch wieder auf, wenn der gutgläubige Erwerber die Sache an den Nichtberechtigten zurückübereignet, sofern die Rückübereignung ein „Innenverkehrsgeschäft" darstellt.

Eine Rückübereignung in Form eines sog. *Innenverkehrsgeschäft* liegt danach vor, wenn die Causa der zweiten Übereignung (Rückerwerb) bereits durch die erste Übereignung (gutgläubiger Erwerb) angelegt wurde (erfolgt er aufgrund einer selbstständigen Causa, handelt es sich um ein Außenverkehrsgeschäft); hierfür haben sich insbesondere drei Fallgruppen herausgebildet: (1) Rückabwicklung des ursprünglichen Verfügungsgeschäfts und Rückübereignung infolge der Unwirksamkeit oder Aufhebung des zugrundeliegenden Verpflichtungsgeschäfts (zB gem. §§ 346 I, 812 ff.

BGB), (2) (von vornherein) nur vorübergehende Eigentumsübertragung (zB Sicherungsübereignung), (3) Verfügung des bösgläubigen Nichtberechtigten an redlichen Erwerber zum Zwecke des späteren wirksamen Rückerwerbs (des Eigentums) (sog. mittelbar bösgläubiger Erwerb).

Vertreten von:
Baur/Stürner SachenR § 52 Rn. 34; BeckOGK/Klinck, 1.3.2024, BGB § 932 Rn. 75 ff.; Braun ZIP 1998, 1469 (1472); Bülow KreditsicherheitenR Rn. 307, 1600; v. Caemmerer FS Boehmer, 1954, 145 (158 ff.); Canaris JuS 1969, 80 (85); Esser/Weyers, Schuldrecht Bd. II, 8. Aufl. 2000, § 50 II 3; Gernhuber JuS 1988, 355 (363); J. v. Gierke SachenR § 19 II 3, § 32 II; Grunewald/Riesenhuber BürgerlR Rn. 847; Harms SachenR S. 152 f.; Kohler JuS 1990, 530 (532); Lopau JuS 1971, 233 f.; MüKoBGB/Schäfer § 892 Rn. 39; Nüßgens, Der Rückerwerb des Nichtberechtigten, 1939, S. 125 ff., 136 ff., 147 f.; Peters, Der Entzug des Eigentums an beweglichen Sachen durch gutgläubigen Erwerb, 1991, S. 151 f.; Planck/Brodmann BGB § 932 Anm. 4; Planck/Strecker BGB § 892 Anm. III 2; Prütting SachenR Rn. 438; Prütting/Wegen/Weinreich/Huhn BGB § 892 Rn. 15 aE; Prütting/Wegen/Weinreich/Prütting BGB § 932 Rn. 6; Regenfus, Vorgaben des Grundgesetzes für die Lösung sachenrechtlicher Zuordnungs- und Nutzungskonflikte, 2013, S. 666 f.; RGRK/Augustin BGB § 892 Rn. 14; Schapp/Schur SachenR Rn. 207; Schmelzeisen AcP 144 (1938), 368 (369 f.); Siebert, Das rechtsgeschäftliche Treuhandverhältnis, 1933, S. 181; Soergel/Kern BGB § 892 Rn. 53; Staudinger/Berg, 11. Aufl. 1956, BGB § 932 Rn. 35; Tiedtke, Gutgläubiger Erwerb, 1985, S. 48 f.; R. Weber SachenR I § 9 Rn. 64 ff.; Wellenhofer SachenR § 8 Rn. 37; H. Westermann SachenR § 47 II 3; Wieling SachenR I § 10 VI 2 (für §§ 929 ff. BGB); Wieling/Finkenauer SachenR § 10 Rn. 40 (anders aber im Grundstücksrecht, § 20 Rn. 70); Wilhelm SachenR Rn. 729, 1017 ff.; iErg auch, aber mit anderer Begründung Hoffmann AcP 215 (2015), 794 (809 ff., 828 f.).

Dogmatische Konstruktion: Innerhalb dieser Theorie bestehen unterschiedliche Auffassungen darüber, ob das Eigentum des Altberechtigten *ex tunc* (so Nüßgens) oder *ex nunc* (so Harms, Hoffmann, MüKoBGB/Schäfer) wieder auflebt. Auch über die Konstruktion des Ergebnisses herrscht Uneinigkeit: Überwiegend wird – soweit ersichtlich – eine teleologische Reduktion der §§ 892 f., 932 ff. BGB angenommen, bei der das Vorliegen eines „Verkehrsgeschäfts" abgelehnt wird (s. näher und zu anderen Konstruktionsversuchen Arg. 5, 6 u. BeckOGK/Klinck, 1.3.2024, BGB § 932 Rn. 75.1).

1. Argument
Bereits das Rechtsgefühl fordert, dass das Eigentum des ursprünglich Berechtigten wieder auflebt, wenn die durch einen Nichtberechtigten veräußerte Sache im Rahmen einer Rückgängigmachung des Veräußerungsgeschäfts vom gutgläubigen Erwerber an den Nichtberechtigten zurückübertragen wird.

2. Argument
Die Gutglaubensschutzvorschriften sollen die Verkehrssicherheit erhöhen und damit eine schnellere und zuverlässigere Abwicklung des Güterumsatzes ermöglichen (Gesetzeszweck). Sie lassen deshalb das allgemeine (Verkehrs-)Interesse (das sich in der Person des gutgläubigen Erwerbers konkretisiert) dem Interesse des wahren Berechtigten vorgehen. Wenn der redliche Erwerber aber im Rahmen einer Rückabwicklung seines Geschäfts mit den Nichtberechtigten die Sache wieder auf den Nichtberechtigten zurücküberträgt, steht damit fest, dass kein Güterumsatz eingetreten, sondern

lediglich ein im Ergebnis erfolgloser Versuch eines Güterumsatzes rückgängig gemacht worden ist. Eine im Verkehrsinteresse zu schützende Vermögensverschiebung ist damit gar nicht erfolgt. Wenn man in derartigen Fällen einen Rückerwerb des Nichtberechtigten vom gutgläubigen Zwischenerwerber annähme, käme der Gutglaubensschutz nicht dem Rechtsverkehr, sondern ausschließlich dem Nichtberechtigten zugute. Dieses der ratio der §§ 892, 932 ff. BGB widersprechende Ergebnis muss vermieden werden (Nüßgens).

3. Argument (gegen Theorie II)
Die schützwürdigen Interessen des früheren Eigentümers werden nur durch einen automatischen Rückfall des Eigentums angemessen gesichert. Denn wenn der Nichtberechtigte (aufgrund des Innenverkehrsgeschäfts) Eigentum an der von ihm unbefugt veräußerten Sache erwerben würde und er (gegenüber dem Altberechtigten) lediglich schuldrechtlich zur Rückübereignung verpflichtet wäre, wäre die Sache infolge des Zwischenerwerbs des Nichtberechtigten dem Vollstreckungszugriff der Gläubiger des Nichtberechtigten ausgesetzt.

4. Argument (gegen Theorie II)
Ein automatischer Rückfall des Eigentums an den Altberechtigten ist zum Schutze der berechtigten Interessen des Altberechtigten schon deshalb erforderlich, weil eine schuldrechtliche Abwicklung im Anschluss an einen Eigentumserwerb des Nichtberechtigten gar nicht immer möglich wäre. Ein schuldrechtlicher Anspruch des Altberechtigten gegen den Nichtberechtigten auf Rückübertragung des Verfügungsgegenstandes würde keineswegs immer bestehen (Lopau).

5. Argument
„Konstruieren" lässt sich der automatische Rückfall an den Altberechtigten bei der als Innenverkehrsgeschäft zu qualifizierenden Rückübereignung vom gutgläubigen Erwerber an den Nichtberechtigten wie folgt: Da der bei wörtlicher Anwendung des Gesetzes unvermeidliche Eigentumserwerb des Nichtberechtigten dem Sinn und Zweck der Gutglaubensvorschriften widerspricht, sind diese teleologisch zu reduzieren. Insofern ist einen Gesamtbetrachtung anzustellen, nach der die Vorschriften nur auf echte (Außen-)Verkehrsgeschäfte anwendbar sind. In dem Augenblick, in dem der gutgläubige Erwerber die Sache in Rückabwicklung eines Erwerbsgeschäfts an den Nichtberechtigten zurückübereignet, steht sodann fest, dass der aus beiden Übereignungsgeschäften (Übereignung an den gutgläubigen Erwerber und Rückübereignung an den unberechtigt Verfügenden) gebildete Gesamttatbestand keinen derartigen (schützenswerten) Verkehrstatbestand bildet. Der durch Restriktion eingeengte Tatbestand des § 892 BGB bzw. der §§ 932 ff. BGB kann deshalb beide Übereignungen nicht umfassen. Der Eigentumserwerb des gutgläubigen Verfügungsempfängers und damit auch der Eigentumsverlust des Altberechtigten entfällt mit Ex-tunc-Wirkung (Nüßgens).

6. Argument
Bei beweglichen Sachen lässt sich der automatische Rückfall des Eigentums auch mit einer Parallele zum „Geschäft für den, den es angeht" (§ 164 I BGB) konstruktiv begründen: Mit der Rückgabe der Sache an den Nichtberechtigten fällt das Eigentum an den Altberechtigten, sodass – ebenso wie beim Geschäft für den, den es angeht – nicht der Empfänger, sondern der ungenannte Geschäftsherr Eigentum erlangt. Ein

etwaiger Wille des Nichtberechtigten, nicht für den Altberechtigten, sondern für sich selbst Eigentum zu erwerben, wäre wegen Widerrechtlichkeit (bzw. in Analogie zu § 162 BGB) unbeachtlich.

7. Argument
Wenn der Nichtberechtigte die Sache rein zufällig, ohne jeden Zusammenhang mit der von ihm vorgenommenen Veräußerung zurückerwirbt, so hat er wirtschaftlich und interessemäßig die Stellung eines beliebigen Dritterwerbers: Er tritt als Glied der Verkehrsgemeinschaft bei einem neuen Güterumsatz auf. Seine frühere Nichtberechtigung darf seinen jetzigen Eigentumserwerb deshalb nicht hindern. Wie jeder andere, dem das Eigentum von einem kraft gutgläubigen Erwerbs Berechtigten weiterübertragen wird, muss auch der frühere Nichtberechtigte hier wegen seiner Schutzwürdigkeit Eigentum erwerben.

8. Argument
„Wo die Dogmatik zu interessewidrigen Ergebnissen führt, versagt sie und hat zurückzustehen" (Wieling/Finkenauer, s. ferner BeckOGK/Klinck).

S. aus historischem Interesse die mittlerweile aufgegebene (sog.) weite Theorie des automatischen Eigentumsrückfalls, Eichler Institutionen SachenR II/1 S. 178 f. (in allen Fällen, in denen der unberechtigt veräußernde Nichteigentümer die Sache vom gutgläubigen Erwerber zurückerwirbt, lebt das Eigentum des Altberechtigten wieder auf).

II. (hier sog.) **Theorie der schuldrechtlichen Abwicklung**

Wenn der Nichtberechtigte die Sache von dem gutgläubigen Erwerber (oder dessen Rechtsnachfolger) zurückerwirbt, so erwirbt er von einem Berechtigten (nach den §§ 873 ff., 929 ff. BGB) und muss deshalb Eigentum erlangen. Ein automatischer Rückfall des Eigentums an den Altberechtigten im Augenblick des „Rückerwerbs des Nichtberechtigten" tritt nicht ein. Der (frühere) Nichtberechtigte ist lediglich schuldrechtlich dem Altberechtigten gegenüber zur Rückübertragung des Eigentums verpflichtet (etwa nach den §§ 816 I 1, 818 I BGB oder ggf. nach § 280 I BGB und den §§ 823 ff. BGB – jeweils iVm § 249 I BGB).

Vertreten von:
BGH NJW-RR 2003, 170 (171) (§§ 932 ff. BGB); AK-BGB/Reich §§ 932–933 Rn. 6; BeckOGK/Hertel, 1.6.2024, BGB § 892 Rn. 142 f.; BeckOK BGB/Kindl § 932 Rn. 7; Erman/Bayer BGB § 932 Rn. 26; Grunsky JZ 1962, 207 (209 Fn. 42); Grüneberg/Herrler BGB § 932 Rn. 17; Habersack SachenR Rn. 165; HK-BGB/Staudinger § 892 Rn. 31; HK-BGB/Schulte-Nölke § 932 Rn. 2; Jacoby/v. Hinden BGB § 932 Rn. 3; Jauernig/Berger BGB § 892 Rn. 14 und § 932 Rn. 2; Kainer SachenR § 13 Rn. 58 ff.; Lent/Schwab SachenR, 21. Aufl. 1987, § 16 VIII, § 32 VI; Lüke SachenR Rn. 218; MüKoBGB/Oechsler § 932 Rn. 25 ff.; Müller/Gruber SachenR Rn. 1529 ff., 2847; Musielak LA Kegel, 2002, 125 (130 ff., 139 f.); Musielak JuS 2010, 377 (381 f.); Musielak/Mayer EK BGB Rn. 571 ff.; NK-BGB/Krause § 892 Rn. 76; NK-BGB/Meller-Hannich § 932 Rn. 38; Oertmann JR 1930, 169; Petersen JURA 2004, 98 (101 f.); Pietrek, Konsens über Tradition?, 2015, S. 35 f.; RGRK/Pikart BGB § 932 Rn. 34 f.; Soergel/Höpfner BGB § 932 Rn. 42 f.; Staudinger/Gursky, 2013, BGB § 892 Rn. 237;

Staudinger/Picker, 2019, BGB § 892 Rn. 237; Staudinger/Heinze, 2020, BGB § 932 Rn. 114 ff.; Szerkus JURA 2018, 443 (451 f.); Walczak, Die Eigentumsübertragung beim Kauf beweglicher Sachen nach dem DCFR, 2017, S. 162 ff.; Westermann/Gursky/Eickmann SachenR § 47 Rn. 16; Wiegand JuS 1971, 62; E. Wolf SachenR S. 428 (aber ohne Erwähnung zustehender schuldrechtlicher Ansprüche); im Grundsatz auch J. Hager, Verkehrsschutz durch redlichen Erwerb, 1990, S. 183 ff., 460 (der aber den Alteigentümer einen Vollstreckungsschutz über das Wertungsmodell des § 1007 BGB zubilligt); s. ferner Füller, Eigenständiges Sachenrecht?, 2006, S. 219 ff. und erg. darüber hinaus auch Vieweg/Lorz SachenR § 5 Rn. 13 ff.

1. Argument
Eine Rückveräußerung seitens des gutgläubigen Erwerbers an den Nichtberechtigten kann dem Altberechtigten das Eigentum nicht zurückverschaffen, da kein Rechtssatz zu finden ist, der den Eigentumserwerb eines am Vertrage gar nicht Beteiligten entgegen dem klaren Inhalt der Einigung ermöglichen würde (Lent/Schwab).

2. Argument (gegen Theorie I, Arg. 5)
Ein automatischer Rückfall durch die Gesamtbetrachtung der Rechtsgeschäfte widerspricht der gesetzlichen Konzeption des Gutglaubenserwerbs nach den §§ 932 ff. BGB (vollwertige Eigentumserlangung) und führt in systematischer Hinsicht zur Durchbrechung des sachenrechtlichen Abstraktionsprinzips, nach dem die Wirksamkeit des Verfügungsgeschäfts von ihrem Grund und Zweck (Verpflichtungsgeschäft) gerade unabhängig ist (Jauernig/Berger).

3. Argument
Der Rückerwerb ist dogmatisch nicht konstruierbar, ohne gegen sachenrechtliche Prinzipien zu verstoßen, und findet insofern keine Stütze im Gesetz. Die Interessenlage gebietet den automatischen Rückfall nicht so zwingend, dass hier eine Rechtsfortbildung contra legem zulässig und geboten wäre (Art. 20 III GG). Bei gesetzesentsprechender Abwicklung erwirbt der Nichtberechtigte zwar zunächst Eigentum, muss dieses dann aber kraft schuldrechtlicher Verpflichtung (§ 249 I BGB oder §§ 816 I 1, 818 I BGB) an den Altberechtigten zurückübertragen. Damit wird dessen berechtigtes Interesse am Rückerwerb des Verfügungsgegenstandes gewahrt.

Zugleich ist zu berücksichtigen, dass der verfügende Nichtberechtigte nicht notwendigerweise bösgläubig ist und somit berechtigte Sicherungsinteressen haben kann, die bei einem automatischen Rückfall des Eigentums nicht gewahrt werden (vgl. das Beispiel von Staudinger/Lorenz, 2007, BGB § 816 Rn. 22: Der unerkannt Geschäftsunfähige A veräußert eine Sache an B, der sie rechtsgrundlos, aber wirksam an C weiterübereignet. Falls hier bei einer in der Form des § 930 BGB vorgenommenen Rückübereignung von C an B das Eigentum automatisch an A fällt, kann der Betreuer des A unmittelbar bei C vindizieren und B deshalb gegenüber A kein Zurückbehaltungsrecht wegen des von ihm gezahlten Kaufpreises ausüben).

4. Argument
Bei Würdigung der gesetzeskonformen Lösung der rein schuldrechtlichen Rückabwicklung zwischen dem Nichtberechtigten und dem Altberechtigten muss berücksichtigt werden, dass der Eigentümer die Sache freiwillig aus der Hand gegeben hat (vgl. § 935 BGB), sodass ihm etwaige Risiken bei der Rückerlangung zurechenbar und zuzumuten sind. Für ihn, der mit einem endgültigen Rechtsverlust rechnen

musste, bedeutet bereits die Erlangung eines schuldrechtlichen Anspruchs auf Rückverschaffung des fraglichen Rechts sogar einen „gnädigen Zufall" (Staudinger/Picker).

5. Argument
Die vertretene Umlenkung des Rückübertragungsgeschäfts (automatische Rückübereignung) auf den daran gar nicht beteiligten Altberechtigten wäre jedenfalls im Liegenschaftsrecht schlechthin inakzeptabel, denn sie läuft auf einen Rechts- bzw. Eigentumserwerb ohne, sogar gegen das Grundbuch hinaus.

6. Argument (gegen Theorie I, Arg. 3)
Dass der Altberechtigte bei der schuldrechtlichen Abwicklung infolge des Durchgangserwerbs des Nichtberechtigten nicht dagegen geschützt ist, dass die Gläubiger des Nichtberechtigten auf die Sache zugreifen, liegt an dem antiquierten Formalismus des Vollstreckungsrechts, wonach auch Durchgangseigentum der Vollstreckung unterliegt. Eine Korrektur des Gesetzes zur Vermeidung des als untragbar empfundenen Ergebnisses muss deshalb im Vollstreckungsrecht, nicht aber bei der Frage des Eigentumserwerbs des Nichtberechtigten ansetzen (Wiegand).

7. Argument (gegen Theorie I, Arg. 6)
Die Argumentation, ein etwaiger Wille des Nichtberechtigten, für sich selbst und nicht für den Altberechtigten zu erwerben, müsse als widerrechtlich außer Betracht bleiben, ist verfehlt. Denn der Wille des Nichtberechtigten wäre zwar auf den Erwerb einer ihm *schuldrechtlich* nicht zustehenden Position gerichtet, damit aber noch nicht im technischen Sinne widerrechtlich (Wiegand).

Fallbeispiele:

1. Im Ausgangsfall wäre eine Drittwiderspruchsklage (§ 771 ZPO) des A gegen die Pfändung der Maschine durch einen Gläubiger des B begründet, wenn A im Augenblick der Pfändung Eigentümer der Maschine war. Seine ursprüngliche Eigentumsposition hat er dadurch verloren, dass B die Maschine an den gutgläubigen C veräußerte und dieser gem. §§ 929 S. 1, 932 I 1 BGB Eigentum erwarb. Jedoch ist das Eigentum an der Maschine nach Theorie I („Differenzierende Theorie des automatischen Eigentumsrückfalls") durch die Rückübereignung von C an B automatisch an A zurückgefallen; denn sie ist, da die Rückübertragung aufgrund eines Rücktritts erfolgte, als sog. Innenverkehrsgeschäft zu qualifizieren. Nach Theorie I wäre die Drittwiderspruchsklage des A mithin begründet. Nach Theorie II („Theorie der schuldrechtlichen Abwicklung") wäre dagegen kein automatischer Rückfall des Eigentums an den Altberechtigten A eingetreten. Vielmehr hätte der frühere Nichtberechtigte B selbst das Eigentum vom gutgläubigen C erworben und wäre dem A nur schuldrechtlich zur Wiederbeschaffung des Eigentums verpflichtet. Ein derartiger schuldrechtlicher Verschaffungsanspruch würde aber nicht ausreichen, um ein Interventionsrecht nach § 771 ZPO zu begründen.

2. A hat eine ihm gehörende Uhr an B verpfändet. Da A sich bei Fälligkeit der Schuld nicht meldet und trotz der Bemühungen des B nicht auffindbar ist, nimmt B an, dass A das Pfand nicht einlösen kann (sog. Verwertungsreife). Er veräußert deshalb die Uhr an C, der B für den Eigentümer der Uhr hält. C tritt aber bald vom Kaufvertrag

zurück, da die Uhr nicht einwandfrei funktioniert. B nimmt daraufhin die Uhr gegen Rückerstattung des Kaufpreises zurück. Er lässt die Uhr dann reparieren und veräußert sie anschließend an D, dem bekannt ist, dass A die Uhr dem B nur verpfändet hatte. Kann A von D Herausgabe der Uhr verlangen?

Als Anspruchsgrundlage kommt § 985 BGB in Betracht. A war zunächst Eigentümer, hat sein Eigentum aber durch einen gutgläubigen Erwerb des C nach den §§ 929 S. 1, 932 I 1 BGB verloren (nicht nach § 1242 oder § 1244 BGB, da die Uhr von B nicht „als Pfand" veräußert worden ist). Da die Rückübereignung von C an B aufgrund eines Rücktritts wegen Sachmangels (§ 346 I BGB iVm §§ 437 Nr. 2 Var. 1, 323 BGB) erfolgt ist, also in der Terminologie der Theorie I ein „Innenverkehrsgeschäft" dargestellt hat, ist nach Theorie I das Eigentum automatisch an den A zurückgefallen, während nach Theorie II der B Eigentümer der Uhr geworden ist. Folgt man Theorie II, so hat D von B als dem Berechtigten Eigentum erworben (§ 929 S. 1 BGB), ohne dass es auf seine Gut- oder Bösgläubigkeit ankäme. Ein Herausgabeanspruch des A gegen D wäre damit nicht begründet. Folgt man aber Theorie I, hat A das Eigentum von C zurückerworben und anschließend nicht an D verloren, weil eine nach § 1242 BGB oder § 1244 BGB wirksame Pfandveräußerung nicht vorliegt und ein gutgläubiger Eigentumserwerb des D nach den §§ 929 S. 1, 932 I 1 BGB daran scheitert, dass D wusste, dass B nicht Eigentümer (vgl. § 932 II BGB), sondern (allenfalls) Pfandgläubiger war.

Kann D die Herausgabe verweigern? Ein Recht zum Besitz nach § 986 I 1 Var. 2 BGB kommt nicht in Betracht, da B jedenfalls zur Weiterübertragung des Besitzes an D nicht berechtigt war. In Betracht käme ein Zurückbehaltungsrecht nach den §§ 1000 S. 1, 999 I BGB wegen der von B aufgewendeten Reparaturkosten, die als notwendige Verwendungen (§ 994 BGB) auf die Uhr zu qualifizieren sind. Ein Verwendungsersatzanspruch nach den §§ 999 I, 994 II, 683 S. 1, 670 BGB setzt jedoch voraus, dass B im Augenblick der Vornahme der Verwendungen unrechtmäßiger Besitzer war. B hätte indes ein Recht zum Besitz gehabt, wenn er zu diesem Zeitpunkt noch Pfandgläubiger war. Sein Pfand hatte B zunächst durch den gutgläubig lastenfreien Erwerb des C (§ 936 BGB) verloren. Musste das Pfandrecht aber nicht wieder entstehen, als das Eigentum des A wiederauflebte? Diese Frage ist zu bejahen, wenn man der von Nüßgens vertretenen Spielart von Theorie I folgt: Da danach im Augenblick des Rückerwerbs des Nichtberechtigten der gutgläubige Zwischenerwerb (hier des C) *ex tunc* entfällt, muss neben dem Eigentum des Altberechtigten auch die ursprüngliche Belastung wieder ex tunc entstehen (vgl. Nüßgens, Der Rückerwerb des Nichtberechtigten, 1939, S. 149 Fn. 700). Aber auch wenn man annimmt, dass der Altberechtigte sein Eigentum *ex nunc* zurückverlangt, muss im Augenblick des Rückerwerbs des Nichtberechtigten die gesamte alte Rechtslage wieder entstehen, ebenso als ob eine auflösende Bedingung des Eigentumserwerbs des gutgläubigen Erwerbers einträte: Denn das automatische Wiederaufleben des Eigentums des Altberechtigten folgt gerade dem Zweck, den *status quo ante* wiederherzustellen, will aber nicht die Rechtsstellung des Altberechtigten auf Kosten des Nichtberechtigten über diesen früheren Rechtszustand hinaus verbessern (Lopau JuS 1971, 233 (234 Fn. 10)). Wenn das Pfandrecht des B also beim Rückerwerb von C ebenfalls wieder aufgelebt ist, war er im Augenblick der Reparatur rechtmäßiger Besitzer und konnte deshalb keinen Verwendungsersatzanspruch nach den §§ 994 II, 670 BGB erwerben, der auf D nach § 999 I BGB hätte übergehen können. Ein möglicherweise aus den §§ 1216, 683 S. 1, 670 BGB folgender Anspruch konnte ebenfalls nicht nach § 999 I BGB auf D übergehen, da dessen Anwendungsbereich auf das Eigentümer-Besitzer-Verhältnis beschränkt ist.

Nach § 986 I 2 Var. 1 BGB kann A jedoch nur Herausgabe an B verlangen, wenn B ihm gegenüber noch zum Besitz berechtigt ist. Das Besitzrecht des Pfandgläubigers erlischt selbst bei schweren Pflichtverletzungen nicht, wie § 1217 BGB zeigt, sondern schwächt sich nur zu einem Anrecht auf den mittelbaren Besitz (bei Hinterlegung oder Sequestration) der Pfandsache ab. Zudem liegen hier die Voraussetzungen des § 1217 BGB (Abmahnung!) gar nicht vor. Aber selbst wenn man bei einer derart schwerwiegenden Pflichtverletzung § 1217 BGB analog anwenden könnte, würde dies nur zu einer weiteren Umlenkung des Herausgabeanspruchs führen: A könnte dann von D nur Herausgabe des Pfandes an die Hinterlegungsstelle oder einen gerichtlich zu bestellenden Verwahrer verlangen. Herausgabe an sich selbst könnte A erst nach Beseitigung des Besitzrechts des B durch Befriedigung des Pfandgläubigers (§ 1227 II BGB) verlangen.

S. ergänzend Canaris JuS 1969, 80; Heinemann/Kern Übungen im Bürgerlichen Recht Fall 12; Neuner SachenR Fall 9; Schulze JuS 2017, 424; Vieweg/Röthel SachenR Fall 12. Vgl. ferner den ausführlichen Überblick bei Szerkus JURA 2018, 443.

10. Problem (§§ 935, 855 BGB)
Kommt eine Sache dem Eigentümer abhanden iSd § 935 I BGB, die ein Besitzdiener veruntreut oder unbefugtermaßen an einen Dritten weitergibt?

Ausgangsfall:

N, der Mitarbeiter des Verlegers E, veräußert an den gutgläubigen Antiquar A die Bücher, die E ihm zur Vorlage bei den Kunden ausgehändigt hat, sowie drei weitere Bücher, die E ihm als Lektüre geliehen hat (vgl. Westermann/Gursky/Eickmann SachenR § 49 Rn. 11 ff.). Hat A Eigentum erworben?

Ausgangspunkt:

Wenn eine Sache von einem Besitzdiener (§ 855 BGB) des Eigentümers eigenmächtig veräußert wird, kann ein gutgläubiger Erwerb an mehreren Faktoren scheitern. Zunächst einmal kann es bereits an dem objektiven Vertrauenstatbestand (der grundsätzlich auf dem Besitz des Verfügenden beruht) fehlen. Wenn der Besitzdiener bis zu der Veräußerung die Weisungen seines Arbeitgebers (als Beispiel eines Besitzherrn) befolgt und sich erstmals bei der Veräußerung als Herr der Sache geriert hat, könnte er allenfalls bei dieser Veräußerung transitorischen Eigenbesitz begründet haben. Es ist aber schon die Frage, ob ein auf wenige Augenblicke beschränkter „Kurzbesitz" überhaupt als Besitz iSd §§ 854 ff. BGB gewertet werden kann; die hM verlangt als Voraussetzung für den Besitz, dass die Sachherrschaft auf eine gewisse Dauer angelegt ist (vgl. Staudinger/Gutzeit, 2018, BGB § 854 Rn. 10 f.; s. auch – wenngleich zur Besitzbeendigung – § 856 II BGB). Aber selbst wenn man die Voraussetzungen des § 854 BGB bejahen könnte, wäre es doch keineswegs selbstverständlich, dass ein so flüchtiger Besitz, der erst beim Ansetzen zu der Verfügung entsteht und sofort wieder (bei der Verfügung) auf den Erwerber weiterübertragen wird, als Grundlage des gutgläubigen Erwerbs ausreicht (vgl. J. Hager, Verkehrsschutz durch redlichen Erwerb, 1990, S. 250 f.).

Zudem scheitert der gutgläubige Erwerb (§§ 932 ff. BGB) aber auch, wenn die vom Besitzdiener eigenmächtig veräußerte Sache dem Eigentümer abhanden gekommen ist; wenn also das Handeln des Besitzdieners als Abhandenkommen iSv § 935 I 1 BGB zu qualifizieren ist. Dies ist ohne Weiteres zu bejahen, wenn der Besitzdiener die Sache eigenmächtig aus dem räumlichen Herrschaftsbereich des Besitzherrn weggegeben hat (und der Besitzverlust so gegen seinen Willen eintrat).

Nach wie vor streitig ist dagegen, ob § 935 I 1 BGB auch dann eingreift, wenn der Besitzdiener sich mit der Sache im Zeitpunkt der Verfügung *weisungsgemäß* außerhalb des Gewahrsamsbereiches des Eigentümers befand (der Besitzdiener also vom Eigentümer Alleingewahrsam an der Sache eingeräumt bekommen hatte), er sie dann aber unterschlägt und weisungswidrig veräußert (s. zu den Konstellationen auch Vieweg/Lorz SachenR § 5 Rn. 43 ff.). Dazu werden drei Ansichten vertreten:

I. Theorie des Abhandenkommens

Eine Sache, die ein Besitzdiener (§ 855 BGB) ohne den Willen des Eigentümers an einen Dritten weitergibt, kommt dem Besitzherrn abhanden iSd § 935 I 1 BGB. Das gilt auch, wenn der Besitzdiener sich im fraglichen Zeitpunkt außerhalb des räumlichen Herrschaftsbereichs des Besitzherrn befand und nach außen als (bloßer) Besitzdiener nicht erkennbar war. Das Abhandenkommen ist nur zu verneinen, wenn die weisungswidrige Weitergabe im Rahmen eines vom Besitzdiener für den Besitzherrn abgeschlossenen Rechtsgeschäfts erfolgt ist und der Besitzdiener beim Abschluss mit Vertretungsmacht – § 56 HGB genügt – gehandelt hat (Einzelheiten sind jedoch str., vgl. BeckOK BGB/Kindl § 935 Rn. 6).

Vertreten von:
RGZ 71, 248 (253); 106, 4 (6); BGHZ 199, 227 Rn. 9, 16 = NJW 2014, 1524; zurückhaltender BGH NJW 2020, 3711 Rn. 16; OLG Bamberg NJW 1949, 716 f.; OLG Frankfurt a.M. OLGZ 1989, 198; OLG Celle OLGR 2004, 70 (72); BeckOGK/Götz, 1.4.2024, BGB § 855 Rn. 43, 43.2 f.; BeckOK BGB/Kindl § 935 Rn. 6; Baldus JR 2002, 441 (443); Baur/Stürner SachenR § 52 Rn. 39; Brehm/Berger, 3. Aufl. 2014, SachenR Rn. 27.81; Dietzel, Der Besitzdiener, 2023, S. 221 ff., 238; Edenfeld JA 1996, 557 (563); Eckert SachenR Rn. 351; Eichler Institutionen SachenR I S. 130 f. Fn. 163; Enders, Der Besitzdiener – Ein Typusbegriff, 1991, S. 123 ff., 131; Erman/Bayer BGB § 935 Rn. 7; Gerhardt MobiliarsachenR S. 101; Grüneberg/Herrler BGB § 935 Rn. 8; Habersack SachenR Rn. 170; Harms SachenR S. 161; HK-BGB/Schulte-Nölke § 935 Rn. 4; Hoche JuS 1961, 73 (78 f.); Jacoby/v. Hinden BGB § 935 Rn. 3; Jauernig/Berger BGB § 935 Rn. 8; Kindler/Paulus 2013, 393 (397); Lange SachenR § 51 II 1 Fn. 1; Müller/Gruber SachenR Rn. 1513 ff.; MüKoBGB/Quack, 4. Aufl. 2004, § 935 Rn. 11; Musielak JuS 1992, 713 (723); Musielak/Mayer EK BGB Rn. 528 ff.; NK-BGB/Meller-Hannich § 935 Rn. 10; Prütting SachenR Rn. 76, 433; Prütting/Wegen/Weinreich/Prütting BGB § 935 Rn. 8; RGRK/Pikart § 935 BGB Rn. 18; Schapp/Schur SachenR Rn. 224; Schreiber JURA 2004, 238 (241); Soergel/Höpfner BGB § 935 Rn. 9; Soergel/Wendelstein BGB § 855 Rn. 13; Staudinger/Gutzeit, 2018, BGB § 855 Rn. 28; Temming JuS 2018, 108 (111 f.); Tiedtke, Gutgläubiger Erwerb, 1985, S. 40; Weimar MDR 1962, 21 f.; Wellenhofer SachenR § 8 Rn. 31; Westermann/Gursky/Eickmann SachenR § 49 Rn. 11 ff.; Wilhelm SachenR Rn. 965 ff.; Wimmer-Leonhardt JuS 2010, 136 (138); Witt AcP 201 (2001), 165 (172 ff.); E. Wolf SachenR S. 87; Wolff/Raiser SachenR § 69 I 1; wohl auch Kainer SachenR § 13 Rn. 31.

Hinweis: Ob die Weisungsüberschreitung bewusst erfolgen muss oder auch irrtümlich bzw. unbewusst erfolgen kann, ist unter den Anhängern der Theorie I umstritten, s. näher dazu BeckOK BGB/Kindl § 935 Rn. 6 aE mwN.

1. Argument

Der gutgläubige Erwerb (§§ 932 ff. BGB) ist grundsätzlich nach § 935 I BGB ausgeschlossen, wenn die Sache dem Eigentümer selbst oder seinem Besitzmittler „abhanden gekommen" ist. Mit dem Begriff des „Abhandenkommens" wiederum ist – wie die in § 935 I BGB genannten Beispiele der gestohlenen oder verloren gegangenen Sachen zeigen – der unfreiwillige Verlust des unmittelbaren Besitzes gemeint. Eine Sache ist also immer dann abhanden gekommen, wenn sie „dem unmittelbaren Besitzer *ohne* seinen Willen aus dem Besitz gekommen" ist (vgl. Wolff/Raiser SachenR § 69 I 1). Diese Voraussetzung ist gegeben, wenn der bisherige Besitzdiener (der keinen eigenen Besitz hat) sich ohne Einverständnis des Besitzherrn selbst zum (Eigen-)Besitzer aufschwingt; ebenso auch, wenn er die Sache ohne Einverständnis des Besitzherrn einem Dritten übergibt und diesen damit zum neuen Besitzer macht. In beiden Fällen hat der bisherige Besitzer seinen Besitz unfreiwillig eingebüßt, schließt also § 935 I 1 BGB, der auf dem Veranlassungsprinzip beruht, einen gutgläubigen Erwerb zulasten des bisherigen unmittelbaren Besitzers oder seines Oberbesitzers aus.

2. Argument
Nach der Systematik des BGB kann die Entscheidung über die Freiwilligkeit oder Unfreiwilligkeit des Besitzverlustes nur von der Willensrichtung des Besitzers (Besitzherrn) selbst, nicht aber von der Willensrichtung einer zu dieser Entscheidung gar nicht berufenen Hilfsperson (Besitzdiener) abhängen.

3. Argument
Auch wenn der Besitzdiener, der die ihm anvertraute Sache veruntreut hat, äußerlich nicht als solcher erkennbar war, kann ein Abhandenkommen nicht verneint werden. Das Gesetz schützt nun einmal nicht das Vertrauen auf das Vorhandensein eines beim Veräußerer nur scheinbar gegebenen Besitzes (Hoche, Eichler, Jauernig/Berger).

4. Argument (gegen Theorie II, Arg. 1)
Dass die Überlassung der Sache an einen selbstständig auftretenden Besitzdiener der Überlassung an einen Besitzmittler im Hinblick auf die Verantwortung des Eigentümers für den Rechtsschein gleichwertig ist und deshalb genauso wie die Letztere im Falle der Veruntreuung durch die jeweilige Vertrauensperson die Möglichkeit des gutgläubigen Erwerbs eröffnen muss, ist keine ausreichende Begründung für eine diese Gleichbehandlung ermöglichende Rechtsfortbildung: Die behauptete Gleichwertigkeit ist sicher keine dem Gesetz immanente Wertung, sondern Ausdruck einer von der Lösung des Gesetzes abweichenden rechtspolitischen Überzeugung. Es ist zu respektieren, dass § 935 I 2 BGB eindeutig an den unmittelbaren Besitz *des Besitzmittlers* und nicht an den (tatsächlichen geprägten) Gewahrsam (vgl. § 855 BGB) anknüpft.

5. Argument
§ 935 I BGB lässt nur den gutgläubigen Erwerb solcher Sachen zu, die der Eigentümer (S. 1) oder sein Besitzmittler (S. 2) freiwillig aus der Hand gegeben hat. Sachen, mit denen der Eigentümer einen Besitzdiener außerhalb seines eigenen Gewahrsamsbereichs agieren lässt, hat er aber nicht in diesem Sinne aus der Hand gegeben: Da der Besitzdiener von ihm sozial abhängig ist und seine Weisungen zu befolgen hat, ein weisungswidriges Verhalten aber den Verlust des Arbeitsplatzes und damit eine Existenzgefährdung zur Folge haben kann, übt der Besitzherr trotz der Übertragung des Alleingewahrsams an den Besitzdiener kraft seines Direktionsrechts über den Letzteren weiterhin eine ganz reale Herrschaft über die Sache aus. Diese Herrschaft ist jedenfalls sehr viel intensiver als die „vergeistigte Sachherrschaft" des mittelbaren Besitzers, die dem Eigentümer nach der Aushändigung der Sache an einen Besitzmittler verbleibt.

6. Argument (gegen Theorie II, III)
Die von den Theorien II und III vorgeschlagene Rechtsfortbildung lässt sich nicht damit rechtfertigen, dass der Besitzherr mit der Überlassung des Alleingewahrsams an den fraglichen Besitzdiener selbst die Gefahr der Veruntreuung geschaffen habe. Das in § 935 I BGB ausgedrückte Erfordernis der Zurechenbarkeit des Rechtsscheins

lässt sich zwar unter den Gesichtspunkten der Gefahrverursachung und Gefahrbeherrschung erklären. Zu beachten ist aber, dass das Gesetz diese Gesichtspunkte aus Gründen der Rechtssicherheit nur stark formalisiert und selektiv einsetzt: Es erklärt eben nur eine bestimmte Art von Gefahrverursachung für relevant, nämlich nur die, dass der Eigentümer den unmittelbaren Besitz selbst aus der Hand gegeben hat. Die größte Nachlässigkeit des Eigentümers, die etwa zum Diebstahl oder zum Verlorengehen der Sache geführt hat, schließt die Anwendbarkeit des § 935 I BGB anerkanntermaßen nicht aus, und kann damit den gutgläubigen Erwerb nicht ermöglichen. Eine solch geartete Prüfung von Verschuldensaspekten iRd § 935 I BGB bedeutete letztlich eine gesetzesfremde und normwidersprechende Handhabung vom Merkmal des Abhandenkommens.

7. Argument (gegen Theorie II, Arg. 1)
Bei der Frage des Abhandenkommens danach zu differenzieren, ob der fragliche Besitzdiener als solcher erkennbar war oder nicht, ist systemwidrig: Die Nichterkennbarkeit der Besitzdienerstellung des Verfügenden kann nur Bedeutung für den objektiven Rechtsscheintatbestand und das subjektive Merkmal des guten Glaubens haben; mit der Frage, ob der etwaige Rechtschein dem Eigentümer auch zugerechnet werden kann, hat sie nichts zu tun.

8. Argument
Die Nichterkennbarkeit der bloßen Besitzdienerstellung des Verfügenden für Dritte ist kein geeignetes Kriterium für eine differenzierende Lösung, weil das Abhandenkommen der Sache regelmäßig vor dem konkreten Verfügungsgeschäft liegt: Das Abhandenkommen erfolgt bereits mit der Entwendung der Sache aus dem räumlichen Herrschaftsbereich des Besitzherrn oder mit der erkennbaren Begründung von Eigenbesitz an der Sache, die der Besitzdiener transportieren soll. Bei dem nachfolgenden Veräußerungsgeschäft ist der ehemalige Besitzdiener dann schon wirklicher Besitzer.

9. Argument (gegen Theorie III, Arg. 2)
Dass § 855 BGB nur Bedeutung für den Besitzschutz habe, ist eine willkürliche, auf einem Missverständnis der Gesetzesmaterialien beruhende Annahme (Wilhelm).

II. Enge Theorie des Nichtabhandenkommens

Wenn ein (bloßer) Besitzdiener eine Sache seines Besitzherrn veräußert, scheitert ein gutgläubiger Erwerb regelmäßig daran, dass die Sache dem Besitzherrn damit abhanden gekommen ist (§ 935 I 1 BGB). Diese Lösung passt jedoch nicht, wenn der Besitzdiener die Sache außerhalb des räumlichen Herrschaftsbereichs seines Arbeitgebers in Gewahrsam hatte und als Besitzdiener nach außen nicht erkennbar war (Vergleichbarkeit mit Besitzmittler). Bei einer solchen Fallgestaltung darf § 935 I 1 BGB nicht angewandt werden; es gilt vielmehr § 935 I 2 BGB analog.

Vertreten von:
Erman/Michalski, 13. Aufl. 2011, BGB § 935 Rn. 6; Hübner, Der Rechtsverlust im Mobiliarsachenrecht, 1955, S. 107 f.; MüKoBGB/Schäfer § 855 Rn. 23 (methodisch durch Restriktion des § 855 BGB); MüKoBGB/Damrau, 8. Aufl. 2020, § 1207 Rn. 10; MüKoBGB/Schäfer § 1207 Rn. 12; Müller-Erzbach AcP 142 (1936), 5 (29 f.); Rebe AcP 173 (1973), 186 (201 f.); Schmelzeisen AcP 136 (1932), 129 (149 ff.); C. Schreiber

SachenR Rn. 174; Soergel/Mühl, 12. Aufl. 1990, BGB § 935 Rn. 2; Staudinger/Wiegand, 2017, BGB § 935 Rn. 14; Westermann/Staudinger SachenR Rn. 232, 234; H. Westermann SachenR § 49 I 6; H. Westermann JuS 1961, 79 (82); Wieling SachenR I § 10 V 3c; Wieling JZ 1977, 291 (295 mit Fn. 35); Wieling/Finkenauer SachenR § 10 Rn. 34 (methodisch durch Nichtanwendung des § 855 BGB auf § 935 BGB); Zweigert RabelsZ 23 (1958), 1 (18); wohl auch Staudinger/Gutzeit, 2018, BGB Vorbem. 40 zu §§ 854–872; Grunewald/Riesenhuber BürgerlR Rn. 857.

1. Argument

Wenn § 935 I BGB den gutgläubigen Erwerb einer beweglichen Sache vom Nichtberechtigten bei deren Abhandenkommen ausschließt, so tritt das Veranlassungsprinzip als Korrektiv und Begrenzung des Rechtsscheinsprinzips zutage: Dem Eigentümer ist der Rechtsverlust nur dann zumutbar, wenn er den für den verfügenden Nichtberechtigten sprechenden Rechtsschein selbst veranlasst hat. Das vom Eigentümer nicht veranlasste Auseinanderfallen von Eigentum und Besitz bleibt für den Eigentümer ungefährlich. Wenn der Eigentümer aber seine Sache einem Besitzmittler anvertraut und damit die den Letzteren „beglaubigende" Besitzlage geschaffen hat, dann muss er auch das Risiko tragen, dass dieser den für ihn sprechenden Rechtschein missbraucht. Unter dem Gesichtspunkt des Veranlassungsprinzips muss aber nun die Überlassung der Sache an einen außerhalb der allgemeinen Gewahrsamssphäre des Eigentümers agierenden Besitzdiener, der nach außen hin nicht von einem Besitzer zu unterscheiden ist, der Aushändigung der Sache an einen Besitzmittler gleichstehen. In beiden Fällen wird die Sache einer Person anvertraut, die, gerade weil sie sich außerhalb seines räumlichen Herrschaftsbereichs befindet, vom Eigentümer nicht permanent überwacht werden kann. In beiden Fällen ist die betreffende Person nunmehr faktisch durchaus in der Lage, ihre Rechtsstellung zu missbrauchen und über die ihr anvertraute Sache zu verfügen. In beiden Fällen ist zudem deren Nichtberechtigung für Dritte nicht oder jedenfalls nicht ohne Weiteres ersichtlich.

2. Argument

Unzutreffend ist der Einwand, der Eigentümer habe nur bei der Überlassung des unmittelbaren Besitzes an einen Dritten, nicht aber auch beim Einsatz eines als solchen nicht erkennbaren Besitzdieners außerhalb seiner allgemeinen Gewahrsamssphäre die Entstehung eines für den gutgläubigen Erwerb ausreichenden Rechtsscheins selbst veranlasst: Der den gutgläubigen Erwerb rechtfertigende Rechtsschein geht nämlich gar nicht von dem Besitz iSd §§ 854–872 BGB aus, der – gerade weil er juristisch definiert ist – nicht unmittelbar wahrgenommen werden kann. Rechtsscheinbasis ist hier vielmehr die tatsächliche Gewalt, das tatsächliche Haben der Sache, die den Veräußerer als Eigentümer erscheinen lässt. Tatsächliche Gewalt in diesem Sinne übt aber auch der Besitzdiener über die ihm anvertraute Sache aus, wenn er sich damit außerhalb der allgemeinen Gewahrsamssphäre des Eigentümers befindet und seine abhängige Stellung nach außen nicht erkennbar ist (H. Westermann, Wieling).

3. Argument

Wenn man die Veruntreuung einer Sache durch einen Besitzdiener, der als solcher nicht erkennbar und dem Einfluss des Eigentümers entzogen ist, unter § 935 I 1 BGB subsumiert, schafft man eine Gefährdung des redlichen Geschäftsverkehrs, die nicht durch vorrangige schutzwürdige Interessen des bisherigen Eigentümers zu rechtfertigen ist. Das Schutzbedürfnis des Letzteren ist schon dadurch entscheidend abgewertet, da er den Besitzdiener mit der Sache aus der von ihm beherrschten allgemeinen Gewahrsamssphäre entsandt und dadurch die Gefahr der Veruntreuung überhaupt erst begründet hat (s. oben Arg. 1). Hinzu kommt, dass der Eigentümer sich leichter (nämlich durch sorgfältige Auswahl und gegebenenfalls Beaufsichtigung) vor Schaden schützen kann als der ahnungslose Erwerber. Der Gedanke der Gefahrbeherrschung spricht also dafür, in dem gegebenen Interessenkonflikt den Erwerber gegenüber dem bisherigen Eigentümer zu bevorzugen. Gerade weil der Besitzdiener Teil einer vom Besitzherrn beherrschten Organisation ist, liegt die Annahme nahe, dass das Fehlverhalten dann auch in die Risikosphäre des Besitzherrn fallen und damit zu seinen Lasten gehen muss (Hübner, H. Westermann, s. auch Wieling SachenR I).

4. Argument
Der Theorie I wäre trotz allem zuzustimmen, wenn der Gesetzgeber durch die Regelung des § 855 BGB auch die Konstellation der Veruntreuung durch einen Besitzdiener hätte regeln und generell zulasten des Erwerbers hätte entscheiden wollen. Davon kann aber keine Rede sein. Der Gesetzgeber hat das Zusammenspiel von § 855 BGB und § 935 BGB gar nicht näher bedacht. § 855 BGB ist im Zusammenhang mit den Besitzschutzregeln geschaffen worden, soll den Anwendungsbereich der Besitzschutzansprüche begrenzen. Wird die Norm in einem ganz anderen Sinnzusammenhang, wie hier bei den Voraussetzungen des gutgläubigen Erwerbs, herangezogen, so ist ihre Aussagekraft deutlich geringer. Sie kann dann durchaus durch vorrangige Wertungen des fraglichen Gebietes modifiziert werden (H. Westermann, Wieling).

5. Argument (gegen Theorie I, Arg. 3)
Wenig überzeugend ist es, wenn Theorie I der hier vertretenen Auffassung vorhält, die vorgeschlagene Restriktion des § 935 I 1 BGB und Gleichstellung mit § 935 I 2 BGB laufe auf einen rechtlichen Schutz des Vertrauens auf den vermeintlichen Besitz des als solchen nicht erkennbaren Besitzdieners hinaus. Ob sich der gute Glaube des Erwerbers überhaupt auf die vom Gesetz geforderte Rechtscheinsbasis bezieht oder nicht, hat mit der Frage des Abhandenkommens nichts zu tun: Auch wenn man schon die objektive Rechtscheinsbasis verneint, bleibt die Frage des Abhandenkommens relevant, weil bei Bejahung des Abhandenkommens ein gutgläubiger Erwerb nicht nur bei der Veräußerung durch den Besitzdiener, sondern auch bei etwaigen Folgeveräußerungen ausscheiden müsste. Im Übrigen scheitert aber der gutgläubige Erwerb des Abnehmers des Besitzdieners gar nicht am Fehlen des objektiven Rechtscheintatbestands. Als Rechtscheinbasis für den gutgläubigen Erwerb nach § 932 BGB genügt aufseiten des Veräußerers dessen tatsächliche Gewalt, die ihn als Eigentümer erscheinen lässt, und tatsächliche Gewalt in diesem Sinne hat auch der äußerlich als solcher nicht erkennbare Besitzdiener (s. oben Arg. 2).

6. Argument
Theorie I berücksichtigt nicht die seit 1900 eingetretene Änderung der Lebensverhältnisse. Bei Inkrafttreten des BGB mag es noch vertretbar gewesen sein, bei der eigenmächtigen Veräußerung durch Besitzdiener generell ein Abhandenkommen zu bejahen. Immerhin waren Besitzdiener – wie Kutscher oder Dienstboten – damals leichter an ihrer Kleidung zu erkennen. Da das bei den heutigen Besitzdienern nicht mehr der Fall ist, muss heute nach dem äußeren Schein differenziert, dh der als solcher nicht erkennbare Besitzdiener für die Frage des Abhandenkommens einem Besitzmittler gleichgestellt werden (Damrau).

III. Weite Theorie des Nichtabhandenkommens

Eine Sache, die ein Besitzdiener des Eigentümers ohne dessen Willen abgibt, kommt dem Eigentümer auch dann nicht abhanden, wenn der Besitzdiener als solcher nach außen zu erkennen ist. Die Voraussetzungen des § 935 I BGB liegen vielmehr nur vor, wenn der Besitzdiener mit der fraglichen Sache ausschließlich innerhalb des Gewahrsamsbereichs des Besitzherrn befasst gewesen ist und die Sache eigenmächtig aus diesem Gewahrsamsbereich geschaffen und an einen Dritten weitergegeben hat.

Vertreten von:
Ernst, Eigenbesitz und Mobiliarerwerb, 1992, S. 32 ff.; ähnlich BeckOGK/Klinck, 1.3.2024, BGB § 935 Rn 20; bei anderer Begründung, im Ergebnis aber ebenso J. Hager, Verkehrsschutz durch redlichen Erwerb, 1990, S. 250 f., 404 f.; Neuner JuS 2007, 401 (405); wohl auch AK-BGB/Reich § 935 Rn. 3. Weitergehend K. Schmidt FS Seiler, 1999, 579 (598 f.) (Diebstahl und Weggabe durch „Obhutsgehilfen" im Unternehmensbereich begründen nie Abhandenkommen); s. ferner MüKoBGB/Oechsler § 935 Rn. 10; Staudinger/Heinze, 2020, BGB § 935 Rn. 14 aE.

1. Argument
Es fehlt an jedem einsichtigen Grund, warum der Eigentümer das Veruntreuungsrisiko bei der Weggabe durch Besitzdiener nicht ebenso tragen soll wie bei der Weggabe durch Besitzmittler: Das Schutzbedürfnis des Erwerbers ist schließlich in beiden Fällen das gleiche und in beiden Fällen wird die Weitergabe durch das Anvertrauen ermöglicht. Es drängt sich sogar ein argumentum a fortiori auf: Wenn der Erwerber das Risiko einer Unterschlagung seines Besitzmittlers zu tragen hat, dann doch wohl erst recht das Risiko einer Untreue seiner eigenen Leute, in deren tatsächliche Gewalt er seine Sachen gibt.

2. Argument (gegen Theorie I)
Theorie I stellt entscheidend darauf ab, dass § 855 BGB den Besitzdiener ausdrücklich als Nichtbesitzer bezeichnet. Sie verkennt damit, dass § 855 BGB überhaupt nur für den Bereich des Besitzschutzes formuliert worden ist. Die Norm will sachlich nur sagen, dass ein Besitzdiener keinen Besitzschutz genießen soll. Die Norm bietet deshalb auch kein Hindernis dafür, iRd § 935 I BGB den Besitzdiener mit einem Besitzmittler gleichzubehandeln (vgl. Theorie II, Arg. 4).

3. Argument
Die Willensrichtung des Besitzdieners kann allerdings nur maßgeblich sein, wenn der Eigentümer dem Besitzdiener die Sache ganz in seinen Gewahrsam gegeben hatte. Hatte der Besitzdiener nur innerhalb der Gewahrsamssphäre des Besitzherrn Umgang mit der Sache, hatte er also nur untergeordneten Mitgewahrsam, so begeht er mit der eigenmächtigen Weitergabe der Sache einen Diebstahl. Eine gestohlene Sache kann aber nach dem klaren Wortlaut des § 935 I 1 Var. 1 BGB nicht gutgläubig erworben werden.

4. Argument (gegen Theorie II)
Hatte der Besitzdiener die von ihm veruntreute Sache aber in Alleingewahrsam, so darf § 935 I BGB selbst dann nicht angewandt werden, wenn seine abhängige Stellung für Dritte ohne Weiteres erkennbar war. Dieser Umstand schließt zwar die Gutgläu-

bigkeit seines Abnehmers aus, hat aber für etwaige spätere Weiterveräußerungen keine Bedeutung: Den gutgläubigen Nacherwerber geht die Bösgläubigkeit des Verfügenden nichts an.

Fallbeispiele:

1. Im Ausgangsfall war N hinsichtlich der entliehenen Bücher Besitzmittler des Eigentümers E, hinsichtlich der den Kunden vorzulegenden dagegen Besitzdiener iSv § 855 BGB. Nach Theorie I (Theorie des Abhandenkommens) konnte der A nur die ersteren Bücher nach den §§ 929 S. 1, 932 BGB gutgläubig erwerben. Bei den Büchern, die N als bloßer Besitzdiener des Eigentümers in Obhut hatte, scheidet ein gutgläubiger Erwerb dagegen nach dieser Auffassung gem. § 935 I 1 BGB iVm § 855 BGB aus, weil E den unmittelbaren Besitz an diesen Büchern infolge der eigenmächtigen Weitergabe durch seinen Besitzdiener N unfreiwillig eingebüßt hat und diese ihm somit abhandengekommen sind. Nach Theorie II (enge Theorie des Nichtabhandenkommens) und Theorie III (weite Theorie des Nichtabhandenkommens) wäre dagegen ein Abhandenkommen auch bei diesen Büchern zu verneinen, weil der Wille des Besitzdieners N maßgeblich wäre, und dieser die Bücher freiwillig veräußerte.

2. Der angestellte Kraftfahrer K des Fabrikanten F ist für den Letzteren mit dessen Rolls-Royce zu Einkäufen unterwegs und dabei durch seine Uniform als Privatchauffeur erkennbar. Beim Verlassen eines Geschäfts wird K von dem S angesprochen, der ihm 200 EUR für die Kühlerfigur des Fahrzeugs bietet. K geht auf dieses Geschäft ein und erzählt seinem Arbeitgeber anschließend, die Kühlerfigur sei während seiner Abwesenheit von dem Fahrzeug gestohlen worden. Ein Jahr später veräußert S die Kühlerfigur an den gutgläubigen X. Hat X dadurch das Eigentum erworben?

Hier konnte die Veräußerung von K an S schon wegen der Bösgläubigkeit (vgl. § 932 II BGB) des Letzteren nicht zu einer Änderung der Eigentumslage führen. Bei der späteren Weiterveräußerung von S an X kommt es dagegen wegen der Gutgläubigkeit des Letzteren auf die Frage des Abhandenkommens an. Nur nach Theorie III wäre das Abhandenkommen zu verneinen. Nach Theorie I ist jede Weggabe der Sache durch einen bloßen Besitzdiener ein Abhandenkommen. Theorie II müsste darauf abstellen, dass der Besitzdiener hier bei der Weitergabe der Sache als solcher ohne Weiteres erkennbar war.

3. Der Kunsthändler H in Berlin schickt seinen Angestellten A mit einem Gemälde zu einem Experten in München, der die Echtheit des Gemäldes überprüfen soll. A trifft den Experten zunächst nicht an. Da er einen Stadtbummel unternehmen möchte, das Gemälde aber nicht unbewacht im Hotelzimmer zurücklassen will, gibt er das Gemälde einem in München lebenden Bekannten B in Verwahrung. Der verpfändet es umgehend an den gutgläubigen G (vgl. RGZ 71, 248 (252) u. dazu Wilhelm SachenR Rn. 965 ff.).

Hier müsste Theorie III wieder ein Abhandenkommen des Bildes verneinen und damit einen gutgläubigen Erwerb des Pfandrechts nach den §§ 1207, 932 BGB bejahen, weil die Weitergabe des unmittelbaren Besitzes durch den im Alleingewahrsam befindlichen Besitzdiener genauso wie die Weitergabe durch einen Besitzmittler behandelt wird. Theorie I müsste dagegen annehmen, dass das Bild schon mit der Aushändigung an B dem Besitzherrn H abhandengekommen ist, und dass deshalb ein gutgläubiger Erwerb des Pfandrechts an der in § 1207 BGB angeordneten entsprechenden Anwendung von § 935 BGB scheitert. Das Gleiche gilt für Theorie II: Dass A für Dritte nicht ohne Weiteres als Besitzdiener erkennbar war, dürfte hier nicht ausschlaggebend sein, da jedenfalls dem „Verwahrer" B beim Erwerb des unmittelbaren Besitzes der abhängige Status des A bekannt war. Folgt man Theorie I oder II, so wird das Abhandenkommen auch nicht durch den Gesichtspunkt der Stellvertretung ausgeschlossen: A hat das Gemälde hier doch wohl im eigenen Namen und nicht als Stellvertreter des H bei B in Verwahrung gegeben; im Übrigen fehlt es auch an der Vertretungsmacht.

S. ergänzend Czeguhn/Ahrens SachenR Fall 11; Edenfeld JA 1996, 557; Koch/Löhnig Fälle SachenR Fall 2; Kührt JA 2021, 536; Lange/Schiemann Fälle SachenR Fall 8; Olzen/Maties/Looschelders Zivilrechtliche Klausurenlehre Fall 26; Wimmer-Leonhardt JuS 2010, 136; Witt JuS 2003, 1091.

11. **Problem** (§ 950 I BGB)
Gibt es einen „Hersteller kraft Parteiwillens"?

Ausgangsfall:

Die Tuchweberei X-GmbH liefert im März größere Mengen schwerer Baumwollstoffe an die Y-KG, die derartige Stoffe mit modischen Designs bedruckt und als Vorhang- und Übergardinenstoffe zu etwa dem doppelten Preis des Einkaufspreises der unbedruckten Tuche veräußert. Die Lieferung erfolgt unter Eigentumsvorbehalt; zudem wird vereinbart, dass die Verarbeitung der Stoffe für die X-GmbH geschieht. Noch *bevor* die von der X-GmbH gelieferten Stoffe in die Produktion gehen, rechnet die Y-KG gegenüber der Kaufpreisforderung der X-GmbH mit einer (die Kaufpreisforderung übersteigenden) Schadensersatzforderung auf, die aber – wie sich später herausstellt – unbegründet ist. Kurz *nachdem* die von der X-GmbH gelieferten Stoffe bearbeitet sind, wird das Insolvenzverfahren über das Vermögen der Y-KG eröffnet. Die X-GmbH möchte nun die von ihr gelieferten Stoffe aussondern (§ 47 InsO). Zu Recht?

Ausgangspunkt:

Wenn durch Verarbeitung einer oder mehrerer (Ausgangs-)Sachen („Stoffe") eine neue Sache entsteht, stellt sich die Frage, wem diese neue Sache gehört. § 950 I BGB spricht das Eigentum dem „Hersteller" der neuen Sache zu, sofern der „Wert der Verarbeitung" (also die durch die Verarbeitung bewirkte Wertsteigerung) nicht erheblich geringer ist als der Wert der Ausgangssache(n). Es ist nun völlig unstreitig, dass Hersteller iSv § 950 I BGB nicht notwendigerweise derjenige ist, der den Verarbeitungsakt tatsächlich ausführt. Der Fabrikarbeiter oder Angestellte eines Handwerkers, der im Rahmen seiner fremdbestimmten Tätigkeit die Verarbeitung faktisch vollzieht, ist natürlich nicht selbst Hersteller; seine Tätigkeit wird vielmehr seinem Arbeitgeber zugerechnet, der den Vorgang steuert und das wirtschaftliche Risiko trägt („fremdwirkende Verarbeitung"). Es fragt sich aber darüber hinaus, ob nicht eine noch weitergehende Fremdwirkung möglich ist und gegebenenfalls Abreden darüber getroffen werden können, wem die Herstellerrolle zukommt. Insbesondere (Rohstoff-)Lieferanten verarbeitender Unternehmen, deren Eigentumsvorbehalt mit dem (originären) Eigentumserwerb an den hergestellten neuen Sachen erlischt, versuchen durch entsprechende Vertragsklauseln sicherzustellen, dass sie nach § 950 I BGB selbst Eigentümer der (vom Vorbehaltskäufer produzierten) neuen Sachen werden (sog. verlängerter Eigentumsvorbehalt). Ebenso lassen sich Banken in Darlehensverträgen mit verarbeitenden Unternehmen zusichern, dass deren Produktion (während eines bestimmten Zeitraums) „für" die Darlehensgeberin erfolgt, diese also Herstellerin iSv § 950 I BGB sein soll. Sehr streitig ist, ob solche Vertragsklauseln wirksam sind, ihr Ziel erreichen und dazu führen, dass das Eigentum an den hergestellten neuen Sachen unmittelbar, dh ohne Durchgangserwerb des verarbeitenden Unternehmens, dem Rohstofflieferanten bzw. der kreditgebenden Bank zufällt (entscheidend insofern: Steht die Regelungsanordnung des § 950 I BGB zur Parteidisposition?).

I. Abdingbarkeitstheorie

§ 950 I BGB ist dem dispositiven Recht zuzuordnen. Die Norm kommt nicht zur Anwendung, wenn der Eigentümer des Ausgangsstoffes und der Verarbeiter durch Vertrag die Eigentumslage bezüglich der neuen Sache abweichend regeln, sie beispielsweise bei der Lieferung unter Eigentumsvorbehalt durch eine Verlängerungsklausel Alleineigentum des Stofflieferanten oder Miteigentum des Stofflieferanten und des Verarbeiters (nach dem Verhältnis von Stoffwert und Verarbeitungswert) vereinbaren. Die getroffene vertragliche Regelung bleibt hiernach auch dann maßgebend, wenn der Verarbeiter vor oder bei der Herstellung deutlich macht, dass er das Eigentum an den neuen Sachen doch selbst erwerben will.

Vertreten von:
Baur/Stürner SachenR § 53 Rn. 15, 21 f.; BeckOGK/Schermaier, 1.3.2024, BGB § 950 Rn. 27, 27.1 ff.; Bülow KreditsicherheitenR Rn. 1603 ff., insbes. 1606; Bülow JURA 1996, 190 (195); Flume NJW 1950, 841; Flume AcP 154 (1955), 560 (563); Laufke FS A. Hueck, 1959, 69 (74 ff.); Leible/Sosnitza JuS 2001, 449 (455); Pikart WM 1974, 650 (655); Reinicke/Tiedtke, Kaufrecht, 8. Aufl. 2009, Rn. 1356 ff.; Reinicke/Tiedtke, Kreditsicherung, 5. Aufl. 2006, Rn. 923 ff.; RGRK/Johannsen, 11. Aufl. 1959, BGB § 950 Rn. 28; Schultze-v. Lasaulx AcP 151 (1950/51), 449 (457 f.); Soergel/Mühl, 12. Aufl. 1990, BGB § 950 Rn. 3, 7, 10 (mit Annäherungen an Theorie III); R. Weber SachenR I § 10 Rn. 28 ff., § 12 Rn. 139 ff.; ebenso RGZ 138, 84 (88); 161, 109 (113); KG JW 1932, 2634 Nr. 7; RG JW 1939, 563 Nr. 24; OLG Hamburg SeuffArch 71 Nr. 255; OLGE 34, 183 (184); s. ferner Erger/Gräler NJOZ 2012, 1865 (1866 f., 1869); im Ergebnis weitgehend ebenso, aber mit abweichender Begründung (§ 950 BGB ist nur eine Auffang- bzw. Vermutungsregel) Dolezalek AcP 195 (1995), 392 (410 ff., 418 ff., 437 ff., 444).

1. Argument
§ 950 BGB soll den Konflikt zwischen dem Erhaltungsinteresse des Stoffeigentümers und dem Erwerbsinteresse des Verarbeiters lösen. Dieser Konflikt entsteht aber erst gar nicht, wenn er durch eine Vereinbarung zwischen Stoffeigentümer und Verarbeiter von vornherein vermieden wird. Die Regelung des § 950 BGB muss deshalb dispositives Recht sein (Flume).

2. Argument
Dass § 950 BGB durch vertragliche Regelungen verdrängt wird, ergab sich vor der Schuldrechtsreform mittelbar aus den §§ 631, 651 BGB. Für den Werklieferungsvertrag, bei dem der Unternehmer selbst den zu verarbeitenden Stoff zu stellen hatte, statuierte § 651 I 1 BGB aF die Verpflichtung des Unternehmers, die hergestellte neue Sache an den Besteller zu übereignen. Im Rahmen der gesetzlichen Regelung des Werkvertrages, bei dem der Besteller das Ausgangsmaterial für die vom Unternehmer herzustellende Sache liefert, wurde eine Übereignungspflicht des Bestellers dagegen nicht erwähnt. Daraus ließ sie im Umkehrschluss folgern, dass das Gesetz davon ausging, dass der Werkbesteller (entgegen § 950 BGB) das Eigentum an der vom Werkunternehmer hergestellten neuen Sache erwarb. Die Vereinbarung (bzw. der Werkvertrag als vereinbarter Vertragstyp) setzte sich damit gegenüber der gesetzlichen Anordnung eines originären Eigentumserwerbs durch den Hersteller durch. Dann mussten aber auch im Übrigen vertragliche Abmachungen zwischen dem Lieferanten

des Ausgangsstoffes und dem Hersteller der Regelung des § 950 BGB vorgehen (Baur). An dieser Rechtslage hat sich auch nichts dadurch geändert, dass die Schuldrechtsreform die Verträge über die Herstellung von neuen Sachen generell dem Kaufrecht zugeordnet und den Schuldner damit zur Übereignung verpflichtet hat (vgl. §§ 650, 433 I 1 BGB). Nach überwiegender Auffassung unterfallen (Werk-)Verträge über die Herstellung neuer Sachen aus Stoffen des Auftraggebers nicht dem § 650 BGB (teleologische Reduktion, vgl. MüKoBGB/Füller § 950 Rn. 22; Staudinger/Heinze, 2020, BGB § 950 Rn. 38), sodass es auch weiterhin bei der Einschätzung bleiben kann, dass sie eine implizite Abbedingung des § 950 BGB enthalten.

3. Argument
Wenn man § 950 BGB nicht als dispositive Norm anerkennt, ergibt sich die befremdliche Konsequenz, dass dem Hersteller das Eigentum an der neuen Sache kraft Gesetzes gewissermaßen aufgezwungen wird. Das wäre in einer Privatrechtsordnung, die auf dem Prinzip der Selbstbestimmung beruht, allerdings systemwidrig. Insbesondere muss er die Möglichkeit haben, auf einen kraft Gesetzes eintretenden Rechtserwerb zu verzichten (Laufke). Das hat der Gesetzgeber in § 976 BGB ebenfalls so gesehen und dem Finder die Möglichkeit eingeräumt, auf den Eigentumserwerb nach § 973 BGB im Voraus zu verzichten. Es wäre daher konsequent, auch dem Hersteller iSv § 950 BGB die Möglichkeit zu geben, durch Vertrag mit dem Eigentümer des Ausgangsstoffes auf das Eigentum an der neuen Sache zugunsten des Stoffeigentümers zu verzichten.

4. Argument
Auch wenn der Verarbeiter vor oder bei der Verarbeitung nach außen deutlich macht, dass er das Eigentum doch selbst erwerben will, ändert sich am Ergebnis nichts. Ein solcher abredewidrig geäußerter Wille des Verarbeiters verdient keine Beachtung; vielmehr ist der Konflikt mit der Vereinbarung endgültig entschieden (Flume).

II. Theorie der Disponibilität der Herstellereigenschaft

§ 950 I BGB ist zwingendes Recht. Die Rechtsfolgenanordnung dieser Norm (originärer Eigentumserwerb des Herstellers) kann mithin nicht durch Parteivereinbarung ausgeschlossen werden. Der Parteivereinbarung ist dagegen die Herstellereigenschaft zugänglich. Durch Vertrag zwischen dem Eigentümer des Ausgangsstoffes und dem verarbeitenden Unternehmer kann daher wirksam festgelegt werden, wer Hersteller iSv § 950 I BGB ist (sog. Verarbeitungsklausel).

Vertreten von:
P. Hofmann, Der verlängerte Eigentumsvorbehalt als Mittel der Kreditsicherung des Warenlieferanten, 1960, S. 59, 75 f., 91 ff.; P. Hofmann NJW 1962, 1798 (1800, 1802 f.); NK-BGB/Mauch § 950 Rn. 4 f.; Prütting SachenR Rn. 407, 464; Schapp/Schur SachenR Rn. 253; C. Schreiber SachenR Rn. 185; Staudinger/Berg, 11. Aufl. 1956, BGB § 950 Rn. 15; Wagner AcP 184 (1984), 14 (23 f.); ähnlich auch RGRK/Pikart BGB § 950 Rn. 4.

1. Argument
Wie alle sachenrechtlichen Zuordnungsregeln ist auch § 950 BGB eine zwingende Norm.

2. Argument (gegen Theorie I, Arg. 1)
Dass der in § 950 BGB geregelte Interessenkonflikt im konkreten Fall durch eine Vereinbarung der Beteiligten (dh zwischen Lieferanten und Verarbeiter) ausgeräumt und § 950 I BGB deshalb die Anwendbarkeit entzogen sei, vermag nicht zu überzeugen. Ließe man eine solche Argumentation zu, könnte jede zwingende Vorschrift durch eine im Vorhinein getroffene Abrede ausgehebelt werden (dies widerspricht grundsätzlichen Wertungen, s. nur § 476 I 1 BGB).

3. Argument (gegen Theorie I, Arg. 2)
Die Abdingbarkeit des § 950 BGB lässt sich auch nicht mit der früheren gesetzlichen Regelung des Werkvertrages begründen. Dass § 950 I BGB im Rahmen von Verträgen über die Herstellung neuer Sachen aus vom Besteller gelieferten Stoffen nicht zur Anwendung kam, als diese Verträge noch dem Werkvertragsrecht unterfielen, hat mit einer etwaigen vorangehenden Abbedingung des § 950 I BGB durch die Vertragsparteien nichts zu tun, sondern beruhte auf einer impliziten gesetzlichen Sonderwertung, die dem Wesen des Werkvertrages Rechnung trug: Den Werkunternehmer das Eigentum an der aus dem Stoff des Bestellers hergestellten neuen Sache erwerben zu lassen, wäre unangemessen gewesen, weil die Herstellung durch den Besteller veranlasst wurde und für ihn erfolgte (P. Hofmann).

4. Argument (gegen Theorie I, Arg. 3)
Die Abdingbarkeit des § 950 I BGB lässt sich nicht mit dem Schutz vor aufgedrängten Rechtspositionen rechtfertigen: Der Hersteller ist durch die Möglichkeit hinreichend geschützt, das Eigentum unmittelbar nach seinem Erwerb an einen Dritten zu übertragen oder auch zu derelinquieren. Im Übrigen passt die Parallele zu § 976 BGB schon deshalb nicht, weil der Finder einseitig auf eine bereits vorhandene Rechtsposition – die Eigentumsanwartschaft aus § 973 BGB – verzichtet, der Vorbehaltskäufer/Verarbeiter aber bei der Vereinbarung eines verlängerten Eigentumsvorbehalts erreichen möchte, dass das künftig bei der Verarbeitung originär entstehende Eigentum an der neuen Sache entgegen der gesetzlichen Regelung von vornherein nicht ihm, sondern einem anderen, dem Vorbehaltsverkäufer, zufällt.

5. Argument
Nur die Rechtsfolgenanordnung des § 950 I BGB (originärer Eigentumserwerb des Herstellers) ist zwingend. Die Herstellereigenschaft ist dagegen dispositiv. Dies folgt daraus, dass der Herstellerbegriff des § 950 I BGB ohnehin konkretisierungsbedürftig ist und durch wirtschaftliche Gesichtspunkte bestimmt werden muss. Die Interessenlage spricht dafür, insoweit auch die Festlegung der Herstellereigenschaft durch Vertrag der Beteiligten (also durch eine Vereinbarung zwischen Vorbehaltsverkäufer und Verarbeiter) zuzulassen. Nur auf diesem Wege ist eine hinreichende Sicherung des Lieferanten des Verarbeiters möglich, der das vorbehaltene Eigentum an dem Ausgangsstoff durch die Verarbeitung notwendigerweise verliert. Die Ersatzkonstruktion einer antizipierten Sicherungsübereignung (s. Theorie IV., Arg. 12) genügt nicht, weil der Schutz des Lieferanten dabei letztlich von der Vertragstreue des Vorbehaltskäufers/Verarbeiters abhinge: Die antizipierte Sicherungsübereignung müsste nämlich scheitern, wenn der nach § 950 I BGB zum Eigentümer der neuen Sache werdende Verarbeiter schon vor oder bei der Verarbeitung deutlich macht, dass er dem Lieferanten den Besitz der neuen Sache entgegen der Vereinbarung nun doch nicht vermitteln will. Wird dagegen durch die Verabredung eines verlängerten Eigentumsvorbe-

halts wirksam die Herstellereigenschaft des Vorbehaltsverkäufers festgelegt, kann die Willensänderung des Vorbehaltskäufers den Eintritt des Eigentumserwerbs des Lieferanten nicht mehr verhindern (P. Hofmann).

III. Bestimmung des Herstellerbegriffes nach objektiven und subjektiven Kriterien

§ 950 I BGB ist zwingendes Recht. Wer Hersteller im Sinne dieser Norm ist, bestimmt sich nach der Verkehrsanschauung und damit aus der Perspektive eines objektiven Beobachters. Im Rahmen dieser objektiven Betrachtungsweise ist Vertragsklauseln, nach denen die Verarbeitung für den Rohstofflieferanten (Vorbehaltsverkäufer) als Hersteller erfolgen soll, aber eine erhebliche Bedeutung beizumessen. Solange der Verarbeiter nicht deutlich macht, dass er sich nicht mehr an diese Vereinbarung halten will, sieht die Verkehrsanschauung den Lieferanten aufgrund der zwischen Vorbehaltsverkäufer und Vorbehaltskäufer vereinbarten Verarbeitungsklausel als den Hersteller an.

Vertreten von:
Serick, Eigentumsvorbehalt und Sicherungsübertragung IV, 1976, S. 138 ff., 151 ff., 157; Serick, Eigentumsvorbehalt und Sicherungsübereignung – Neue Rechtsentwicklungen, 2. Aufl. 1993, S. 108; Serick BB 1972, 277; Serick BB 1975, 381; im Wesentlichen ebenso BGHZ 14, 114 (117) = BeckRS 1954, 30398959; BGHZ 20, 159 (163 f.) = NJW 1956, 788; BGHZ 46, 117 (118 f.) = NJW 1967, 34; BGHZ 79, 16 (23 f.) = NJW 1981, 816; BGHZ 112, 243 (249 f.) = NJW 1991, 1480; BGHZ 165, 184 (186) = NJW 2006, 990 Rn. 10; BGH NJW 1981, 816 (818); 1983, 2022 (2023); OLG Stuttgart NJW 2001, 2889 (2890); Gerhardt MobiliarsachenR S. 126 ff.; Möhring NJW 1960, 697 (701); K. Müller, Sachenrecht, 4. Aufl. 1997, Rn. 2468, 2595; Soergel/Henssler BGB § 950 Rn. 4 f., 16, 22; wohl auch Wellenhofer SachenR § 9 Rn. 11 ff., § 14 Rn. 66; Wolff/Raiser SachenR § 73 Fn. 4; s. ferner BGH NJW 2015, 1756 Rn. 9.

1. Argument (gegen Theorie I, Arg. 1)
§ 950 BGB regelt nicht nur den Konflikt zwischen den Interessen des Lieferanten (Vorbehaltsverkäufer) und des Verarbeiters (Vorbehaltskäufer): Die in § 950 BGB getroffene Entscheidung über die Eigentumslage der neuen Sache betrifft vielmehr auch die Interessen Dritter, insbesondere der Gläubiger (des Lieferanten und des Verarbeiters) und der Abnehmer der neuen Sachen. Schon deshalb lässt sich nicht behaupten, dass die vorangegangene Einigung zwischen Vorbehaltsverkäufer und Vorbehaltskäufer den Interessenkonflikt tatsächlich ausgeräumt habe (Serick).

2. Argument (gegen Theorie I)
Die These von der Abdingbarkeit des § 950 BGB läuft darauf hinaus, an die Stelle des bei der Verarbeitung notwendigerweise untergehenden Eigentumsvorbehalts des Lieferanten automatisch das originär entstehende Eigentum an der neuen Sache treten zu lassen. Eine solche dingliche Surrogation kann aber ausschließlich vom Gesetz angeordnet (vgl. beispielsweise § 1247 S. 2 BGB), nicht durch Rechtsgeschäft herbeigeführt werden (Serick).

3. Argument
Die Abdingbarkeit des § 950 BGB lässt sich nicht aus den Vorschriften über den Werkvertrag ableiten. Es ist durchaus die Frage, ob nicht der Werkbesteller bei Zugrundelegung sachgerechter Kriterien für den Herstellerbegriff als Hersteller iSv

§ 950 I BGB angesehen werden muss. Selbst wenn man aber den beispielsweise in § 647 BGB vorausgesetzten Eigentumserwerb des Werkbestellers als Abweichung von § 950 BGB wertet, so wäre insoweit eine gesetzliche Sonderregelung, nicht eine von der Rechtsordnung akzeptierte vertragliche Außerkraftsetzung der Norm gegeben.

4. Argument (gegen Theorie II)
Die These von der Vereinbarungsfähigkeit der Herstellereigenschaft scheitert aus den gleichen Gründen wie die Auffassung von der Abdingbarkeit des § 950 BGB. Da der Herstellerbegriff das Kernstück des § 950 BGB ist, läuft dessen behauptete Dispositivität im Wesentlichen auf das Bekenntnis zur Abdingbarkeit des § 950 BGB hinaus (Serick).

5. Argument
Bei objektiver Betrachtungsweise ist im Falle der Verarbeitung von Material, das der Verarbeiter unter *einfachem* Eigentumsvorbehalt bezogen hat, der Verarbeiter selbst der Hersteller: Er und nicht der Vorbehaltsverkäufer trägt schließlich das Risiko der Werte schaffenden Arbeit. Ganz anders ist die Interessenlage, wenn die Lieferung des Ausgangsstoffs unter *verlängertem* Eigentumsvorbehalt erfolgte (also eine Verarbeitungsklausel vereinbart wurde). Hier hat der Lieferant durch seinen Warenkredit den Produktionsvorgang vorfinanziert und trägt damit jedenfalls auch das Risiko der Absetzbarkeit des Produktes. Da der Verarbeiter kraft der Verlängerungsklausel bloßer Fremdbesitzer der neuen Sachen würde und dem Vorbehaltsverkäufer den Besitz daran vermittelte (jedenfalls sofern man dieser Ansicht folgt), verfügt die Verkehrsanschauung über genug Anhaltspunkte, um den Vorbehaltslieferanten als Hersteller zu qualifizieren (Serick).

6. Argument
Die Verlagerung der Herstellereigenschaft auf den Vorbehaltslieferanten tritt auch dann ein, wenn der Verarbeiter den geheimen Willen hat, sich nicht an die Verarbeitungsklausel zu halten (vgl. § 116 BGB). Die Beurteilung ändert sich jedoch, wenn der Vorbehaltskäufer nach außen deutlich macht, dass er die Vorbehaltsware bei der Verarbeitung nicht mehr als Fremdbesitzer für den Vorbehaltslieferanten, sondern als Eigenbesitzer innehaben soll.

IV. Feststellung der Herstellereigenschaft allein nach objektiven Kriterien

§ 950 BGB ist unabdingbar. Eine vereinbarte Verarbeitungsklausel, nach der der Lieferant des Ausgangsstoffes oder ein Kreditgeber Hersteller iSv § 950 I BGB sein soll, ist als solche unzulässig. Wer Hersteller im Sinne dieser Norm ist, bestimmt sich vielmehr allein nach objektiven Kriterien.

Vertreten von:
AK-BGB/Reich § 950 Rn. 11; BeckOK BGB/Kindl § 950 Rn. 3, 10, 13 f.; Brehm/Berger SachenR Rn. 28.15 ff.; Eichler Institutionen SachenR II/1 S. 73 ff.; Erman/Ebbing BGB § 950 Rn. 10 f.; Grüneberg/Herrler BGB § 950 Rn. 1, 6, 9; Habersack SachenR Rn. 262 f.; Jauernig/Berger BGB § 950 Rn. 8; Kaysers, Der Verwendungsersatzanspruch des Besitzers bei vertraglichen Leistungen, 1968, S. 122 ff.; Lange SachenR § 7 III 3; Larenz SchuldR BT II/1 § 43 II d 2; Medicus/Petersen BürgerlR Rn. 516 ff.; Meyer-Cording NJW 1979, 2126 (2128 f.); MüKoBGB/Füller § 950

Rn. 16, 19 f.; Müller/Gruber Sachenrecht Rn. 1827 ff., 1855 ff.; Otte JuS 1970, 154 (158 f.); Rothkegel, Der Eigentumserwerb bei Verarbeitung, 1974, S. 68 ff.; Säcker JR 1966, 51; Siedler, Zurechnung von Realakten im Bürgerlichen Recht, 1999, S. 58 ff., 85; Staudinger/Heinze, 2020, BGB § 950 Rn. 27 ff., 39 ff.; Stürner KreditsicherungsR § 7 Rn. 46 ff., 57 ff., 92; Uhle, Verarbeitung durch und für andere, 1957, S. 56; Wadle JuS 1982, 477; H. Westermann SachenR § 53 III 2d, e; H. Westermann, Interessenkollisionen und ihre richterliche Wertung bei den Sicherungsrechten an Fahrnis und Forderungen, 1954, S. 39; Westermann/Gursky/Eickmann SachenR § 53 Rn. 14–22; Wieling SachenR I § 11 II 4 h, i; Wieling/Finkenauer SachenR § 11 Rn. 25 f.; Wilhelm SachenR Rn. 1074 ff.; M. Wolf AcP 177 (1977), 266 (267 f.); Zeuner JZ 1955, 195 (196); wohl auch Szerkus JURA 2017, 520 (523 f.); E. Wolf SachenR S. 199 ff.

1. Argument

Die §§ 946–950 BGB regeln die eigentumsrechtliche Zuordnung bei der Veränderung von Sachen. Von diesen Vorschriften sind jedenfalls die §§ 946–949 BGB unstreitig zwingender Natur. Für § 950 BGB kann angesichts der systematischen Stellung und der übereinstimmenden Funktion dieser Normen nichts anderes gelten.

2. Argument

Das Gesetz hat den Eigentumserwerb durch Verarbeitung (im Gegensatz etwa zu dem ebenfalls originären Eigentumserwerb durch Aneignung) als Realakt ausgestaltet. Der Tatbestand des § 950 BGB enthält deshalb keinerlei subjektives Element. Damit wäre es aber nicht zu vereinbaren, wenn der (rechtsgeschäftlich erklärte) abweichende Wille des Verarbeiters die Rechtsfolgenanordnung des § 950 I BGB außer Kraft setzen könnte.

3. Argument (gegen Theorie I, Arg. 1, wie Theorie III, Arg. 1)

§ 950 BGB löst nicht nur einen Konflikt zwischen dem Lieferanten (Vorbehaltsverkäufer) und dem Verarbeiter (Vorbehaltskäufer), sondern entscheidet zugleich über die Zugriffsmöglichkeiten sämtlicher Gläubiger dieser beiden Beteiligten. Denn die Regelung des § 950 BGB bewirkt, dass die neue Sache sämtlichen Gläubigern des Verarbeiters als Vollstreckungsobjekt zur Verfügung steht. Diese vom Gesetz gewollte (Rechts-)Folge kann nicht durch bloße Vereinbarung des Verarbeiters mit nur einem seiner Gläubiger verhindert werden.

4. Argument

Durch § 950 I BGB wird der neuen Sache ein sicherer und erkennbarer vermögensrechtlicher Stand zugewiesen: Der Geschäftsverkehr soll darauf vertrauen können, dass das neu hergestellte Werk dem Hersteller gehört. Nur von diesem Ziel der Förderung der Rechtsklarheit ausgehend ist es auch verständlich, warum selbst dem bösgläubigen Verarbeiter das Eigentum an der neuen Sache zufällt. Dieser Normzweck setzt aber voraus, dass sich die Person des neuen Eigentümers ausschließlich nach allgemein erkennbaren Kriterien bestimmt und nicht von etwaigen, Dritten unbekannten Vereinbarungen zwischen Lieferanten und Verarbeiter abhängt.

5. Argument (gegen Theorie I, Arg. 2)

Die bisherige Regelung des (echten) Werkvertrages ging in der Tat davon aus, dass der Besteller automatisch Eigentümer der neu hergestellten Sache wird. Dies beruhte jedoch nicht auf einer (impliziten) Abbedingung des § 950 I BGB, sondern darauf, dass in der Person des Werkbestellers gerade diejenigen objektiven Kriterien erfüllt waren, die eine vom eigentlichen Verarbeiter zu unterscheidende Person als Geschäftsherrn des Umbildungs- und Verarbeitungsvorgangs erscheinen ließen. Das Werkvertragsrecht lieferte mithin nicht nur keine Stütze für die Abdingungslehre, sondern geradezu eine authentische Interpretation des Herstellerbegriffs, die die Maßgeblichkeit objektiver Kriterien für die Festlegung des Herstellers bestätigte. Das durch die Schuldrechtsreform geschaffene neue Werkvertragsrecht bietet dagegen – jedenfalls wenn man sich nicht zu einer korrektorischen Interpretation des neugefassten § 650 BGB (§ 651 BGB aF) entschließt – kein eigenes Argument für das Verständnis des Herstellerbegriffs mehr; die Verträge über die Herstellung neuer beweglicher Sachen sind durch § 650 BGB aus dem Anwendungsbereich des Werkvertrages herausgenommen und ohne Rücksicht darauf, wer den Ausgangsstoff stellt, dem Kaufvertrag zugeschlagen worden. Diese Verengung des Anwendungsbereichs des Werkvertragsrechts zielte aber nicht auf irgendwelche Veränderungen bei der Anwendung des § 950 BGB ab. Es besteht deshalb auch kein Anlass, die durch die frühere Gesetzeslage nahegelegte Konkretisierung des Herstellerbegriffs iSv § 950 I BGB aufzugeben. Die frühere Fassung des Werkvertragsrechts liefert vielmehr weiterhin ein historisches Argument für diese Position.

6. Argument (gegen Theorie II)
Es ist widersprüchlich, die Rechtsfolge des § 950 I BGB (Eigentumserwerb des Herstellers) für zwingend, gleichzeitig aber die Herstellereigenschaft selbst für dispositiv zu erklären. Genau genommen handelt es sich bei diesem Lösungssatz nur um einen „Taschenspielertrick“, mit dem das eigentlich Gewollte (die Abbedingung des § 950 BGB insgesamt) verschleiert werden soll.

7. Argument (gegen Theorie II)
Lediglich Rechtsnormen können abbedungen werden; bloße Tatbestandsmerkmale können vorliegen oder nicht, sind aber jedenfalls der inhaltlichen Beeinflussung durch einzelne Rechtsgenossen entzogen.

8. Argument
Wenn es möglich wäre, durch einen Vertrag zwischen Lieferant und Verarbeiter festzulegen, dass der erstere Hersteller iSv § 950 I BGB sein soll, dann müsste es auch möglich sein, etwa die Hauptsache iSv § 947 II BGB durch Vereinbarung der Beteiligten zu bestimmen. Dies wird aber zu Recht von niemandem vertreten (Wilhelm).

9. Argument (gegen Theorie III)
Die gleichen Überlegungen sprechen gegen Theorie III. Es macht keinen Unterschied, ob man die Festlegung der Herstellereigenschaft durch Vertrag zulässt oder ob man auf angebliche „objektive“ Umstände abstellt, die aber wiederum aus der zwischen Vorbehaltsverkäufer und Verarbeiter vereinbarten Verarbeitungsklausel abgeleitet werden. Auch Theorie III läuft letztlich darauf hinaus, die Rechtsfolgenanordnung des § 950 I BGB zur Disposition der Parteien zu stellen.

10. Argument
Regelmäßig wird ein selbstständiger Unternehmer, der in seinem Betrieb durch seine Mitarbeiter aus eigenen oder auch fremden Stoffen eine neue Sache produzieren lässt, auch deren Hersteller iSv § 950 I BGB sein. Erfolgt die Produktion jedoch im Auf-

trag eines Dritten, der auch den Ausgangsstoff stellt, so ist dieser Dritte die Person, die den Herstellungsvorgang unter Übernahme des gesamten Geschäftsrisikos der betreffenden Wirtschaftsstufe steuert: Der Auftrageber des „Lohnfabrikanten" ist derjenige, der die Verarbeitung überhaupt veranlasst, die Beschaffenheit der zu produzierenden Sachen bestimmt und das Risiko des Wertes bzw. der Absetzbarkeit der hergestellten Waren trägt (darüber hinaus bei unvertretbaren Sachen nach den §§ 650 I 3, 645 BGB auch einen Teil des eigentlichen Herstellungsrisikos). Das ist auch der Grund dafür, weshalb die hM bei solchen Verträgen den Auftrageber als Hersteller iSv § 950 I BGB qualifiziert (und weshalb auch das bis Ende 2001 geltende Werkvertragsrecht erkennbar von einem sich aus letzterer Norm regelmäßig ergebenden automatischen Eigentumserwerb des Bestellers bei der werkvertraglichen Lohnfabrikation ausging; s. oben Arg. 5. Dieser Befund liefert einen verallgemeinerungsfähigen Lösungsgedanken. Anstelle des unmittelbaren Verarbeiters kann ein Dritter nur dann Hersteller iSv § 950 I BGB sein, wenn in der Person dieses Dritten in ähnlicher Weise wie beim Werkbesteller alten Rechts die Merkmale der ökonomischen Lenkung und der Tragung des Absatzrisikos erfüllt sind. Hersteller kann mithin immer nur derjenige sein, in dessen Interesse die Verarbeitung erfolgt und der das Verwendungsrisiko der produzierten Ware trägt (so die Mehrheit der Anhänger von Theorie IV; es werden jedoch auch andere Kriterien vertreten).

11. Argument

Die Vereinbarung eines verlängerten Eigentumsvorbehalts führt nach den in Arg. 10 genannten Kriterien nicht dazu, dass der Vorbehaltslieferant zum Hersteller iSv § 950 I BGB wird. Wer verarbeitungsfähiges Rohmaterial oder ein Halbfabrikat unter verlängertem Eigentumsvorbehalt an einen Weiterverarbeiter liefert, veranlasst damit nicht die Verarbeitung und nimmt auch auf die Gestaltung der Produktion keinen Einfluss. Vor allem aber übernimmt er nicht das spezifische Geschäftsrisiko und den Herstellungsaufwand der betreffenden Wirtschaftsstufe: Falls die Verarbeitung misslingt oder sich das Produkt als nicht absetzbar erweist, wird dadurch der Kaufpreisanspruch des Vorbehaltslieferanten nicht berührt. Daher ist die bloße Verarbeitungsklausel nicht dazu geeignet, eine effektive Verschiebung der Herstellerfunktion auf den Vorbehaltsverkäufer zu bewirken.

12. Argument

Die Wirksamkeit einer Verarbeitungsklausel (einschließlich ihrer Einwirkung auf § 950 BGB) muss nicht deshalb akzeptiert werden, weil dafür ein unabweisbares Bedürfnis des Wirtschaftslebens spräche. Selbst wenn die Verarbeitungsklausel an der Rechtsfolge des originären Eigentumserwerbs des Vorbehaltsverkäufers nichts ändern kann, so ist sie doch nicht schlechthin wirkungslos: Sie kann nach § 140 BGB vielmehr in eine antizipierte Sicherungsübereignung (§ 930 BGB) der neuen Sache umgedeutet werden, die der Vorbehaltskäufer aus dem vom Vorbehaltsverkäufer gelieferten Material herstellen wird.

Fallbeispiel:

Als Grundlage für ein Aussonderungsrecht der X-GmbH nach § 47 InsO kommt hier nur das Eigentum an den gefertigten Vorhangstoffen in Betracht. Diese bilden gegenüber dem von der X-GmbH gelieferten Baumwollstoff neue Sachen. Da der Verarbeitungswert auch nicht erheblich geringer, sondern ungefähr genauso hoch ist wie der Wert der Ausgangsstoffe, fällt das Eigentum an den bedruckten Vorhangstoffen nach § 950 I BGB dem „Hersteller" dieser neuen Sachen zu. Nach Theorie I und II wäre das infolge der vereinbarten Verarbeitungsklausel die Vorbehaltslieferantin, dh die X-GmbH. Nach Theorie IV wäre dagegen das verarbeitende Unternehmen, die Y-KG, selbst Hersteller. Nun ist nach Theorie IV aber eine als solche unwirksame Verarbeitungsklausel regelmäßig in eine antizipierte Sicherungsübereignung der (aus den unter verlängertem Eigentumsvorbehalt gelieferten Stoffen produzierten) neuen Sachen umzudeuten (§ 140 BGB). Es fragt sich deshalb, ob die Y-KG das nach § 950 I BGB erworbene Eigentum an den fertigen Vorhangstoffen nicht nach einer logischen Sekunde sofort wieder an die X-GmbH verloren hat. Das ist jedoch zu verneinen. Ein Eigentumserwerb durch eine antizipierte Übereignung nach § 930 BGB setzt jedenfalls voraus, dass das Besitzmittlungsverhältnis (§ 868 BGB) zwischen dem Verfügenden (Y-KG) und dem Sicherungsnehmer (X-GmbH) im Augenblick der Entstehung der zu übereignenden Sachen auch zustande kommt. Hier aber hat die Y-KG vor dem Verarbeitungsvorgang deutlich gemacht, dass sie von einem Erlöschen der zu sichernden Kaufpreisforderung der X-GmbH ausgeht. Sie hat damit auch klargestellt, dass sie der X-GmbH nicht den Besitz an den fertigen Vorhangstoffen vermitteln will. Nach Theorie IV wäre ein Aussonderungsrecht der X-GmbH also zu verneinen. Theorie III käme zum gleichen Ergebnis. Sie müsste die Y-KG selbst als Herstellerin iSv § 950 I BGB behandeln, weil diese schon vor der Verarbeitung deutlich gemacht hat, dass sie sich nicht an die vereinbarte Verarbeitungsklausel halten will.

S. ergänzend Fehrenbach JURA 2015, 1222; Koch JuS 2018, 692; Krumm/Ehlers JuS 2014, 1090; Olzen/Maties/Loschelders Zivilrechtliche Klausurenlehre Fall 25; Thomale JuS 2013, 1097; Vieweg/Röthel SachenR Fall 14; Wilksch ZJS 2012, 778; Zech JURA 2010, 215.

12. Problem (§§ 955, 957, 935 BGB)
Ist auf den Fruchterwerb nach den §§ 955, 957 BGB die Vorschrift des § 935 BGB entsprechend anwendbar?

Ausgangsfall:

Der geschäftsunfähige Schafzüchter A veräußert eine Herde von zwanzig Tieren an den Bauern B, der von der Beeinträchtigung (iSd § 104 BGB) des A nichts ahnt. Zwei Tage später lässt B die Schafe scheren. Der kurz danach bestellte Betreuer des A verlangt nunmehr von B Herausgabe der Schafe und der Wolle. Zu Recht?

Augangspunkt:

§ 935 BGB zielt auf die Begrenzung des Gutglaubensschutzes und führt auf der Grundlage des Veranlasserprinzips („gestohlen worden, verloren gegangen oder sonst abhanden gekommen") einen Ausgleich zwischen Eigentümer- und Verkehrsinteresse herbei. Vor diesem Hintergrund erhebt sich die Frage, ob die Regelung, die sich nach ihrem Wortlaut ausschließlich auf den abgeleiteten Eigentumserwerb bezieht, in entsprechender Anwendung auch auf den originären Eigentumserwerb der §§ 955, 957 BGB übertragbar ist, zumal dieser – ähnlich den §§ 932 ff. BGB – ebenfalls an die Gutgläubig- und damit Schutzwürdigkeit des Begünstigten anknüpft.

I. Theorie der analogen Anwendung des § 935 BGB

Auf den Eigentumserwerb an Sachfrüchten nach den §§ 955, 957 BGB ist § 935 BGB entsprechend anzuwenden. Der Eigentumserwerb kraft gutgläubigen Eigenbesitzes der Muttersache (§ 955 BGB) bzw. kraft guten Glaubens an eine von einem Nichtberechtigten erteilte Aneignungsgestattung (§ 957 BGB) scheidet danach aus, wenn die Frucht im Augenblick des Abhandenkommens der Muttersache bereits als deren Bestandteil existierte, da die Frucht dann ebenfalls abhanden gekommen ist. An den Früchten einer abhanden gekommenen beweglichen Sache ist ein Eigentumserwerb nach den §§ 955, 957 BGB in der Folge ausschließlich dann möglich, wenn diese erst nach dem Abhandenkommen der Muttersache entstanden sind.

Vertreten von:
J. v. Gierke SachenR § 36 IV 2b; Heck SachenR § 63, 7; K. Müller, Sachenrecht, 4. Aufl. 1997, Rn. 2720; Palandt/Degenhart, 27.–34. Aufl., BGB § 955 Anm. 1; Planck/Brodmann BGB § 955 Anm. 3 (widersprüchlich aber § 957 Anm. 3); E. Wolf SachenR S. 209; Wolff/Raiser SachenR § 77 III 4, IV 5c.

Argument
Es ist allgemein anerkannt, dass § 935 BGB auch für den Erwerb von Bestandteilen einer gestohlenen Sache Geltung beansprucht: Ein Dieb kann – trotz des missverständlichen Wortlauts des § 957 BGB – einem Dritten kein Eigentum an Teilen der gestohlenen Sache dadurch verschaffen, dass er – anstatt diese selbst zu zerlegen und anschließend die Stücke zu veräußern – dem Dritten die Zerlegung und Aneignung einzelner Bestandteile gestattet. Es besteht aber kein Anlass, Früchte anders zu behandeln, da auch die Frucht vom Augenblick, in dem der Keim zu ihr nach-

weisbar gelegt ist, bis zur Trennung nichts anderes als ein Bestandteil der Muttersache ist.

II. Theorie der Nichtanwendung des § 935 BGB

Auf den Eigentumserwerb an Sachfrüchten nach den §§ 955, 957 BGB kann § 935 BGB nicht entsprechend angewandt werden. Der Eigentumserwerb nach den §§ 955, 957 BGB tritt also auch dann ein, wenn die Muttersache abhanden gekommen und die betreffende Frucht bereits im Augenblick des Abhandenkommens vorhanden war (iRd § 957 BGB ist § 935 BGB dann lediglich insoweit entsprechend anwendbar, als es sich nicht um Früchte, sondern um sonstige Sachbestandteile handelt).

Vertreten von:
BeckOK BGB/Kindl § 955 Rn. 8, § 957 Rn. 4; Baur/Stürner SachenR § 53 Rn. 53, 66; BeckOGK/Schermaier, 1.3.2024, BGB § 955 Rn. 20, 20.1, § 957 Rn. 10; Erman/Hefermehl, 10. Aufl. 2000, BGB § 955 Rn. 8; Erman/Ebbing BGB § 955 Rn. 16, § 957 Rn. 4; Gerhardt MobiliarsachenR S. 135; Harms SachenR S. 108 f.; Jauernig/Berger BGB § 955 Rn. 3; Kainer/Feinauer JuS 2023, 801 (804 f.); Lange/Schiemann Fälle SachenR S. 82; Medicus/Petersen BürgerlR Rn. 603; MüKoBGB/Oechsler § 955 Rn. 7; Müller/Gruber SachenR Rn. 1969, 1986; Neuner JuS 2007, 401 (407); NK-BGB/Mauch § 955 Rn. 9; Prütting/Wegen/Weinreich/Prütting BGB § 955 Rn. 4, § 957 Rn. 3; RGRK/Pikart BGB § 955 Rn. 4, § 957 Rn. 4; Schapp/Schur SachenR Rn. 277; C. Schreiber SachenR Rn. 197; Schultheiß JuS 2013, 679 (681); Soergel/Henssler BGB § 955 Rn. 5; § 957 Rn. 4; Staudinger/Gursky, 2011, BGB § 955 Rn. 9, § 957 Rn. 8; Staudinger/Heinze, 2020, BGB § 955 Rn. 9, § 957 Rn. 8; H. Westermann SachenR § 57 II 3c; Westermann/Gursky/Eickmann SachenR § 57 Rn. 9, 21; Wieling SachenR I § 11 III 4b, 6a cc; Wieling/Finkenauer SachenR § 11 Rn. 40, 50; Wilhelm SachenR Rn. 1053 f.; Witt AcP 201 (2001), 165 (189 f.).

1. Argument
Organische Früchte gelten, sobald sie von der Muttersache getrennt sind, nicht nur als selbstständige, sondern auch als *neue* Sachen. Sie können deshalb auch dann nicht als abhanden gekommen gelten, wenn ihre Entwicklung zur Zeit des Abhandenkommens bereits begonnen hatte.

2. Argument
§ 935 BGB will einen Rechts*verlust* des bisherigen Eigentümers verhindern. Die der Bestimmung der Sache zur Fruchtgewinnung entsprechende Trennung kann aber nicht als Minderung der Sache angesehen werden. Die Substanz der Sache und ihre Fähigkeit, Früchte zu produzieren, bleibt schließlich erhalten. Ein Eigentumserwerb des Besitzers an der getrennten Frucht würde deshalb für den Eigentümer der Muttersache keinen *Verlust* bedeuten (Oechsler).

3. Argument
Die §§ 932 ff. BGB – und damit auch § 935 BGB – behandeln lediglich den abgeleiteten (derivativen) Eigentumserwerb. Dagegen regeln die §§ 955, 957 BGB einen ursprünglichen (originären) Eigentumserwerb kraft eigener Beziehung zur Sache. Der Unterschied zwischen derivativem und originärem Eigentumserwerb ist so groß, dass die für einen Analogieschluss erforderliche Vergleichbarkeit nicht gegeben ist (Hefermehl).

4. Argument
Die Analogie zu § 935 BGB verbietet sich, weil die §§ 932 ff. BGB und die §§ 955, 957 BGB völlig verschiedene Interessen schützen: Die §§ 932 ff. BGB berücksichtigen das Verkehrsinteresse, während die §§ 955, 957 BGB – ähnlich wie § 950 BGB – die Produktionsinteressen schützen. Denn Erwerbstitel ist auch in den Fällen der §§ 955, 957 BGB letztlich die Arbeitsleistung des Fruchtziehers. Der Fruchterwerb nach den §§ 955, 957 BGB setzt zwar nicht notwendigerweise eine Arbeitsleistung des Fruchtziehers voraus, ist aber doch typischerweise Folge einer solchen. So wenig iRd § 950 BGB der Eigentumserwerb des Verarbeiters daran scheitern kann, dass der verarbeitete Stoff gestohlen war, so wenig darf auch der auf dem gleichen rechtspolitischen Gedanken beruhende Eigentumserwerb des Fruchtziehers nach den §§ 955, 957 BGB daran scheitern, dass die Muttersache gestohlen war (Hefermehl).

5. Argument
Ob im Augenblick des Abhandenkommens die Frucht bereits im Keime angelegt war oder nicht, wird häufig kaum zu ermitteln sein. Im Hinblick auf Rechtssicherheit und Rechtsklarheit wäre es bedenklich, wenn man die dingliche Zuordnung an derart schwer nachprüfbare physiologische Vorgänge knüpfte (Hefermehl, H. Westermann, Medicus/Petersen).

6. Argument
Die analoge Anwendung von § 935 BGB unterläuft die Wertung des § 993 I Hs. 2 BGB: Wer gutgläubig eine gestohlene bewegliche Sache bzw. ein Tier ankauft, soll doch gerade als „Trostpflaster" für den versagten Eigentumserwerb die gezogenen Früchte und Gebrauchsvorteile ersatzlos behalten können. Das funktioniert aber nicht, wenn die Früchte Eigentum des Hauptsacheneigentümers werden und deshalb selbstständig vindiziert werden können.

Fallbeispiele:

1. Im Ausgangsfall kann A (vertreten durch seinen Betreuer, vgl. § 1823 BGB) von B nach § 985 BGB Herausgabe der Schafe verlangen, weil die Übereignung der Schafe (§ 929 S. 1 BGB) nach den §§ 105 I, 104 Nr. 2 BGB nichtig war. Ein Zurückbehaltungsrecht nach § 1000 S. 1 BGB steht B mangels Verwendungsersatzanspruchs (§ 994 I 2 BGB) nicht zu. Auch die Wolle ist als ehemaliger Bestandteil der Schafe mit der Schur gem. § 953 BGB Eigentum des A geworden, sofern nicht B gem. § 955 BGB daran Eigentum erworben hat. Die tatbestandlichen Voraussetzungen (Eigenbesitz der Muttersache und Gutgläubigkeit) sind gegeben, der Eigentumserwerb des B könnte jedoch analog § 935 BGB gescheitert sein: Die Muttersachen (Schafe) waren abhanden gekommen, denn die Weggabe einer Sache durch einen Geschäftsunfähigen stellt nach hM stets ein Abhandenkommen dar. Die Wolle war im Augenblick der Weggabe der Schafe durch A bereits (im Kern) vorhanden und könnte daher ebenso als abhanden gekommen angesehen werden. Nach Theorie I wäre deshalb ein Eigentumserwerb des B in Analogie zu § 935 BGB ausgeschlossen und B somit nach § 985 BGB zur Herausgabe der Wolle an A verpflichtet.

Nach Theorie II wäre B gem. § 955 BGB Eigentümer der Wolle geworden. Er wäre aber, da er die Muttersache rechtsgrundlos erlangt hatte, dem A schuldrechtlich zur Herausgabe der Wolle verpflichtet: In Analogie zu § 988 BGB, wenn man mit der

Rechtsprechung den rechtsgrundlosen Erwerb iRd § 988 BGB dem unentgeltlichen gleichstellt, nach den §§ 812 I 1 Var. 1, 818 I und II BGB, wenn man mit der in der Literatur vordringenden Auffassung diese Analogie ablehnt, dafür aber eine Leistungskondiktion des Eigentümers bezüglich der vom Besitzer gezogenen Nutzungen nicht für durch § 993 I Hs. 2 BGB ausgeschlossen hält (vgl. dazu Gursky/Thöne, 20 Probleme aus dem Eigentümer-Besitzer-Verhältnis, 10. Aufl. 2024, S. 49 ff.).

2. Der Rennstallbesitzer A erwarb im Jahre 2020 eine wertvolle Stute von B, die nach einiger Zeit ein Fohlen warf und etwas später verstarb. Im Frühjahr 2023 stellte sich heraus, dass die Stute dem Züchter C gestohlen und noch bei C belegt worden war. A hatte keinen Anlass gehabt, an der Eigentümerstellung des B zu zweifeln. C klagte schließlich auf Herausgabe des Fohlens. Nach Rechtshängigkeit der Klage nahm A mit dem mittlerweile herangewachsenen Fohlen an mehreren Rennen teil und gewann dreimal einen Preis. C verlangt nunmehr auch Herausgabe dieser Preise. Zu Recht?

Herausgabe des Fohlens kann C möglicherweise nach § 985 BGB von A verlangen. Bis zu seiner Geburt war das Fohlen Bestandteil der dem C abhanden gekommenen und deshalb nach § 935 BGB nicht von A zu Eigentum erworbenen Stute. Als Erzeugnis der dem C gehörenden Stute müsste es auch nach der Geburt gem. § 953 BGB im Eigentum des C verblieben sein, falls sich nicht etwas anderes aus den §§ 954 ff. BGB ergibt. In Betracht kommt insoweit ein Eigentumserwerb des A nach § 955 BGB. Die Tatbestandsvoraussetzungen dieser Vorschrift sind gegeben. Nach Theorie I scheiterte ein Eigentumserwerb des A jedoch angesichts der analogen Anwendung von § 935 BGB daran, dass das Fohlen im Zeitpunkt des Abhandenkommens der Stute bereits als deren Bestandteil existierte und deshalb ebenso abhanden gekommen ist. Dementsprechend wäre der Herausgabeanspruch des C aus § 985 BGB begründet. Nach Theorie II hätte A dagegen nach § 955 BGB Eigentum am Fohlen erworben.

Herausgabe der Rennpreise kann C – wenn man Theorie I folgt – nach den §§ 987 I, 100 BGB verlangen. Denn der durch Einsatz eines Rennpferdes in einem Rennen gewonnene Preis ist Folge des bestimmungsmäßigen Gebrauchs des Pferdes und deshalb Gebrauchsvorteil iSv § 100 BGB (vgl. BGH NJW-RR 2012, 1007 Rn. 4; Soergel/Marly, 13. Aufl. 2000, BGB § 100 Rn. 3; aA Staudinger/Stieper, 2021, BGB § 100 Rn. 5; Wieling SachenR I § 2 V 3). Wenn man dagegen von Theorie II ausgeht, kommt § 987 BGB mangels eines Eigentümer-Besitzer-Verhältnisses nicht als Anspruchsgrundlage in Betracht.

S. ergänzend Czeguhn/Ahrens SachenR Fall 30; Lange/Schiemann Fälle SachenR Fall 13.

13. Problem (§ 1004 I 1 BGB)

Kann der Eigentümer eines Grundstücks, dessen Zustand sich durch rechtswidrige Einwirkungen nachteilig verändert hat, vom Störer aus § 1004 I 1 BGB die Wiederherstellung des ursprünglichen Zustandes verlangen?

Ausgangsfall:

A errichtet auf dem ihm gehörenden Grundstück eine Fabrik. Noch vor der Aufnahme der Produktion erwirbt er von B ein angrenzendes Grundstück und baut auf diesem eine massive Lagerhalle. Einige Jahre später stellt E, der Erbe des zwischenzeitlich verstorbenen B, fest, dass B im Zeitpunkt der Veräußerung seines Grundstücks an A nachweisbar geschäftsunfähig war. Auf Verlangen des E gibt A diesem das Grundstück samt der darauf stehenden Lagerhalle heraus. Einige Zeit später entdeckt E, dass die obere Erdschicht im unmittelbar an das Fabrikgrundstück angrenzenden Teil des zurückerlangten Grundstücks mit Schadstoffen durchsetzt ist, die beim Betrieb der (inzwischen schon wieder stillgelegten) Fabrik unbemerkt ausgetreten waren. Er verlangt von A deshalb die Auskofferung und Entfernung des kontaminierten Erdreichs sowie die Wiederauffüllung schadstofffreien Bodens. Außerdem fordert er den A zum Abbruch der Lagerhalle und zur vollständigen Entfernung des Abbruchmaterials von seinem Grundstück auf. Zu Recht?

Ausgangspunkt:

§ 1004 I 1 BGB verwirklicht (im Zusammenspiel mit § 985 BGB) den Schutz der in § 903 BGB niedergelegten Herrschaftsmacht des Eigentümers. Vor diesem Hintergrund gewährt er das Recht, vom Störer die Beseitigung einer (fortdauernden) Eigentumsbeeinträchtigung zu verlangen. Offen bleibt jedoch, was unter „Beeinträchtigung“ zu verstehen ist und damit auch, wie weit der gewährte Schutz reicht. Während manche insofern jede von außen kommende Einwirkung auf eine Sache, die für deren Eigentümer nachteilig ist, als Eigentumsbeeinträchtigung qualifizieren, weisen andere (zutreffend) darauf hin, dass ein allzu großzügiges Normverständnis die Gefahr begründet, dass sich § 1004 I 1 BGB zu einem verschuldensunabhängigen Schadensersatzanspruch entwickelt und sich damit in Widerspruch zur haftungsrechtlichen Systematik begibt (vgl. BeckOGK/Spohnheimer, 1.5.2024, BGB § 1004 Rn. 29). Die Frage nach der Bestimmung der Eigentumsbeeinträchtigung berührt folglich den Tatbestand und die Rechtsfolge des § 1004 I 1 BGB; darüber hinaus aber auch die sachgerechte Abgrenzung der dinglichen Rechtsverwirklichungsansprüche gegenüber den schuldrechtlichen Schadensersatzansprüchen.

I. Theorie der negatorischen Kausalhaftung

Der Beseitigungsanspruch aus § 1004 I 1 BGB steht dem Anspruchsteller immer dann zu, wenn sein Eigentum an einer Sache gegenwärtig durch eine von außen kommende Einwirkung auf die Sache beeinträchtigt wird, für die der Anspruchsgegner als „Störer“ verantwortlich ist, und der Anspruchsteller nicht aus besonderen Gründen zur Duldung der Einwirkung verpflichtet (§ 1004 II BGB) ist. Dabei ist eine fortdauernde Eigentumsbeeinträchtigung schon dann gegeben, wenn die von außen kommende Einwirkung des Störers auf die betroffene Sache des Anspruchstellers für diesen in irgendeiner Weise nachteilig oder unwillkommen ist. Die Beeinträchtigung entfällt auch nicht notwendigerweise mit dem Ende des Einwirkungsvorgangs: Selbst wenn die Einwirkungshandlung abgeschlossen ist, kann der durch diese Handlung herbeigeführte neue Zustand der betroffenen Sache selbst wiederum eine fortdauernde Eigentumsbeeinträchtigung bilden. Errichtet etwa jemand auf einem fremden Grundstück unbefugt ein Gebäude, so wird das Eigentum am Grundstück auch durch das fertige Gebäude beeinträchtigt. Entsprechend ist die Situation zu beurteilen, dass unzulässige Emissionen einer Fabrik zu Bodenkontaminationen auf einem Nachbargrundstück geführt haben; hier bildet nämlich die Bodenverunreinigung ihrerseits eine fortdauernde Eigentumsbeeinträchtigung, die von dem Eigentümer des Fabrikgrundstücks beseitigt werden muss. Die negatorische Verantwortung des Letzteren bleibt dabei auch dann bestehen, wenn dieser die Schadstoffe emittierende Anlage inzwischen bereits stillgelegt hat.

Vertreten von:
Allgemein für die Interpretation des § 1004 I 1 BGB im Sinne einer negatorischen Kausalhaftung mit der Konsequenz einer extensiven Handhabung des Merkmals der gegenwärtigen Eigentumsbeeinträchtigung: RGZ 92, 22 (24 ff.); 127, 29 (34 f.); 134, 231 (234); 149, 205 (210); OGHZ 2, 170 (172); BGHZ 19, 126 (129 f.) = NJW 1956, 382; BGHZ 28, 110 (111) = NJW 1958, 1580; BGHZ 49, 340 (347) = NJW 1968, 1281; BGHZ 69, 118 (122 f.) = NJW 1977, 1920; BGHZ 135, 235 (238) = NJW 1997, 2234; BGH NJW 2004, 603 (604 f.); 2007, 432 Rn. 9 ff.; 2012, 1080 Rn. 6; BeckRS 2019, 18159 Rn. 25 ff.; NJW-RR 2021, 401 Rn. 24 ff.; s. ferner BGHZ 236, 369 Rn. 12 aE, 28 = NJW 2023, 3722; Baur/Stürner SachenR § 12 Rn. 7, 13, 20 f.; BeckOK BGB/Fritzsche § 1004 Rn. 13 ff., 34 ff., 63 ff.; Benecke VersR 2006, 1037 (1038 f.); Enders, Die zivilrechtliche Verantwortlichkeit für Altlasten und Abfälle, 1999, S. 173 ff.; Erman/Hefermehl, 10. Aufl. 2000, BGB § 1004 Rn. 7, 10 f., 14 ff.; Gerhardt MobiliarsachenR S. 60 ff.; Grüneberg/Herrler BGB § 1004 Rn. 5 ff., 16 ff., 27 ff.; Herrmann, Der Störer nach § 1004 BGB, 1987, S. 29 ff., 452 ff., 560; Jauernig/Berger BGB § 1004 Rn. 4 f., 7, 15 ff.; K. Müller, Sachenrecht, 4. Aufl. 1997, Rn. 698 ff.; Prütting SachenR Rn. 572–577; RGRK/Pikart BGB § 1004 Rn. 52 ff., 89 f.; Schapp/Schur SachenR Rn. 152 ff.; Soergel/Münch, 13. Aufl. 2007, BGB § 1004 Rn. 23 ff., 63 ff., 114 ff., 127 ff.; Vieweg/Lorz SachenR § 9 Rn. 14, 23; Wenzel NJW 2005, 241 ff.; H. Westermann SachenR § 36; Wieling/Finkenauer SachenR § 23 Rn. 75 ff., 86 ff., 99 ff.; E. Wolf SachenR S. 148 ff.; M. Wolf, Sachenrecht, 23. Aufl. 2007, Rn. 303 ff., 319 ff., 326 ff.; M. Wolf, Negatorische Beseitigung und Schadensersatz, 2006, S. 43 ff., 411 ff.; Wolff/Raiser SachenR § 87 I 2, 3.

Speziell für die Anwendung von § 1004 I 1 BGB bei **Bodenkontaminationen** trotz abgeschlossener Einwirkungshandlung: BGHZ 98, 235 (241) = NJW 1987, 187; BGHZ 110, 313 (315) (implizit) = NJW 1990, 2058; BGH NJW 1996, 845 (846); 2005, 1367 (1368); OLG Braunschweig OLGE 36, 157; F. Baur JZ 1964, 354 (355); F. Baur AcP 175 (1975), 177 (179 f.); Neuner JuS 2005, 385 (391).

Für die Anwendung von § 1004 I 1 BGB beim **Fremdbau** und beim unentschuldigten Grenzüberbau: RGZ 131, 335 (336); BGHZ 23, 61 (63) = NJW 1957, 460; BGHZ 150, 305 (313) = NJW-RR 2002, 1198; BGH LM § 1004 BGB Nr. 14 Bl 3 R; BGH NJW 2001, 232; 2011, 1069 Rn. 23; NJW-RR 2003, 953 (954); OLG Celle MDR 1954,

294; OLGR Brandenburg 1997, 226 (227); OLG Düsseldorf OLGZ 1992, 113 (116); BeckOK BGB/Fritzsche § 912 Rn. 30; Glaser ZMR 1985, 145; Erman/Elzer BGB § 912 Rn. 4; Grüneberg/Herrler BGB § 912 Rn. 17; HK-BGB/Staudinger § 912 Rn. 17; Huber JuS 1970, 515 (519); NK-BGB/Ring § 912 Rn. 75, 80; Soergel/Münch, 13. Aufl. 2007, BGB § 1004 Rn. 87; Staudinger/H. Roth, 2020, BGB § 912 Rn. 74; Westermann/Gursky/Eickmann SachenR § 62 Rn. 12 f.; Wieling/Finkenauer SachenR § 23 Rn. 12.

1. Argument

§ 903 BGB weist dem Eigentümer einer Sache die ausschließliche und umfassende Herrschaftsmacht über diese Sache zu. § 1004 I 1 BGB soll dafür sorgen, dass der Sacheigentümer in seinen Nutzungsmöglichkeiten nicht durch Einmischungen und Übergriffe Dritter behindert wird. Der zentrale Anknüpfungspunkt des § 1004 I 1 BGB der (gegenwärtigen) „Eigentumsbeeinträchtigung“ muss deshalb so interpretiert werden, dass sich keine Schutzlücken für den Sacheigentümer ergeben. Eine bedenkliche Schutzlücke bestünde aber, wenn der betroffene Eigentümer aus § 1004 I 1 BGB immer nur den Abbruch der Beeinträchtigungshandlung verlangen könnte. Der betroffene Eigentümer muss aus § 1004 I 1 BGB vielmehr auch die Beseitigung der durch die Einwirkungshandlung herbeigeführten nachteiligen Veränderung der Sachsubstanz verlangen können, wenn der nunmehrige Zustand seiner Sache eine selbstständige Eigentumsbeeinträchtigung darstellt.

2. Argument

Der Eigentümer kann im Falle nachteiliger Einwirkungen auf die Sachsubstanz von dem Dritten die Wiederherstellung des ursprünglichen Zustandes der Sache aus den §§ 823 I, 249 I BGB als Schadensersatz in Natur nur verlangen, wenn dem Schädiger ein Verschulden zur Last fällt. Die Anwendung des § 1004 I 1 BGB darf dieses Verschuldenserfordernis des Deliktsrechts nicht unterlaufen, doch droht dies auch gar nicht. Denn die Beseitigungspflicht beschränkt sich auf die fortbestehende Beseitigung und umfasst nicht deren Folgen. Die Anwendungsbereiche des verschuldensunabhängigen negatorischen Beseitigungsanspruchs einerseits und des verschuldensgeleiteten Deliktsrechts andererseits überschneiden sich damit nur in einem engen Gebiet: nämlich nur dort, wo das Ergebnis der Einwirkungshandlung im Vorhandensein einer neuen selbstständigen Störungsquelle im Eigentumsraum des Geschädigten besteht. Das wiederum ist der Fall, wenn die Einwirkungshandlung in der Errichtung eines Gebäudes auf fremdem Grund und Boden oder in der Herbeiführung einer Bodenkontamination besteht. Dass sich der negatorische Beseitigungsanspruch des Eigentümers und der deliktische Schadensersatzanspruch wegen Eigentumsverletzung hier überschneiden, ist dabei aber schon deshalb unbedenklich, weil den geringeren Voraussetzungen des negatorischen Beseitigungsanspruchs im Verhältnis zum deliktischen Schadensersatzanspruch auch der geringere Anspruchsumfang entspricht (kein Ausgleich für Folgeschäden usw.). Im Interferenzgebiet ergibt sich damit eine sinnvoll abgestufte Regelung.

3. Argument

Der Anspruch aus § 1004 I 1 BGB besteht auch dann, wenn die störenden Stoffe nicht mehr dem Störer gehören. Sind durch das Verhalten des Störers irgendwelche Gegenstände oder Substanzen in den Eigentumsraum des Anspruchstellers gelangt, so beeinträchtigen sie durch ihre bloße Anwesenheit die Sachherrschaft des betroffenen Grundstückseigentümers, nämlich seine alleinige Entscheidungskompetenz hinsichtlich der Frage, welche Stoffe oder Sachen auf das Grundstück verbracht bzw. mit diesem verbunden werden dürfen. Daran ändert sich auch dann nichts, wenn die betreffenden Stoffe (wie im Falle der Bodenkontamination oder des Fremdbaus) nach § 946 BGB im Grundstückseigentum aufgegangen sind.

4. Argument (gegen Theorie II)
Die Usurpationstheorie, die in solchen Fällen das Bestehen des negatorischen Beseitigungsanspruchs verneinte, schränkt den Anwendungsbereich des § 1004 I 1 BGB in inakzeptabler Weise ein. Wer etwa Unrat oder Bauschutt auf einem fremden Grundstück ablädt, wäre danach nicht dem Beseitigungsanspruch aus § 1004 I 1 BGB ausgesetzt, weil die Einwirkungshandlung als solche bereits beendet ist und der „Müllsünder" infolge der konkludenten Dereliktion Besitz und Eigentum an den abgeladenen Sachen verloren hat, also weder durch eine fortdauernde Handlung noch durch die räumliche Lage von ihm weiterhin gehörenden Sachen Befugnisse des Grundstückseigentümers usurpiert. Dieses unerträgliche Ergebnis zeigt, dass der Ansatz der Usurpationstheorie verfehlt ist.

5. Argument (gegen Theorie II)
Der Ansatz der Ursurpationstheorie führt vielfach zu eklatanten Schutzlücken und sachwidrigen Ergebnissen. Sie verneint beispielsweise in den Tankwagenfällen (nach einem Verkehrsunfall läuft aus einem Tankfahrzeug Öl oder Benzin aus und versickert im Boden) einen Anspruch des betroffenen Grundstückseigentümers gegen den Halter bzw. Eigentümer des Tankfahrzeugs auf Beseitigung des verunreinigten Erdreichs aus § 1004 I 1 BGB. Ebenso verweigert sie in den Fällen der unbefugten Gebäudeerrichtung auf einem fremden Grundstück dem betroffenen Eigentümer einen verschuldensunabhängigen Anspruch auf Beseitigung des Gebäudes aus § 1004 I 1 BGB.

6. Argument (gegen Theorie II)
Die dogmatischen Prämissen der Usurpationstheorie sind nicht stimmig. Schon bei dem wohl wichtigsten Anwendungsfall des § 1004 I 1 BGB, den unzulässigen Immissionen, kann von einer Rechtsusurpation durch den Störer keine Rede sein. Bloße Immissionen führen nicht zu einer rechtlichen Beschränkung für die Herrschaftsausübung des betroffenen Eigentümers, und ein dem Nachteil des Eigentümers korrespondierender Vorteil aufseiten des Störers ist nicht ersichtlich.

II. Moderne Usurpationstheorie

§ 1004 I 1 BGB liefert keine Grundlage für einen Anspruch auf Rückgängigmachung der Folgen eines *abgeschlossenen* Eingriffs in fremdes Eigentum. Der Störer schuldet lediglich Aufgabe der fortbestehenden Usurpation (Inanspruchnahme) fremden Eigentums; aus der Nähe zu § 985 BGB folgt, dass der Störer inne hat (Vorteil), was dem Eigentümer fehlt (Nachteil). Eine Eigentumsbeeinträchtigung liegt damit vor, wenn und soweit sich die Rechtskreise des Störers und des Eigentümers überlagern und sich der Störer damit fremde Befugnisse (§ 903 BGB) anmaßt. Das gilt auch in den Fällen, in denen durch das Verhalten des potenziellen Anspruchsgegners irgendwelche Sachen auf das Grundstück des Anspruchstellers gelangt sind, die dieser dort nicht haben will. Anders ist nur zu entscheiden, sofern und soweit die betreffenden Sachen weiterhin im Eigentum des Störers stehen.

Vertreten von:
Grundlegend Picker, Der negatorische Beseitigungsanspruch, 1972; Picker AcP 176 (1976), 28; Picker AcP 178 (1978), 499 (501 ff.); Picker FS H. Lange, 1992, 625; Picker FS F. Bydlinski, 2002, 269; Picker FS Gernhuber, 1993, 315; ferner BeckOGK/Sponheimer, 1.5.2024, BGB § 1004 Rn. 32 ff., 36 ff.; Buchholz/Radke JURA 1997, 454 (455 ff.); Gursky JR 1989, 397; Gursky JZ 1990, 921; Gursky JZ 1992, 312; Gursky JZ 1996, 683; Gursky FS O. Werner, 2009, 444; Gsell ZJS 2014, 423 (425); Katzenstein JZ 2008, 1129; Katzenstein JZ 2010, 633 (634 ff.); Katzenstein AcP 211 (2011), 58; Lobinger JuS 1997, 981; (mit Einschränkungen für den Fall der Dereliktion) MüKoBGB/Raff § 1004 Rn. 67, 87 ff. (s. aber auch Rn. 230) u. Kluckert/Straub JuS 2023, 532 (536 f.); Staudinger/Gursky, 2012, BGB § 1004 Rn. 17 und Rn. 97 ff., 137 ff.; Westermann/Gursky/Eickmann SachenR § 35 Rn. 1 ff.; Wilhelm SachenR Rn. 1363 ff.; in der Tendenz ähnlich Pinger, Funktion und dogmatische Einordnung des Eigentümer-Besitzer-Verhältnisses, 1973, S. 188 ff. und Wetzel, Die Zurechnung des Verhaltens Dritter bei Eigentumsstörungstatbeständen, 1971, S. 104 ff., 111, 149. Der Usurpationstheorie zustimmend auch AK-BGB/Kohl § 1004 Rn. 18 ff., 32 ff., 50 ff., 64 ff. (mit inkonsequenter Annahme einer ergänzenden negatorischen Gefährdungshaftung); Braun, Der Zivilrechtsfall, 5. Aufl. 2012, S. 82 f.; Kotz, Grundlagen negatorischer und quasi-negatorischer Haftung, 2004, S. 15, 77 ff., 100; Michalski DB 1991, 1365 (1366); A. Schmidt, Der nachbarliche Ausgleichsanspruch, 2000, S. 9 ff., 15 f.; Staudinger/Thole, 2023, BGB § 1004 Rn. 29 ff.; K. Schwabe, Der Anspruch des Einzelrechtsnachfolgers in Grundstückseigentum aus § 1004 BGB ..., 1986, S. 63 ff.; Taupitz FS Hagen, 1999, 469 (475 ff.); im Wesentlichen auch A. Karsten, Der nachbarliche Ausgleichsanspruch ..., 1998, S. 157 ff., 191; NK-BGB/Schmidt-Räntsch/Keukenschrijver § 1004 Rn. 66 (s. aber auch Rn. 106).

1. Argument
Wenn Theorie I in den Fällen der Gebäudeerrichtung auf fremdem Boden oder bei durch unzulässige Emissionen herbeigeführten Bodenkontaminationen und in ähnlichen Konstellationen trotz abgeschlossener Einwirkungshandlung eine fortdauernde Eigentumsbeeinträchtigung bejaht, beruht dies auf einem fundamentalen dogmatischen Missverständnis. Sie verkennt, dass der Beseitigungsanspruch aus § 1004 I 1 BGB mit dem tatbestandlich deutlicher gefassten Vindikationsanspruch (§ 985 BGB) außerordentlich eng verwandt ist und deshalb von diesem her interpretiert werden muss. Schon der Wortlaut des § 1004 I 1 BGB lässt erkennen, dass § 1004 BGB („in anderer Weise als durch Entziehung oder Vorenthaltung des Besitzes“) die Generalklausel des dinglichen Schutzanspruchs gegen zuständliche Eigentumsverletzungen, § 985 BGB dagegen eine Spezialregelung für eine besonders wichtige Beeinträchtigungsform enthält. Für den Vindikationsanspruch reicht es aber nicht aus, dass der potenzielle Anspruchsgegner dem Eigentümer den Besitz entzogen, also ein Hindernis für die Ausübung des Eigentümerbeliebens verursacht hat; er muss vielmehr gegenwärtig noch selbst Besitz haben, also immer noch Herrschaftsbefugnisse des Eigentümers usurpieren. Das kann bei § 1004 I 1 BGB nicht anders sein.

2. Argument (gegen Theorie I)
Da sich die Theorie I bei der Anwendung des § 1004 I 1 BGB einseitig an dem Nachteil des betroffenen Eigentümers orientiert, verwandelt sie den Eigentumsfreiheitsanspruch in einen quasi-deliktischen Schadensersatzanspruch (dessen verminderte Tatbestandsvoraussetzungen offenbar durch die umfangmäßige Begrenzung des Ausgleichs kom-

pensiert werden sollen, vgl. Theorie I, Arg. 2). Für eine solche Kausalhaftung (reine Erfolgshaftung) ist aber in einem auf dem Verschuldensprinzip aufbauenden Haftungsrecht kein Platz. Darüber hinaus würde sie zu einer willkürlichen Ungleichbehandlung gleichgelagerter Fälle zwingen: Es ist beispielsweise nicht einsichtig, warum ein Geschäftsunfähiger, der auf einem fremden Grundstück ein zum wesentlichen Bestandteil des Grundstücks werdendes Gebäude errichtet, aus § 1004 I 1 BGB auf die Beseitigung des Gebäudes und damit die Wiederherstellung des bisherigen Zustandes des Grundstücks haften soll, wenn er doch im Falle der Zerstörung eines fremden Gebäudes (vorbehaltlich des § 829 BGB) von jeder Schadensersatzpflicht freibliebe (§ 827 BGB).

3. Argument
Die quasi-deliktische Interpretation des § 1004 I 1 BGB führt dazu, dass die Abgrenzung von Eigentumsbeeinträchtigung und Schaden bzw. von Störungsbeseitigung und Schadensersatz unüberwindliche Schwierigkeiten bereiten muss. Dies führt zu erheblicher Rechtsunsicherheit (Picker, Katzenstein, Lobinger).

4. Argument (gegen Theorie I)
Theorie I löst die Kategorie des sachenrechtlichen Rechtsverwirklichungsanspruchs (dinglicher Anspruch im engeren Sinne) völlig auf, da Vindikation (§ 985 BGB) und negatorischer Beseitigungsanspruch (§ 1004 BGB) praktisch keine gemeinsamen Eigenschaften behielten.

5. Argument (gegen Theorie I)
Theorie I behandelt nur bestimmte Folgen abgeschlossener Einwirkungshandlungen als selbstständige Eigentumsbeeinträchtigungen, wobei die Abgrenzung im Einzelnen (auch unter den Vertretern dieser Auffassung) sehr streitig ist: So würden beispielsweise chemische Ablagerungen oder Bodenkontaminationen als selbstständige neue und unzulässige Eigentumsbeeinträchtigungen behandelt; andere Immissionen, die etwa einen vorhandenen Hausanstrich wegätzen, aber wohl nur als Eigentumsverletzung iSv § 823 I BGB eingeordnet. Darüber hinaus würde § 1004 I 1 BGB ganz sicher nicht mehr als Anspruchsgrundlage in Betracht gezogen, wenn von einem Grundstück Funkenflug oder schwere Erschütterungen ausgehen und dadurch das auf dem Nachbargrundstück stehende Haus völlig zerstört wird. Ein nachvollziehbarer Grund dafür, dass einerseits ein verschuldensunabhängiger Beseitigungsanspruch, andererseits dagegen nur im Verschuldensfalle der deliktische Schadensersatzanspruch aus § 823 I BGB gegeben sein soll, ist aber nicht ersichtlich. Der Umstand, dass bei der immissionsbedingten Bodenkontamination (ebenso wie in den Fremdbaufällen) die von außen gekommenen störenden Stoffe weiterhin im Eigentumsraum des Anspruchstellers vorhanden sind und aus diesem wieder entfernt werden könnten, rechtfertigt jedenfalls keine Sonderbehandlung. Die in das Erdreich eingedrungenen Schadstoffe sind nämlich – genauso wie auf fremden Grundstücken unbefugt errichtete Gebäude – gerade keine vom betroffenen Grundstück zu unterscheidenden selbstständigen Störungsquellen, sondern einfach neue wesentliche Bestandteile des jeweils betroffenen Grundstücks, um die sich das Letztere infolge der erfolgten Eigentumsverletzung erweitert hat. Sie machen nur die konkrete Erscheinungsform dieser Eigentumsverletzung aus.

6. Argument (gegen Theorie I)
Wenn man den Beseitigungsanspruch aus § 1004 I 1 BGB auch in den Fällen der Bodenverunreinigung durch vom Nachbargrundstück ausgehende Immissionen und im

Falle des Bauens auf fremdem Boden gewährt, wird der Störer zur Rückgängigmachung einer nachteiligen Veränderung des betroffenen Grundstücks verpflichtet. Damit wird dem betroffenen Grundstückseigentümer der Sache nach ein – umfangmäßig begrenzter – Schadensersatzanspruch gewährt, der seinen Grund in der vorangegangenen rechtswidrigen Einwirkung auf das Grundstück findet. § 985 BGB als Musterfall der dinglichen Rechtsverwirklichungsansprüche zeigt aber, dass es bei dinglichen Ansprüchen auf einen solchen, in der Vergangenheit liegenden Akt (im Gegensatz zu deliktischen Schadensersatzansprüchen und auch allen anderen schuldrechtlichen Ansprüchen) gar nicht ankommen kann. Der gegenwärtige eigentumswidrige Zustand – im Falle der Vindikation also die Vorenthaltung des Besitzes, im Falle des § 1004 I 1 BGB die faktische Anmaßung sonstiger Eigentümerbefugnisse durch den Anspruchsgegner – ist der *alleinige* Grund der Haftung. Und dieser kann nicht durch einen in der Vergangenheit liegenden, aber abgeschlossenen Einwirkungsakt ersetzt werden; schließlich genügt zur Begründung des Vindikationsanspruchs auch nicht, dass der Anspruchsgegner dem Eigentümer einmal früher den Besitz entzogen hat, er muss vielmehr gegenwärtiger Besitzer der fremden Sache sein und damit Eigentümerbefugnisse usurpieren. Der Blick auf die Vergangenheit bleibt, mit anderen Worten, bei den dinglichen Rechtsverwirklichungsansprüchen völlig ausgeblendet.

7. Argument
Wenn eine bewegliche Sache, die irgendwie auf ein Grundstück ohne Zustimmung des Grundstückseigentümers gelangt oder verbracht worden ist, im Eigentum einer anderen Person als dem Grundstückseigentümer steht, kann der Grundstückseigentümer vom Eigentümer der betreffenden beweglichen Sache aus § 1004 I 1 BGB verlangen, dass dieser die Sache von seinem Grundstück entfernt. Die bloße Anwesenheit der fremden Sache auf dem Grundstück bedeutet einen eigentumswidrigen Zustand: Die dem Grundstückseigentümer unwillkommene bewegliche Sache schränkt ihn in der Nutzung seines Grundstücks ein, zudem maßt sich der Eigentümer der beweglichen Sache ein Nutzungsrecht an dem fremden Grundstück an, solange er seine Sache nicht von dem Grundstück entfernt, und usurpiert damit Befugnisse, die dem Grundstückseigentümer durch § 903 BGB exklusiv zugewiesen sind.

8. Argument (gegen Theorie I, Arg. 5)
Es ist falsch, dass sich aus der Nichtanwendung von § 1004 BGB empfindliche Rechtsschutzlücken in den Tankwagen- oder Fremdbaufällen ergäben. In beiden Fallgruppen ergibt sich die Beseitigungspflicht im Normalfall schon aus den §§ 823 I, 249 I BGB. Anders natürlich in den – in der Praxis sicherlich kaum vorkommenden – Fällen fehlenden Verschuldens. Das ist systemgerecht, wie der Blick auf die Parallelnorm des § 985 BGB zeigt. Auch der Dieb ist nach Aufgabe des Besitzes an der gestohlenen Sache nicht mehr dinglich zur Herausgabe, sondern nur noch aufgrund von Schadensersatznormen (§§ 823 I, 249 I BGB bzw. §§ 992, 823 I, 249 I BGB) zur Rückverschaffung der Sache verpflichtet. Und auch hier entfällt die deliktische Restitutionspflicht natürlich (vorbehaltlich des § 829 BGB) bei Verschuldensunfähigkeit des Täters.

9. Argument
Die Begrenzung des Anspruchs, der durch ein großzügiges Verständnis der Eigentumsbeeinträchtigung zu weit geraten ist, erfolgt häufig durch Kategorien („adäquate

Kausalität", „wertende Zurechnung"), die inhaltlich dem Schadensrecht zuzuordnen sind und dem Institut des Beseitigungsanspruchs eigentlich fremd sind (Picker, Raff).

10. Argument (gegen Theorie I)
In den Fremdbaufällen führt die Anwendung von § 1004 I 1 BGB zu einem weiteren Widerspruch. Theorie I nimmt an, dass jemand, der leicht fahrlässig auf einem fremden Grundstück ein Gebäude errichtet, dieses auf Verlangen des Grundstückseigentümers nach § 1004 I 1 BGB wieder entfernen muss. Wenn der Gebäudeerrichter aber gutgläubiger und unverklagter unrechtmäßiger Besitzer des von ihm bebauten Grundstücks war, unterläuft man damit das Haftungsprivileg des § 993 I Hs. 2 BGB.

11. Argument (gegen Theorie I, Arg. 6)
Die Behauptung, schon in den Fällen der unzulässigen Immissionen könne von einer Rechtsusurpation keine Rede sein, ist unzutreffend: Mit dem Begriff der Rechtsusurpation ist nicht gemeint, dass sich der Störer eines Rechtes zur Einwirkung auf das Grundstück berühmen müsse, sondern vielmehr, dass sein Verhalten bzw. die Ausstrahlungen seiner Sache in die fremde Eigentumssphäre hineinwirken. Ein solcher Übergriff in die Rechtssphäre des betroffenen Eigentümers lässt sich als eine faktische Ausübung einer Entscheidungskompetenz begreifen, die die Rechtsordnung dem betroffenen Eigentümer zuweist (§ 903 BGB). Gerade bei den unzulässigen Immissionen ist es offensichtlich, dass sich der Störer objektiv so verhält, als stünde ihm eine entsprechende Dienstbarkeit (§§ 1018 Var. 3, 1090 I BGB) zu, die das Abwehrrecht des Eigentümers des betroffenen Grundstücks ausschließt. Die Rechtsusurpation liegt damit auf der Hand. Der Vorteil für den „Störer" (s. Theorie I, Arg. 6) besteht dabei in dem Umstand, dass der Störer unrechtmäßigerweise in den für ihn fremden Eigentumsraum hineinwirkt; dieser Vorteil wird ihm entzogen, wenn er mithilfe des § 1004 I 1 BGB dazu gezwungen wird, den Übergriff in die fremde Rechtssphäre zu beenden und sich hinter die Grenzen des eigenen Rechtskreises zurückzuziehen. Der korrespondierende rechtliche Nachteil des betroffenen Nachbarn liegt in der fortdauernden Missachtung seiner Abwehrbefugnis, ferner in der durch die Immissionen bewirkte Einschränkung seines Nutzungsbeliebens.

12. Argument (gegen Theorie III)
Die Actus-contrarius-Lehre ist mit dem Wortlaut des § 1004 I 1 BGB unvereinbar. Zu beseitigen ist danach nun einmal die gegenwärtige Eigentumsbeeinträchtigung, nicht mehr und nicht weniger.

13. Argument (gegen Theorie III)
Die Actus-contrarius-Lehre ist wenig hilfreich. Die bildhafte Redeweise vom gegenläufigen Akt schafft nämlich keine Klarheit darüber, worin denn das geschuldete Verhalten eigentlich bestehen soll: Eine Rückgängigmachung der störenden Tätigkeit wäre, da sich Geschehenes nun einmal nicht ungeschehen machen lässt, doch nur durch Beseitigung der Folgen dieser Tätigkeit zu erreichen. Damit bliebe dann aber doch noch auf anderer Grundlage zu entscheiden, welche nachteiligen Folgen der Störer nach § 1004 I 1 BGB zu beseitigen hat und worin denn eine solche negatorische Folgenbeseitigungspflicht hinter der verschuldensabhängigen Schadensersatzpflicht zurückbleibt.

14. Argument (gegen Theorie IV)
Theorie IV vermeidet die schlimmsten Auswüchse der Lehre von der negatorischen Kausalhaftung aus § 1004 I 1 BGB. Ein stimmiges Gesamtbild ergibt sich auf diese Weise jedoch nicht: Der kategorische Unterschied zwischen Schadensreparatur und Beseitigung einer fortdauernden Eigentumsstörung wird nicht erkannt; zudem wirkt die getroffene Konkurrenzentscheidung eher beliebig.

III. Die Actus-contrarius-Theorie

Der Störer schuldet nach § 1004 I 1 BGB nicht schlechthin die Beseitigung der von ihm herbeigeführten Eigentumsbeeinträchtigung, sondern nur den actus contrarius seiner störenden Tätigkeit bzw. die Beseitigung der primären Störungsquelle (störenden Anlage).

Vertreten von:
F. Baur AcP 160 (1961), 465 (489); Larenz/Canaris SchuldR BT II/2 § 86 V 3c; Bensching, Nachbarrechtliche Ausgleichsansprüche – zulässige Rechtsfortbildung oder Rechtsprechung contra legem?, 2002, S. 231 ff., 239 ff.; Hennig/Honer JuS 2016, 591 (592); Lettl JuS 2005, 871 (872); ferner Waas VersR 2002, 1205 (1211 ff.); MüKoBGB/Medicus, 4. Aufl. 2004, § 1004 Rn. 73; Müller/Gruber SachenR Rn. 1133 ff., 1149 ff., 1212 ff.; Wellenhofer GS Wolf 2011, 323 (327 f.); Wellenhofer SachenR § 24 Rn. 36 ff.

Argument
Jeder Versuch einer begrifflichen Abgrenzung von Eigentumsbeeinträchtigung und Schaden ist bisher gescheitert; sie ist in der Tat nicht möglich. Gerade deshalb muss auf andere Weise dafür gesorgt werden, dass mithilfe des § 1004 I 1 BGB nicht das Verschuldenserfordernis des Deliktsrechts sowie der Enumerationsgrundsatz der Gefährdungshaftung unterlaufen wird. Dies kann nur durch eine Restriktion oder jedenfalls einengende Auslegung der Rechtsfolgenseite des § 1004 I 1 BGB geschehen: Der Handlungsstörer muss nur die störende Handlung selbst rückgängig bzw. für die Zukunft wirkungslos machen, nicht aber weitere nachteilige Eingriffsfolgen beseitigen. Wenn sich die Störung in einer Anlage konkretisiert, schuldet der Störer zudem deren Unschädlichmachung (F. Baur).

IV. Weitere Theorien

Darüber hinaus wird vertreten, die Frage auf der Konkurrenzebene zu lösen und insofern § 823 BGB partiell den Vorrang einzuräumen: Bei substanzverletzenden Eingriffen ist § 823 I BGB danach als *lex specialis* gegenüber § 1004 I 1 BGB einzuordnen, vgl. Armbrüster NJW 2003, 3087 (3089).

Nach anderer Ansicht ist § 1004 I 1 BGB hingegen haftungsrechtlich zu deuten. Danach ist der Störer in Anlehnung an die Grundsätze der Verkehrspflichten zu bestimmen. Die Beseitigungspflicht setzt damit ein rechtswidriges Handeln voraus und richtet sich gegen denjenigen, der es – unter Berücksichtigung der Wertungen der §§ 906 I 1, II 1, 908 BGB – versäumt hat, die Gefahrlosigkeit des eigenen Handelns bzw. der eigenen Sachen zu gewährleisten, vgl. G. Wagner FS Medicus, 2009, 598; s. erg. auch Staudinger/Thole, 2023, BGB § 1004 Rn. 35 ff., der zwar grundsätzlich der Usurpationslehre folgt, damit aber noch nicht entschieden hat, „ob nicht die Lehre von der Verkehrspflichtverletzung vorzugswürdig sein könnte“.

Fallbeispiel:

Im Ausgangsfall war B nach den §§ 104 Nr. 2, 105 I BGB (Geschäftsunfähigkeit) Eigentümer des an A veräußerten Grundstücks geblieben. Infolge der auf diesem Grundstück eingetretenen Bodenkontaminierung durch die von der Fabrik des A emittierten Schadstoffe könnte B einen Schadensersatzanspruch aus § 823 I BGB gegen A erlangt haben, der bei seinem Tode nach § 1922 I BGB auf seinen Erben E übergegangen wäre. Eine Eigentumsverletzung (zulasten des B) ist zweifellos erfolgt, fraglich ist jedoch, ob A diese auch verschuldet hat. Dafür reicht es nicht, dass A den Austritt der Schadstoffe oder jedenfalls die Gefahr eines solchen Ereignisses erkannt oder schuldhaft nicht erkannt hat. A müsste vielmehr auch erkannt oder zumindest schuldhaft nicht erkannt haben, dass die von der Fabrik ausgehenden Schadstoffe sich auf einem fremden Grundstück ablagern würden. Zumindest daran fehlt es, wenn A die Geschäftsunfähigkeit des B schuldlos nicht erkannt hat und deshalb angenommen hat, dass das angrenzende Grundstück mit der Lagerhalle ihm selbst gehörte.

Entscheidend ist damit, ob E aus § 1004 I 1 BGB ein Anspruch auf Auskofferung und Entfernung des verunreinigten Erdreichs von seinem Grundstück gegen A zusteht. Theorie I würde einen solchen Anspruch bejahen, Theorien II (mangels Eigentumsbeeinträchtigung) und wohl auch die unter IV genannten weiteren Theorien würden ihn dagegen verneinen. Die Anhänger von Theorie III entscheiden uneinheitlich: Larenz/Canaris etwa verneinen für eine ähnlich gelagerte Fallgestaltung (Verseuchung von Nachbarhäusern durch austretendes Giftgas) einen negatorischen Anspruch auf Beseitigung der Kontamination (SchuldR BT II/2 § 86 VI 1b); entgegengesetzt entscheidet Lettl (JuS 2005, 871 (873 f.)). Soweit der negatorische Beseitigungsanspruch grundsätzlich bejaht wird, stellt sich die weitere Frage, ob E auch die Wiederauffüllung schadstofffreien Bodens verlangen kann. Die Rechtsprechung würde die Frage heute bejahen: Nach BGH NJW 2005, 1366 (1367), ZUR 2010, 488 Rn. 8 umfasst die Beseitigungspflicht für eine Bodenkontamination auch die anschließende Wiederherstellung des ursprünglichen Zustandes des Grundstücks (vgl. dazu Wenzel NJW 2005, 241 (243): Wiederbenutzbarkeitstheorie).

Was den von E geltend gemachten Anspruch auf Abriss der Halle und Entfernung der dabei anfallenden Baumaterialien von seinem Grundstück anbelangt, so scheiden die §§ 823 I, 1922 I BGB als Anspruchsgrundlage wieder aus, wenn A die Geschäftsunfähigkeit des B schuldlos nicht erkannt hat. Einen auf Beseitigung der Halle gerichteten Anspruch aus § 1004 I 1 BGB würden die meisten Anhänger von Theorie I wiederum generell bejahen, während Theorie II die negatorische Beseitigungspflicht mangels fortdauernder Eigentumsbeeinträchtigung ablehnt. Einige Vertreter von Theorie I würden allerdings ebenso wie die Anhänger von Theorie III differenzieren: Der Errichter eines Fremdbaus soll nämlich durch die vorrangige Wertung des § 993 I Hs. 2 BGB vor dem Beseitigungsanspruch geschützt sein, wenn er im Zeitpunkt der Gebäudeerrichtung gutgläubig-unverklagter Besitzer des von ihm bebauten fremden Grundstücks war (vgl. zB MüKoBGB/Medicus, 4. Aufl. 2004, § 1004 Rn. 76; F. Baur AcP 160 (1961), 465 (491 ff.); als Anhänger von Theorie I beispielsweise Prütting SachenR Rn. 565).

S. ergänzend Deimel JA 2001, 119; Koch/Löhnig Fälle SachenR Fall 9; Lakkis/Rupp JA 2012, 411; Martinek/Omlor, Grundlagenfälle zum BGB für Examenskandidaten, 2022, Fall 8; Stadler/Klöpfer JA 2017, 901.

Weiterführend zur Anwendbarkeit des § 281 BGB auf § 1004 I 1 BGB, BGHZ 236, 369 = NJW 2023, 3722 u. Utech/Lang ZJS 2021, 493 (Klausur).

14. Problem (§§ 1153, 1138 BGB)
Können durch gutgläubigen Erwerb Hypothek und Forderung getrennt werden, sodass sie verschiedenen Personen zustehen?

Ausgangsfall:

S hat dem G eine Verkehrshypothek bestellt. G, der danach geschäftsunfähig geworden ist, tritt die Forderung durch schriftliche Abtretungserklärung und Übergabe des Hypothekenbriefes an D ab. Dieser wird im Grundbuch als neuer Gläubiger der hypothekarisch gesicherten Forderung eingetragen. Anschließend zediert er (D) die Forderung in der gleichen Form an V. Wie ist die Rechtslage hinsichtlich Forderung und Hypothek? Wie wäre die Rechtslage, wenn es sich um eine Sicherungshypothek gehandelt hätte?

Ausgangspunkt:

Die Hypothek ist vom Gesetzgeber als ein unselbstständiger Annex der gesicherten Forderung ausgestaltet worden: Die Abtretung der Hypothek erfolgt durch Zession der gesicherten Forderung; mit dieser geht die Hypothek kraft Gesetzes auf den neuen Gläubiger über, § 1153 I BGB. Insofern ist auch ein gutgläubiger Erwerb der Hypothek möglich. Dies bringt § 1138 Var. 1 BGB zum Ausdruck, nach dem die Gutglaubensschutzvorschriften der §§ 891 ff. BGB „auch in Ansehung der Forderung" Anwendung finden. Damit ist aber nicht gemeint, dass die Forderung selbst – in Abweichung von § 404 BGB (s. aber auch § 405 BGB) – gutgläubig erworben werden könnte, vielmehr *fingiert* das Gesetz den Übergang der Forderung nur insoweit, als er nach § 1153 I BGB für den Übergang der Hypothek erforderlich ist. Diese Regelung führt zu keinen nennenswerten Schwierigkeiten, wenn die laut Grundbucheintragung hypothekarisch gesicherte Forderung in Wirklichkeit gar nicht besteht: Dann hat der gutgläubige Erwerber zwar gem. §§ 1154, 1153, 1138, 892 BGB die Hypothek, nicht aber die persönliche Forderung erworben (und man kann allenfalls darüber streiten, ob diese sog. forderungsentkleidete Hypothek systematisch als echte Hypothek oder besser als Grundschuld zu qualifizieren ist, s. dazu Maurer JURA 2021, 369).

Erheblich komplizierter ist die Situation, wenn Hypothek und Forderung gültig und einredefrei bestehen, aber in Wirklichkeit einem anderen zustehen als dem, der im Grundbuch als Hypothekar eingetragen ist (so wie im Ausgangsfall, in dem der im Grundbuch als Gläubiger der hypothekarisch gesicherten Forderung eingetragene D von dem bisherigen Hypothekengläubiger G wegen dessen Geschäftsunfähigkeit weder Forderung noch Hypothek erworben hatte). Tritt nun der Scheinhypothekar (hier D) die hypothekarisch gesicherte Forderung an einen Gutgläubigen (hier V) ab, so erwirbt dieser kraft seines guten Glaubens die Hypothek, §§ 1154, 1153, 1138, 892 BGB. Damit erhebt sich jedoch die Frage, was nun mit der Forderung geschieht, für die ein gutgläubiger Erwerb nicht in Betracht kommt? Soll diese bei dem bisherigen Hypothekar verbleiben, sodass es zur Trennung von Hypothek und Forderung kommt und für den Eigentümer-Schuldner die Gefahr einer doppelten Inanspruchnahme entsteht (vgl. § 1138 BGB im Unterschied zu § 1192 Ia BGB)? Oder kehrt sich hier der Grundsatz der Akzessorietät ausnahmsweise einmal um, zieht also der gutgläubige Erwerb der Hypothek den Übergang der Forderung nach sich?

I. (hier sog.) **Einheitstheorie bzw. Mitreißtheorie**

Wenn eine durch eine Verkehrshypothek gesicherte Forderung in Wirklichkeit einem anderen zusteht als demjenigen, der im Grundbuch als Hypothekar eingetragen ist, und dieser Scheinhypothekar die hypothekarisch gesicherte Forderung an einen Gutgläubigen abtritt, so erwirbt dieser kraft seines guten Glaubens nicht nur die Hypothek, sondern zugleich auch die gesicherte Forderung. Der Erwerb der Hypothek zieht hier den Erwerb der Forderung – entsprechend § 1153 II BGB – nach sich, weil eine Trennung von Hypothek und Forderung nicht eintreten darf.

Vertreten von:
AK-BGB/Winter §§ 1137, 1138 Rn. 9; Baur/Stürner SachenR § 38 Rn. 28; BeckOK BGB/Rohe § 1138 Rn. 3; Eckert SachenR Rn. 1105 ff., 1109; Eichler Institutionen SachenR II/2 S. 478 und Fn. 270; Erman/Wenzel BGB § 1138 Rn. 6, § 1153 Rn. 3; Gernhuber, Bürgerliches Recht, 3. Aufl. 1991, § 27 IV 5c; Hildesheim JuS 1990, 912 (914); HK-BGB/Staudinger § 1138 Rn. 7, 9; Jauernig/Berger BGB § 1153 Rn. 1; Karper JuS 1989, 33 (35); Lange/Schiemann Fälle SachenR S. 126 f.; Müller/Gruber SachenR Rn. 3462 ff.; NK-BGB/Zimmer § 1153 Rn. 8; Prütting SachenR Rn. 694; Reischl JuS 1998, 220 (222); RGRK/Mattern BGB § 1138 Rn. 10; Schapp/Schur SachenR Rn. 421; Schwintowski JuS 1990, 47 (49); Soergel/Konzen, 13. Aufl. 2001, BGB § 1138 Rn. 7; Weiß JURA 2017, 121 (123 f.); H. Westermann SachenR § 106 III 4; Wieling/Finkenauer SachenR § 27 Rn. 26; Wilhelm SachenR Rn. 1496 ff., 1620; M. Wolf, Sachenrecht, 23. Aufl. 2007, Rn. 1000; Wolff/Raiser SachenR § 137 II 1d; wohl auch Wellenhofer SachenR § 27 Rn. 53.

1. Argument
Der Miterwerb der Forderung stellt zwar als Durchbrechung des grundsätzlichen Ausschlusses eines gutgläubigen Forderungserwerbs eine Systemwidrigkeit dar. Diese ist aber notwendig, um den Eigentümer-Schuldner vor einer doppelten Inanspruchnahme zu schützen. Das Interesse des Eigentümer-Schuldners daran, nicht sowohl die persönliche Forderung erfüllen als auch die Zwangsvollstreckung aus der Hypothek dulden zu müssen, ist vorrangig, weil er das Auseinanderfallen von Rechtsschein und Rechtslage nicht veranlasst hat und an dem Abtretungsgeschäft überhaupt nicht beteiligt ist (H. Westermann).

2. Argument
Das in § 1153 BGB zum Ausdruck gebrachte Verbot, Hypothek und Forderung zu trennen, dient gerade auch dazu, eine Doppelbelastung des Eigentümers auszuschließen. Damit hat der Gesetzgeber eine klare Interessenbewertung getroffen, die berücksichtigt werden muss.

3. Argument (gegen Theorie II, Arg. 5)
Die Annahme, der Eigentümer sei bereits dadurch genügend geschützt, dass er auf die Forderung nur Zug um Zug gegen Rückgewähr der Hypothek zu leisten brauche, ist unzutreffend. Denn dieser Schutz kann nur dann wirken, wenn der Eigentümer-Schuldner die Rechtslage bereits in dem Augenblick kennt, in dem er aus der Forderung in Anspruch genommen wird. Gegen eine doppelte Inanspruchnahme muss er aber auch dann geschützt sein, wenn er in Unkenntnis der Rechtslage auf die persönliche Forderung zahlt.

4. Argument
Gerade weil der Eigentümer-Schuldner die gesicherte Forderung nur gegen Rückgewähr der Hypothek zu erfüllen braucht, hätte eine beim bisherigen Hypothekar verbliebene persönliche Forderung für diesen praktisch keinerlei wirtschaftlichen Wert mehr. Dann erscheint es aber aus Gründen der Rechtsklarheit sinnvoller, die Forderung der Hypothek folgen zu lassen.

5. Argument
Das Gesetz stellt in § 1153 II BGB auch das Mittel für die Konstruktion des Forderungsübergangs auf den gutgläubigen Erwerber der Hypothek zur Verfügung. Wenn es dort heißt, dass die Hypothek nicht ohne Forderung übertragen werden kann, so lässt sich dies durchaus dahingehend verstehen, dass die Forderung zur Verhinderung der (abgelehnten) Trennung der Hypothek folgen muss.

6. Argument
Die in § 1138 BGB angeordnete Beschränkung des Gutglaubenserwerbes auf das dingliche Recht stellt insofern eine Anomalie dar, als die Übertragung der Forderung gem. § 1154 BGB grundsätzlich nach den Regeln des Liegenschaftsrechtes erfolgt. Diese Anomalie darf nicht noch stärker ausgeweitet, sondern muss vielmehr begrenzt werden. Das geschieht, wenn man in den hier zur Diskussion stehenden Fällen die Forderung der gutgläubig erworbenen Hypothek folgen lässt.

7. Argument
Der bisherige Hypothekar erhält für den Verlust der Forderung und der Hypothek einen Ausgleich dadurch, dass er von dem Nichtberechtigten nach § 816 I 1 BGB Herausgabe des für die Abtretung der hypothekarisch gesicherten Forderung erlangten Erlöses verlangen kann.

II. (hier sog.) **Trennungstheorie**

Wenn eine durch eine Verkehrshypothek gesicherte Forderung in Wirklichkeit einem anderen als dem im Grundbuch als Hypothekar Eingetragenen zusteht und der Scheinhypothekar die hypothekarisch gesicherte Forderung an einen Gutgläubigen abtritt, so erwirbt dieser kraft seines guten Glaubens zwar die Hypothek, nicht aber auch die Forderung. Diese verbleibt als sog. forderungsentkleidete Hypothek bei dem bisherigen Hypothekar. Es tritt somit eine Trennung von Hypothek und Forderung ein.

Vertreten von:
BeckOGK/Kiehnle, 1.9.2023, BGB § 1138 Rn. 17; Büdenbender JuS 1996, 665 (673 f.); Bülow KreditsicherheitenR Rn. 322; Fervers JA 2019, 658 (664 f.); Harms SachenR S. 315 ff.; Heck SachenR § 96, 7a; Jahr/Kropf JuS 1963, 356 (358 f.); Kollhosser/Pohlmann JA 1991, Ü 1 (4); Lange SachenR § 40 III 3 mit Fn. 5; Latta/Rademacher JuS 2008, 1052 (1055 f.); Lieder/Selentin JuS 2017, 1052 (1054 f.); Maurer JURA 2021, 369 (375 f.); Medicus/Petersen BürgerlR Rn. 545; MüKoBGB/Lieder § 1153 Rn. 16 ff.; Petersen/Rothenfußer WM 2000, 657 ff.; Prütting/Wegen/Weinreich/Waldner BGB § 1138 Rn. 2; Reinicke/Tiedtke, Kreditsicherung, 5. Aufl. 2006, Rn. 1091 f.; Soergel/Platschek BGB § 1138 Rn. 7; Staudinger/Wolfsteiner, 2019, BGB § 1138 Rn. 10; Tiedtke, Gutgläubiger Erwerb, 1985, S. 122 ff.; R. Weber SachenR II

§ 14 Rn. 108 ff.; v. Bismarck JA 2011, 652 (653 f.); Westermann/Gursky/Eickmann SachenR § 104 Rn. 6 f.; E. Wolf SachenR S. 495 f.

1. Argument
Die Spaltung von Hypothek und Forderung ist eine unvermeidliche Folge der gesetzlichen Regelung, wonach der gutgläubige Erwerb einer Forderung ausgeschlossen, der gutgläubige Erwerb der Hypothek aber zugelassen ist.

2. Argument (gegen Theorie I, Arg. 5)
Auch § 1153 II BGB verhindert die Trennung von Hypothek und gesicherter Forderung nicht. Wer aus § 1153 II BGB folgern wollte, dass in den hier zur Diskussion stehenden Fällen die Forderung der Hypothek folgen müsse, würde dem Satz „Die Hypothek kann nicht ohne die Forderung übertragen werden“ eine Bedeutung beimessen, die ihm nicht zukommt. Dieser Satz soll nur klarstellen, dass ein auf Abtretung der Hypothek ohne Mitübertragung der Forderung gerichtetes Rechtsgeschäft nichtig wäre. Keinesfalls darf man – wie die Einheitstheorie bzw. Mitreißtheorie (Theorie I) – das in § 1153 I BGB zum Ausdruck gebrachte Akzessorietätsverhältnis umkehren und die Forderung als ein an die Hypothek angelehntes Recht ansehen.

3. Argument
Beim gutgläubigen Erwerb einer Verkehrshypothek wird gem. § 1138 BGB das Bestehen der Forderung fingiert, um das Akzessorietätsdogma aufrechterhalten zu können. Die „forderungsentkleidete Hypothek“, die der Erwerber nach den §§ 1138, 1192 BGB erhält, ist ihrem wahren Wesen nach eine Grundschuld. Eine Grundschuld kann aber anerkanntermaßen von der gesicherten Forderung getrennt werden.

4. Argument
Wenn bei der Trennung von Hypothek und Forderung dem Eigentümer-Schuldner ernstlich die Gefahr einer Verdoppelung seiner Leistungspflicht drohte, wäre das in der Tat unerträglich. In Wirklichkeit ist die Gefahr einer endgültigen Doppelbelastung doch sehr gering (s. unten Arg. 5, 6). Deshalb muss und kann die im System des BGB begründete Trennung von Forderung und Hypothek hingenommen werden.

5. Argument
Nach dem zwar nicht ausdrücklich geäußerten, aber im Wege der ergänzenden Vertragsauslegung zu berücksichtigenden Parteiwillen braucht der Eigentümer-Schuldner die persönliche Forderung nur dann zu erfüllen, wenn er dadurch von der Haftung aus der Hypothek frei wird. Nach der Trennung von Forderung und Hypothek muss der Eigentümer-Schuldner zwar das dingliche Recht unbeschränkt gegen sich gelten lassen (vgl. § 1138 BGB), kann aber gegenüber der persönlichen Forderung die Einrede erheben, dass er nur unter der Voraussetzung zur Erfüllung der Forderung verpflichtet ist, dass er dadurch die Hypothek erwirbt (vgl. § 1163 I 2 BGB). Da eine Erfüllung der Forderung diese Wirkung infolge der Trennung nicht mehr haben kann, hat der Eigentümer-Schuldner eine dauernde Einrede gegen die Forderung, die diese praktisch entwertet. Wenn aber der Hypothekar aus dem Grundstück befriedigt wird, gewinnt der Eigentümer-Schuldner gegenüber der persönlichen Forderung die Einwendung des Erlöschens. Denn Forderung und Hypothek stehen in

einer Befriedigungsgemeinschaft: Jede Bestellung einer „Sicherheit“ (wie zB einer Hypothek) enthält die Abrede, dass die gesicherte Forderung erlöschen soll, wenn sich der Gläubiger aus der Sicherheit befriedigt. Diese Befriedigungsgemeinschaft kann auch durch die Trennung von Forderung und Hypothek nicht zerrissen werden (Jahr/Kropf).

6. Argument (gegen Theorie I, Arg. 3)
Der Schutz des Eigentümer-Schuldners versagt auch dann nicht, wenn er in Unkenntnis der Rechtslage auf die persönliche Forderung zahlt, ohne die Einrede geltend zu machen. Zahlt nämlich der Eigentümer-Schuldner zwar „auf die Forderung“, aber an den gutgläubigen Erwerber der Hypothek, den er für den Inhaber der persönlichen Forderung hält, so kann er diese Zahlung als Erfüllung einer Nichtschuld kondizieren oder aber als Zahlung auf die Hypothek gelten lassen, wodurch die persönliche Forderung infolge der Befriedigungsgemeinschaft mit der Hypothek erlöschen würde. Zahlt er aber an den wahren Inhaber der Forderung (dh den früheren Hypothekar), ohne die Einrede geltend zu machen, dass er die Forderung nur unter der Voraussetzung erfüllen brauche, dass er dadurch gem. § 1163 I 2 BGB die Hypothek erwerbe, so kann er, da es sich dabei um eine peremptorische Einrede handelt, seine Zahlung nach § 813 I BGB kondizieren.

7. Argument
Die Doppelzahlungsgefahr darf schon deshalb kein Anlass für systemwidrige Lösungen sein, weil sie auch außerhalb dieser Fallkonstellation als Konsequenz des § 1138 BGB auftritt und hingenommen werden muss: nämlich immer dann, wenn die Hypothekenforderung durch Zahlung oder Aufrechnung erloschen war, die damit zur Eigentümergrundschuld gewordene Hypothek aber vom noch als Hypothekar eingetragenen Gläubiger nach den §§ 1138, 892 BGB wirksam an einen Gutgläubigen abgetreten wird (Wolfsteiner).

Fallbeispiele:

1. Im Ausgangsfall hat V vom Pseudohypothekar D nach Theorie I nicht nur kraft seines guten Glaubens die Hypothek, sondern gem. § 1153 II BGB auch die gesicherte Forderung erworben. Nach Theorie II ist G zwar Inhaber der gesicherten Forderung geblieben, aber diese ist für ihn praktisch wertlos, da S die Erfüllung solange verweigern kann, als er durch eine Erfüllung der Forderung nicht nach § 1163 I 2 BGB die Hypothek zurückerwirbt. Wenn S die Hypothekensumme an V zahlt oder V sich durch Zwangsvollstreckung in das Grundstück befriedigt, erlischt nach Theorie II die gesicherte Forderung.

Wenn es sich bei der Hypothek um eine Sicherungshypothek gehandelt hätte, wäre das Problem der Trennung von Forderung und Hypothek gar nicht eingetreten. Die Sicherungshypothek ist streng akzessorisch und kann daher nur dann im Wege der Zession erworben werden, wenn die gesicherte Forderung dem Zedenten wirklich zustand. Ein Erwerb über § 1138 BGB wird durch § 1185 II BGB ausdrücklich ausgeschlossen.

2. Für einen weiteren Beispielfall vgl. Jahr/Kropf JuS 1963, 356.

Hinweis: Zur Parallelproblematik bei der Verpfändung einer Hypothek s. Karper JuS 1989, 33; Schwintowski JuS 1990, 47; H.A. Wolff JuS 1990, 994. Zu einer ähnlichen Konstellation im Kontext der Sicherungsgrundschuld s. Thöne ZfIR 2010, 448.

S. ergänzend Hildesheim JuS 1990, 912; Kern/Klett JuS 2013, 541; Kollhosser/Pohlmann JA 1991, Ü 1; Lange/Schiemann Fälle SachenR Fall 20; Neuner SachenR Fall 16 (Variante 3b); Richter/Dietrich JuS 2007, 45; Schwintowski JuS 1990, 47; Vieweg/Röthel SachenR Fall 35; Werner/Saenger, Fälle für Fortgeschrittene im Bürgerlichen Recht, 7. Aufl. 2019, Fall 18.

15. Problem (§ 1155 BGB)
Ist § 1155 S. 1 BGB auch dann anwendbar, wenn Abtretungserklärung und öffentliche Beglaubigung gefälscht sind?

Ausgangsfall:

A hat einen ihm gehörenden Hypothekenbrief bei Notar N hinterlegt. Dessen Bürovorsteher B entwendet den Brief, fälscht die Unterschrift des A unter einer auf ihn (B) ausgestellten Abtretungserklärung und sodann die Beglaubigungserklärung des Notars N unter Nutzung des Notariatssiegels. Anschließend tritt er die Hypothek mittels schriftlicher Abtretungserklärung und Übergabe des Briefes an den gutgläubigen C ab. Hat C die Hypothek erworben?

Ausgangspunkt:

Eine Hypothek kann gem. § 1154 I BGB (auch) ohne Eintragung im Grundbuch, nämlich durch schriftliche Abtretung der gesicherten Forderung und Übergabe des Hypothekenbriefes, übertragen werden. Die §§ 892, 1138 BGB lassen aber nur einen durch den Rechtsschein des Grundbuches gedeckten gutgläubigen Erwerb der Hypothek zu. Die damit für den Fall der Briefhypothek bestehende Lücke füllt jedoch § 1155 BGB. Danach steht der durch eine ununterbrochene, auf einen im Grundbuch eingetragenen Hypothekengläubiger zurückgehende Kette öffentlich beglaubigter Abtretungserklärungen und durch Briefbesitz Legitimierte einem im Grundbuch Eingetragenen gleich (S. 1 iVm § 892 BGB).

Fraglich ist jedoch, ob dies auch im Falle einer absichtlichen Falschbeurkundung gilt. Ist § 1155 S. 1 BGB, mit anderen Worten, also auch dann anwendbar, wenn ein (krimineller) Notar in einen bei ihm hinterlegten Hypothekenbrief eine fingierte Abtretungserklärung einträgt und diese gefälschte Erklärung öffentlich beglaubigt oder wenn er eine fiktive Zession beurkundet? Dies wurde in der Vergangenheit fast einhellig angenommen, denn auch in diesem Fall ist eine echte (weil vom Notar vorgenommene) öffentliche Beglaubigung bzw. Beurkundung gegeben. Allerdings gibt es auch einige Stimmen (OLG Braunschweig OLGZ 1983, 219 (222 f.); Baur/Stürner SachenR § 38 Rn. 34), die eine gegenteilige Position vertreten und insofern vorbringen, dass es nach dem Wortlaut des § 1155 S. 1 BGB auf die Abtretungserklärung ankomme und allein das Vorliegen des Hoheitsaktes der öffentlichen Beglaubigung nicht ausreichen könne; vielmehr müsse immer eine echte Abtretungserklärung vorhanden sein. Das ist nicht überzeugend: § 1155 BGB kann ohnehin nur zur Anwendung gelangen, wenn wenigstens das letzte Glied der auf den Verfügenden hinführenden Kette öffentlich beglaubigter Abtretungserklärungen unwirksam gewesen ist, dem jetzt Verfügenden also die hypothekarisch gesicherte Forderung gerade nicht verschafft hat. Es besteht kein Anlass, hinsichtlich der Gründe der Unwirksamkeit nochmals zu differenzieren und die Fälle der Fälschung (nur) der Abtretungserklärung ganz aus dem Anwendungsbereich des § 1155 BGB herauszunehmen (iErg ebenso Brehm/Berger SachenR Rn. 17.89; Staudinger/Wolfsteiner, 2019, BGB § 1155 Rn. 19; Wilhelm SachenR Rn. 1631a).

Wesentlich stärker umstritten ist die Frage, ob § 1155 S. 1 BGB auch dann anwendbar ist, wenn nicht nur die Abtretungserklärung, sondern auch die Beglaubigung gefälscht ist.

I. (hier sog.) **Gutglaubensschutztheorie**

§ 1155 S. 1 BGB ist auch dann anwendbar, wenn die Beglaubigungen gefälscht sind, sofern die Fälschungen (äußerlich) als solche nicht erkennbar sind. Die äußere Ordnungsmäßigkeit der öffentlich beglaubigten Abtretungserklärungen, der „Schein einer echten Urkunde", genügt also.

Vertreten von:
RGZ 93, 41 (44) (obiter dictum); Cosack/Mitteis BürgerlR I § 81 II 1a; Harms SachenR S. 314 f.; K. Müller, Sachenrecht, 4. Aufl. 1997, Rn. 1706; MüKoBGB/Eickmann, 6. Aufl. 2013, § 1155 Rn. 12 (allerdings nur auf die Fälschung der Abtretungserklärung bezogen); Planck/Strecker BGB § 1155 Anm. 2b a; RGRK/Mattern BGB § 1155 Rn. 5; C. Schreiber SachenR Rn. 480; Soergel/Konzen, 13. Aufl. 2001, BGB § 1155 Rn. 9; Staudinger/Scherübl, 11. Aufl. 1963, BGB § 1155 Rn. 11 (mit der Einschränkung, dass die Fälschung so gut sein muss, dass sie auch für das Grundbuchamt unerkennbar gewesen wäre, und dass der Verlust des Briefes dem Grundbuchamt noch nicht gemeldet sein darf); Wieling/Finkenauer SachenR § 27 Rn. 29.

(In den meist für diese Theorie angeführten RG-Entscheidungen RGZ 85, 58 und RGZ 86, 262 sowie RG ZBlFG 16, 580 ging es um die Frage, ob die *echte* notarielle Ausfertigung über eine in Wirklichkeit nicht vorhandene Abtretung genügt).

1. Argument
Der Hypothekenbrief ist – ähnlich wie der Wechsel – zum Umlauf, zur Kreditbeschaffung bestimmt. Seine Aufgabe, die Zirkulationsfähigkeit der Hypothek zu erleichtern, könnte er aber kaum erfüllen, wenn der Erwerber jeweils erst die Echtheit der öffentlichen Beglaubigungen nachprüfen müsste.

2. Argument
Beim Wechsel ermöglicht Art. 16 WG einen gutgläubigen Erwerb vom Nichtberechtigten schon dann, wenn dieser durch eine äußerlich einwandfreie Indossamentenkette (durchgängige schriftliche Übertragungsvermerke) legitimiert ist. Die Tatsache, dass eines dieser Indossamente (unerkennbar) gefälscht ist, schließt den gutgläubigen Erwerb des Eigentums an der Wechselurkunde nicht aus. Der funktionale Gleichlauf zwischen Wechsel und Hypothekenbrief (s. bereits Arg. 1) legt es nahe, bei letzterem einen ähnlichen Maßstab hinsichtlich des Gutglaubensschutzes anzulegen.

3. Argument
Es würde niemandem nützen, wenn der Erwerber (zur eigenen Absicherung) erst den vorherigen Briefbesitzer ins Grundbuch eintragen lassen müsste, um gegen Fälschungen geschützt zu sein, die auch dem Grundbuchamt unerkennbar sind. Damit wäre der Zweck des § 1155 BGB (Verkehrsschutz) in sein Gegenteil verkehrt.

4. Argument
Der gutgläubige Erwerber ist schutzwürdiger als der Hypothekar, dessen Unterschrift gefälscht wurde. Denn für den gutgläubigen Erwerber war die Fälschung nicht erkennbar, der (wahre) Hypothekar besaß hingegen die Möglichkeit, seinen Hypothekenbrief so zu verwahren, dass er nicht von anderen zu Fälschungen missbraucht werden konnte.

II. (hier sog.) **Schutzversagungstheorie**

§ 1155 S. 1 BGB setzt *echte* öffentliche Beglaubigungen voraus. Auch äußerlich nicht erkennbare Fälschungen schließen die Anwendung dieser Vorschrift aus.

Vertreten von:
Baur/Stürner SachenR § 38 Rn. 34 (wo aber auf die Fälschung der Abtretungserklärung abgestellt wird); BeckOK BGB/Rohe § 1155 Rn. 9; Brehm/Berger SachenR Rn. 17.89; Eichler Institutionen SachenR II/2 S. 479 f. Fn. 216; Gottwald PdW SachenR S. 173 (Ausnahme aber für Orderpapiere); Grüneberg/Herrler BGB § 1155 Rn. 4; Habersack SachenR Rn. 388; Heck SachenR § 96, 6c; HK-BGB/Staudinger § 1155 Rn. 11; Jauernig/Berger BGB § 1155 Rn. 4; Lieder AcP 210 (2010), 857 (882 ff.); v. Moltke AcP 142 (1936), 257 (258 ff.); MüKoBGB/Lieder § 1155 Rn. 11 ff.; Müller/Gruber SachenR Rn. 3499; NK-BGB/Zimmer § 1155 Rn. 8; Prütting SachenR Rn. 688; Prütting/Wegen/Weinreich/Waldner BGB § 1155 Rn. 2 (anders, wenn nicht der Beglaubigungsvermerk, sondern die beglaubigte Unterschrift wegen Täuschung oder Unachtsamkeit des Notars falsch ist); Reinicke/Tiedtke, Kreditsicherung, 5. Aufl. 2006, Rn. 1088 (wonach aber schon die Fälschung der Abtretungserklärung schadet); Soergel/Baur, 11. Aufl. 1956, BGB § 1155 Rn. 8; Soergel/Platschek BGB § 1155 Rn. 9; Staudinger/Wolfsteiner, 2019, BGB § 1155 Rn. 19; Wilhelm SachenR Rn. 1631a; E. Wolf SachenR S. 497; Wolff/Raiser SachenR § 142 VIII 1b Fn. 17.

1. Argument
Der Wortlaut des § 1155 S. 1 BGB ist eindeutig: das Gesetz fordert eine öffentliche Beglaubigung, nicht deren Schein (Heck).

2. Argument
Der gutgläubige Erwerb vom Nichtberechtigten ist nach unserer Rechtsordnung grundsätzlich nur dann möglich, wenn der Nichtberechtigte durch einen vom Gesetz für geeignet erklärten Rechtsscheinsträger legitimiert war. Im Falle des § 1155 S. 1 BGB ist dieser Rechtsscheinsträger die ununterbrochene Reihe der öffentlich beglaubigten Abtretungserklärungen. Der gute Glaube des Erwerbers der Briefhypothek an die Echtheit der Beglaubigungen bedeutet nur den Glauben an das Vorhandensein des (in Wirklichkeit gar nicht vorhandenen) Rechtsscheinträgers. Dieser Glaube wird aber nicht geschützt.

3. Argument
Indem das Gesetz für den gutgläubigen Erwerb einer Briefhypothek das Erfordernis der öffentlichen Beglaubigung der vorangehenden Abtretungserklärungen einführte, wollte es dem wahren Berechtigten einen besonderen Schutz gewähren. Hierdurch sollten Fälschungen erschwert werden und es sollte eine erhöhte Garantie dafür geschaffen werden, dass regelmäßig eine gültige Abtretung stattgefunden habe und der Brief von Hand zu Hand gewandert sei. Diese Schutzfunktion würde man unterlaufen, wenn man auch gefälschte Beglaubigungserklärungen genügen ließe. – Eine ähnliche Wertung liegt § 892 BGB zugrunde: Die Form der Eintragung im Grundbuch durch eine mit staatlicher Autorität versehene Behörde gibt dem Berechtigten größtmögliche Sicherheit für die Erhaltung seiner Rechte. Eine nicht vom Grundbuchamt herrührende Eintragung kann nicht Grundlage des gutgläubigen Erwerbs sein. Wenn

nun der Erwerber eines Hypothekenbriefes auch ohne Eintragung des Veräußerers im Grundbuch gem. § 1155 BGB denselben Gutglaubensschutz genießen soll, den das Grundbuch gewährt, muss dieser auch hier im Interesse des Berechtigten an eine gewichtige Form geknüpft werden. Deshalb verlangt das Gesetz hier neben dem Besitz des Hypothekenbriefes und der ununterbrochenen Reihe der Abtretungserklärungen die öffentliche Beglaubigung (dieser Abtretungserklärungen). Demzufolge kann man sich nicht mit dem Schein der öffentlichen Beglaubigung begnügen; genauso wenig wie man sich iRd § 892 BGB mit dem Schein einer amtlichen Grundbucheintragung begnügen kann (v. Moltke).

4. Argument (gegen Theorie I, Arg. 1)
Die Erschwerung der Zirkulationsfähigkeit ist kein entscheidendes Gegenargument. Denn dem gesetzgeberischen Zweck, den Hypothekenverkehr zu beleben, steht auf der anderen Seite die im Hypothekenrecht besonders bedeutsame Absicht des Gesetzgebers gegenüber, dem Berechtigten sein Recht zu sichern.

5. Argument
Die Echtheit der öffentlichen Beglaubigungen ist zum Schutze des wahren Hypothekars schon deshalb erforderlich, weil dieser nur bei Mitwirkung der öffentlichen Urkundsperson einen Regressanspruch gegen diese oder den Staat erlangen kann (vgl. beispielsweise § 19 BNotO).

6. Argument
Das Risiko der gefälschten Unterschrift trägt nach geltendem Recht auch sonst grundsätzlich derjenige, der auf ihre Echtheit vertraut (Soergel/Baur).

7. Argument (gegen Theorie I, Arg. 2)
Der Hinweis auf die Möglichkeit des gutgläubigen Erwerbs eines Wechsels auch in solchen Fällen, in denen die formelle Legitimation des verfügenden Nichtberechtigten auf einem gefälschten Indossament beruht, überzeugt nicht. Der Wechsel ist in noch höherem Maße für den Umlauf bestimmt als die Briefhypothek. Es fehlt mithin an der Vergleichbarkeit, sodass die Anforderungen an die objektive Rechtsscheinsbasis im Wechselrecht ohne Weiteres geringer ausfallen können als bei der Briefhypothek. Im Übrigen darf nicht übersehen werden, dass das Wechselrecht bei der Frage des gutgläubigen Erwerbs der im Wechsel scheinbar verbrieften Forderung aus Art. 15 WG gegen den Indossanten entgegengesetzt entscheidet (s. Arg. 8).

8. Argument
Wenn der Hypothekenbrief insgesamt gefälscht ist, kann ein gutgläubiger Erwerb der Hypothek nicht stattfinden (vgl. hierzu BeckOGK/Kiehnle, 1.9.2023, BGB § 1155 Rn. 3). Genauso führt die Fälschung einer Wechselunterschrift nach hM zu einem dinglichen Einwand, der jedem Inhaber, also auch einem gutgläubigen Erwerber, entgegengesetzt werden kann (vgl. Baumbach/Hefermehl/Casper/Casper, WG, ScheckG, Recht des Zahlungsverkehrs, 24. Aufl. 2020, WG Art. 17 Rn. 41). Es ist unerfindlich, warum der gefälschten Beglaubigung eine stärkere Wirkung zukommen soll als einem gefälschten Hypothekenbrief oder einer gefälschten Wechselunterschrift. Sie darf nur denjenigen schädigen, der sich täuschen lässt, nicht aber den Rechtsinhaber.

9. Argument (gegen Theorie III)
Eine Differenzierung danach, ob der Brief dem Berechtigten abhanden gekommen ist oder nicht, ergibt keinen Sinn. Das Abhandenkommen oder Nichtabhandenkommen ist nur für den gutgläubigen Erwerb von beweglichen Sachen (Fahrnis), nicht aber im Liegenschaftsrecht (Immobilien) relevant. Zudem wird das Abhandenkommen dort nur zum Anlass für den Ausschluss eines – an sich grundsätzlich möglichen – gutgläubigen Erwerbs genommen. Es kann deshalb nicht aus dem bloßen Nichtabhandenkommen auf eine besondere Schutzwürdigkeit geschlossen werden, die es rechtfertigt, sich über die gesetzliche Entscheidung, keinen Verkehrsschutz zu gewähren, hinwegzusetzen.

III. (hier sog.) Differenzierende Theorie

Grundsätzlich ist bei äußerlich einwandfreien Fälschungen § 1155 S. 1 BGB anwendbar und in der Folge ein gutgläubiger Erwerb möglich. Eine Ausnahme ist aber dann zu machen, wenn der Hypothekenbrief dem Berechtigten iSv § 935 BGB abhanden gekommen ist.

Vertreten von:
H. Westermann SachenR § 106 IV 2b; Erman/H. Westermann, 6. Aufl. 1975, § 1155 Rn. 3.

Argument
Zwar trägt die Gefahr der gefälschten Unterschrift im Allgemeinen derjenige, der ihr vertraut, nicht aber derjenige, dessen Unterschrift gefälscht ist. Zu beachten ist jedoch, dass der Verfügende im Falle des § 1155 S. 1 BGB nicht nur durch die öffentlich beglaubigten Abtretungserklärungen legitimiert wird, sondern auch durch den Besitz am Hypothekenbrief. Diese zusätzliche Legitimation des Nichtberechtigten durch den Besitz des Hypothekenbriefes gibt den Ausschlag zugunsten des gutgläubigen Erwerbers und zuungunsten des Altberechtigten, wenn diesem der Brief nicht iSv § 935 BGB abhanden gekommen ist. Der wahre Hypothekar muss sich den Verlust seines Rechtes durch den gutgläubigen Erwerb eines Dritten gefallen lassen, wenn er es selbst veranlasst hat, dass sein Brief zu dem Nichtberechtigten gelangen konnte (Veranlassungsprinzip, das iRd §§ 932, 935 BGB das Rechtsscheinsprinzip ergänzt und korrigiert).

Fallbeispiel:

Da B als Nichtberechtigter über die Briefhypothek des A verfügt hat, kann C die Hypothek nur kraft guten Glaubens erworben haben. Und da die Abtretung von B an C außerhalb des Grundbuches, in der Form des § 1154 I BGB erfolgt ist, kommt nur ein gutgläubiger Erwerb nach den §§ 1155 S. 1, 892 BGB in Betracht. B hat dem C eine öffentlich beglaubigte Abtretungserklärung vorgelegt, die auf den im Grundbuch eingetragenen Hypothekengläubiger A zurückführt. Dass die öffentliche Beglaubigung gefälscht war, schadet C nach Theorie I („Gutglaubensschutztheorie“) nicht, da die Fälschung äußerlich einwandfrei war. Nach dieser Auffassung hätte C die Hypothek also gem. §§ 1155 S. 1, 892 BGB gutgläubig erworben. Nach Theorie II („Schutzversagungstheorie“) ist § 1155 S. 1 BGB dagegen unanwendbar, sodass ein gutgläubiger Erwerb der Hypothek durch C nicht infrage kommt. Nach Theorie III („Differenzierende Theorie") ist entscheidend, ob der Brief iSv § 935 BGB abhanden gekommen war. Dies ist im Falle des unfreiwilligen Verlusts des unmittelbaren Besitzes anzunehmen; gem. § 935 I 2 BGB genügt es, wenn die Sache dem Besitzmittler des Eigentümers abhanden kommt. N, der als unmittelbarer Besitzer des Briefes dem A den Besitz vermittelte, hat diesen ohne seinen Willen verloren, sodass der Brief abhanden gekommen war. Ein gutgläubiger Erwerb des C scheidet daher auch nach Theorie III aus.

S. ergänzend Koch/Löhnig Fälle SachenR Fall 15; Kollhosser/Pohlmann JA 1991, Ü 1; Lieder JuS 2021, 1169; Reiss JuS 2024, 249; Richter/Dietrich JuS 2007, 45.

16. Problem (§ 1196 BGB)
Entsteht ein Eigentümergrundpfandrecht auch dann, wenn eine Hypothek im Grundbuch eingetragen ist, es aber an einer wirksamen Einigung fehlt?

Ausgangsfall:

E, der Eigentümer eines bisher unbelasteten Grundstücks ist, nimmt bei seinem Freund F ein Darlehen auf und bestellt ihm dafür eine Hypothek. Kurz darauf nimmt er ein weiteres Darlehen bei der Bank B auf und bestellt dieser zur Sicherung eine Grundschuld, wobei der gesetzliche Löschungsanspruch des Grundschuldgläubigers ausgeschlossen wird (vgl. §§ 1192 I, 1179a I, V BGB). Nachdem E das Darlehen des F zurückgezahlt hat und die Hypothek in eine Eigentümergrundschuld umgeschrieben worden ist, veräußert E das Grundstück an X, der die beiden Grundpfandrechte unter Anrechnung auf den Kaufpreis übernimmt. Sodann stellt sich heraus, dass F bereits bei der Bestellung der Hypothek geschäftsunfähig war. Nunmehr verlangt B von E Zustimmung zur Löschung der Eigentümergrundschuld. Zu Recht?

Ausgangspunkt:

Grundpfandrechte werden in aller Regel zur Sicherung einer Verbindlichkeit und damit zugunsten des betreffenden Gläubigers bestellt. In diesem (Regel-)Fall handelt es sich um Fremdgrundpfandrechte (Fremdhypothek, Fremdgrundschuld). Kommt die gesicherte Forderung nicht wirksam zustande oder erlischt sie durch Erfüllung, so weist das Gesetz das (eingetragene) Grundpfandrecht dem Eigentümer zu (vgl. §§ 1143, 1163, 1177 BGB u. weiter zum Entstehen eines Eigentümerpfandrechts, Prütting SachenR Rn. 708 ff.); es entsteht ein Eigentümergrundpfandrecht, über das der Eigentümer verfügen kann (s. darüber hinaus den Fall der (originären) Eigentümergrundschuld, § 1196 BGB). Er erlangt damit eine eigenständige Rechtsposition, deren Bedeutung aber vor allem aus der (potentiellen) Konkurrenz zu anderen Sicherungsrechten rührt, deren Verhältnis sich im Sicherungsfall nach der Rangordnung iSv § 879 BGB bestimmt. Diese bestimmt, welches Recht und damit welcher Berechtigte bei Verwertung des belasteten Grundstücks vorrangig zum Zuge kommt – dementsprechend kann es von großer wirtschaftlicher Bedeutung sein, ob ein Grundpfandrecht wirksam zustande gekommen ist oder rangwahrend bestehen bleibt.

I. (hier sog.) Nichtigkeitstheorie

Wenn ein Fremdgrundpfandrecht eingetragen wird, ohne dass eine gültige Einigung (zwischen Berechtigtem und Begünstigtem) vorliegt, so entsteht keine Eigentümergrundschuld; es entsteht überhaupt kein Grundpfandrecht.

Vertreten von:
RGZ 70, 353 (356); 78, 60 (64); RGSt 45, 431; RG JW 1912, 296; 1913, 540; OLG Königsberg OLGE 5, 9; 8, 142; KG KGJ 27 A 128 ff.; OLG Karlsruhe FGPrax 2013, 253 (254); BeckOGK/Rebhan, 1.9.2023, BGB § 1196 Rn. 14; BeckOK BGB/Rohe § 1163 Rn. 3; Brehm/Berger SachenR Rn. 17.5; Cosack/Mitteis BürgerlR II § 78 IV 4c; Eckert SachenR Rn. 1071; Eichler Institutionen SachenR II/2 S. 505 f.; Endemann,

Lehrbuch des Bürgerlichen Rechts, Bd. II/1, 8./9. Aufl. 1905, § 116 3 mit Fn. 11; Erman/Wenzel BGB § 1163 Rn. 6; Fischer FS Wach I, 1913, 179 (258); O. v. Gierke, Deutsches Privatrecht II, 1905, § 166 Fn. 29; Grüneberg/Herrler BGB § 1163 Rn. 1; Gursky Klausurenkurs SachenR Rn. 232; Jauernig/Berger BGB § 1113 Rn. 16; Klee NJW 1951, 579; Müller/Gruber SachenR Rn. 3240 ff.; NK-BGB/Krause § 1196 Rn. 10; Planck/Strecker BGB § 1163 Anm. 2; Prütting SachenR Rn. 710, 760; RGRK/Joswig BGB § 1196 Rn. 2; Staudinger/Kober, 9. Aufl. 1926, BGB § 1163 II 1a b; Werneburg DNotZ 1915, 159; Westermann/Gursky/Eickmann SachenR § 118 Rn. 5; E. Wolf SachenR S. 468; iErg auch Wilhelm SachenR Rn. 1590 f.; im Wesentlichen auch MüKoBGB/Eickmann, 6. Aufl. 2013, § 1196 Rn. 3–5 (nur ausnahmsweise bejahend, s. Theorie II).

1. Argument
Wenn ein Fremdgrundpfandrecht (Hypothek oder Grundschuld) eingetragen wird, ohne dass dieser Eintragung eine gültige Einigung zugrunde liegt, kann (auch) ein Eigentümergrundpfandrecht nicht entstehen. Eine Eigentümerhypothek iSv § 1163 BGB kann hier schon deshalb nicht entstehen, weil § 1163 BGB eine wirksame Einigung voraussetzt. Das Gesetz sagt das zwar nicht ausdrücklich, es führt aber diejenigen Umstände auf, welche Entstehung oder Fortbestand der Fremdhypothek hindern und die Hypothek als Eigentümerhypothek entstehen bzw. weiterbestehen lassen, und gibt dadurch zu erkennen, dass alle übrigen Voraussetzungen der Entstehung der Hypothek auch für die Entstehung der Eigentümerhypothek erforderlich sind. Die Voraussetzungen einer Eigentümergrundschuld nach § 1196 BGB sind wegen des Fehlens einer Eintragung (des Grundpfandrechts) *für* den Eigentümer ebenfalls nicht gegeben.

2. Argument (gegen Theorie II, Arg. 1)
Dass in jeder Hypothekenbestellung zugleich die Bestellung der eventuell (über § 1163 I 1, II BGB) zur Entstehung kommenden Eigentümergrundschuld liegt, ist zutreffend, aber irrelevant. Denn § 1196 BGB begnügt sich nicht mit der bloßen Erklärung des Eigentümers, eine Grundschuld erwerben zu wollen, sondern verlangt vielmehr „die Erklärung des Eigentümers gegenüber dem Grundbuchamt, dass die Grundschuld für ihn in das Grundbuch eingetragen werden soll". Die Erklärung des Eigentümers muss also eindeutig auf Eintragung des Grundpfandrechts für sich und nicht für einen anderen gerichtet sein. Dieser in § 1196 BGB ausdrücklich vorgeschriebene Erklärungsinhalt kann aber in einer auf Bestellung eines Fremdgrundpfandrechtes gerichteten Erklärung nicht enthalten sein (Eintragung für den Gläubiger, nicht aber für sich selbst).

3. Argument
Der Antrag des Eigentümers, ein Fremdgrundpfandrecht einzutragen, kann auch nicht gem. § 140 BGB in einen Antrag auf Eintragung einer Eigentümergrundschuld umgedeutet werden. Denn § 140 BGB führt nicht zu einem „aliud"; er darf nicht so weit ausgedehnt werden, dass eine Willenserklärung danach zugleich als (1) auf Begründung eines anderen Rechts und (2) für eine andere Person gerichtet angesehen werden könnte (RGZ 70, 353 (358), Prütting).

4. Argument
Selbst wenn man sich über diese Bedenken (s. Arg. 3) hinwegsetzen wollte, käme als umzudeutende Erklärung doch nur die Einigungserklärung des Eigentümers, nicht

aber die rein verfahrensrechtliche Eintragungsbewilligung nach § 19 GBO in Betracht. Die Einigungserklärung des Eigentümers wird dem Grundbuchamt (in diesen Fällen) aber praktisch nie vorgelegt. Damit fehlt es jedenfalls an dem nach § 1196 BGB erforderlichen Zugang der Eigentümererklärung beim Grundbuchamt (Eickmann).

5. Argument
Auch eine analoge Anwendung des § 1196 BGB bei unwirksamer Einigung über die Bestellung eines Fremdgrundpfandrechtes kommt wegen seines Ausnahmecharakters nicht in Betracht. Aus den §§ 1196 und 1188 BGB muss geschlossen werden, dass die wirksame Bestellung eines Grundpfandrechts in allen anderen Fällen nicht nur eine einseitige Erklärung des Eigentümers, sondern eine mehrseitige Einigung voraussetzt.

6. Argument
Es würde den das Sachenrecht beherrschenden Grundsätzen der Rechtsklarheit und Offenkundigkeit widersprechen, wenn der Eigentümer den Rechtserfolg, den ihm § 1196 BGB eröffnet, auch durch Eintragung einer Hypothek auf den Namen eines fiktiven Gläubigers erzielen könnte. Wenn man diese Art der Begründung eines verdeckten Eigentümergrundpfandrechtes zuließe, würde man dem Eigentümer die Möglichkeit geben, sie zu unlauteren Zwecken auszunutzen: Er könnte auf diese Weise seinen Gläubigern gegenüber die Tatsache verschleiern, dass er unter dem Schein der Eintragung einer Fremdhypothek an seinem Grundstück ein hypothekarisches Recht für sich selbst begründet hat (O. v. Gierke, RG).

7. Argument
Es ist nicht einzusehen, warum ein Nachhypothekar, der beim Erwerb seiner Hypothek das Fehlen der gültigen Einigung über die Vorhypothek kennt, nicht darauf vertrauen dürfen soll, dass er wegen Nichtigkeit der Vorhypothek eine Rangstelle aufrückt (O. v. Gierke).

II. (hier sog.) **Differenzierende Theorie**

Wenn ein Fremdgrundpfandrecht eingetragen wird, ohne dass eine wirksame Einigung vorliegt, so entsteht analog §§ 1163 I 1 bzw. II, 1196 I 1 BGB eine Eigentümergrundschuld, sofern wenigstens die Einigungserklärung des Eigentümers bzw. der von ihm gestellte Eintragungsantrag eine gültige Willenserklärung mit dem Inhalt enthielt, es solle ein Grundpfandrecht entstehen (dh, dass lediglich die Erklärung des anderen Teils unwirksam ist).

Vertreten von:
OLG Bremen DnotZ 1965, 566 (570); OLG Frankfurt a.M. ZfIR 2005, 254 (256); Baur/Stürner SachenR § 36 Rn. 108; BeckOGK/Sauer, 1.4.2024, BGB § 1163 Rn. 23; Erman/H. Westermann, 6. Aufl. 1975, BGB § 1163 Rn. 6; Flume, Allgemeiner Teil des Bürgerlichen Rechts, Bd. II, Das Rechtsgeschäft, 4. Aufl. 1992, § 32, 9c; Gerhardt ImmobiliarsachenR S. 104 f.; J. v. Gierke SachenR § 60 I 2; Harms SachenR S. 239 f.; Kiefner FS Hübner, 1984, 521; Medicus JuS 1971, 497 (500); MüKoBGB/Lieder § 1196 Rn. 4 ff.; Reischl JuS 1998, 125 (128); Schapp/Schur SachenR Rn. 402; Soergel/Hefermehl, 11. Aufl. 1959, BGB § 140 Rn. 5; Soergel/Platschek BGB § 1163 Rn. 7; Staudinger/Scherübl, 12. Aufl. 1978, BGB § 1163 Rn. 8, § 1196 Rn. 11; Weber, Kreditsicherungsrecht, 10. Aufl. 2018, § 11 III 1; Wellenhofer SachenR § 27 Rn. 13;

H. Westermann SachenR § 117 I 4; H.-P. Westermann NJW 1970, 1023 (1026 ff.); Wolff/Raiser SachenR § 145 I 3. Nach MüKoBGB/Eickmann, 6. Aufl. 2013, § 1196 Rn. 3–5, entsteht die Eigentümergrundschuld nur, wenn die umgedeutete Einigungserklärung (und nicht nur die Bewilligung) dem Grundbuchamt zugegangen ist.

1. Argument
Die auf Entstehung einer Eigentümergrundschuld gerichtete einseitige Erklärung des Eigentümers ist notwendigerweise in jeder Erklärung, für einen anderen eine Hypothek bestellen zu wollen, enthalten. Denn jede Hypothek ist – wie aus § 1163 BGB hervorgeht – von Anfang an potentielle Eigentümerschuld, jede Hypothekenbestellung somit zugleich Bestellung der möglicherweise zur Geltung kommenden Eigentümergrundschuld.

2. Argument
Dass in den hier zur Diskussion stehenden Fällen die Eigentümergrundschuld im Grundbuch nicht als solche auf den Namen des Eigentümers, sondern vielmehr als Fremdgrundpfandrecht eingetragen ist, hindert nur die unmittelbare Anwendung des § 1196 BGB, nicht aber eine entsprechende Anwendung der §§ 1163 I 1 und II, 1196 BGB. Denn § 1163 I 1 und II BGB zeigen, dass diese Form der Eintragung für ein Eigentümergrundpfandrecht nicht wesentlich ist, dass ein solches vielmehr auch dann entstehen kann, wenn im Grundbuch ein Fremdgrundpfandrecht eingetragen wird.

3. Argument (gegen Theorie I, Arg. 6)
Aus den das Sachenrecht beherrschenden Grundsätzen der Rechtssicherheit und Offenkundigkeit lässt sich nicht herleiten, dass eine äußerlich als Fremdgrundpfandrecht auftretende Eigentümergrundschuld unzulässig sein müsste. Denn das Gesetz lässt auch sonst verdeckte Eigentümergrundschulden entstehen, vgl. etwa die §§ 1163, 1168 BGB, § 868 ZPO.

4. Argument (gegen Theorie I, Arg. 6)
Dass der Eigentümer nach dieser Auffassung eine verschleierte Eigentümergrundschuld durch Eintragung einer Hypothek auf den Namen eines fiktiven Gläubigers erlangen kann, ist kein überzeugendes (Gegen-)Argument. Denn den gleichen Erfolg kann der Eigentümer auch nach Theorie I herbeiführen, indem er zunächst für sich selbst eine Eigentümergrundschuld eintragen und diese dann auf den Namen eines fiktiven Gläubigers umschreiben lässt (Wolff/Raiser).

5. Argument (gegen Theorie I, Arg. 7)
Der Zweck von § 1163 I BGB besteht darin, dem Eigentümer bei Fehlen der zu sichernden Forderung die Rangstelle zu wahren, weil ein Aufrücken der Nachhypothekare in diesen Fällen ungerechtfertigt wäre. Im Falle des Nichtentstehens der Fremdhypothek wegen Nichtigkeit der Einigung trotz gültiger Erklärung des Eigentümers wäre ein Aufrücken der nachfolgenden Rechte aber genauso offensichtlich unbillig und ungerechtfertigt. Die Regelung des § 1163 BGB muss deshalb hier entsprechend angewandt werden.

6. Argument (gegen Theorie I, Arg. 7)
Ein Nachhypothekar, der beim Erwerb seiner Hypothek das Fehlen der Einigung über die Vorhypothek kennt und deshalb darauf vertraut, eine Rangstelle aufzurü-

cken, wäre nicht schutzwürdig. Er muss ohnehin immer mit einer nachträglichen wirksamen Einigung rechnen (§ 879 II BGB), die sein Aufrücken verhindern würde. Und für das Nachholen der Einigung besteht keinerlei zeitliche Schranke (Wolff/ Raiser).

7. Argument (gegen Theorie III)
Die Einschränkung, dass wenigstens die Erklärung des Eigentümers gültig sein muss, widerspricht nicht dem Bedürfnis nach Schutz des Geschäftsunfähigen. Die Gefahr, dass bei Nichtentstehen eines Eigentümergrundpfandrechtes nachstehende Rechte zuungunsten des Geschäftsunfähigen aufrücken, ist gering. Denn auch die rechtsgeschäftliche Begründung der nachstehenden Rechte wird normalerweise an der Geschäftsunfähigkeit des Eigentümers scheitern. Wenn solche Rechte aber ausnahmsweise wirksam entstehen, so wird der Sicherungsvertrag doch in der Regel auf den schlechteren Rang gehen, sodass der Eigentümer nach § 812 I 1 Var. 2 BGB Herausgabe der besseren Rangstelle (in der Form eines Rangtausches nach § 880 BGB mit einer nunmehr für den Eigentümer eingetragenen Eigentümergrundschuld) verlangen kann.

Hinweis:
Wenn man Theorie II („Differenzierende Theorie") folgt, stellt sich die weitere Frage, ob die so entstandene verdeckte Eigentümergrundschuld der verdeckten Eigentümergrundschuld bei endgültiger Nichtvalutierung der Hypothek gleichgestellt werden kann und somit ohne Weiteres dem Löschungsanspruch nachrangiger Grundpfandgläubiger analog § 1179a II 1 BGB unterliegt (so Staudinger/Scherübl, 12. Aufl. 1978, BGB § 1196 Rn. 22) oder ob sie einer offenen Eigentümergrundschuld gleichzustellen ist und damit das Privileg des § 1196 III BGB genießt (so Kiefner FS Hübner, 1984, 520 (546 ff.)). Entscheidet man sich für die erstere Möglichkeit, so hätte die bei der nichtigen Hypothekenbestellung nach der differenzierenden Theorie entstandene Eigentümergrundschuld für den Grundstückseigentümer nur geringe Bedeutung: Sie wäre für ihn dann nur unter der Voraussetzung von Nutzen, dass nachträglich andere Grundstücksbelastungen als Grundpfandrechte entstanden sind oder dass bei später entstandenen Grundpfandrechten der Löschungsanspruch jeweils ausgeschlossen ist.

III. (hier sog.) **Rangerhaltungstheorie**

Bei Nichtigkeit des eingetragenen Fremdgrundpfandrechtes entsteht ein Eigentümergrundpfandrecht immer dann, wenn nachrangige Rechte eingetragen werden, da ein Aufrücken dieser Rechte verhindert werden muss. Dies gilt auch dann, wenn die Nichtigkeit des Fremdgrundpfandrechtes auf Geschäftsunfähigkeit des Bestellers beruht.

Vertreten von:
Heck SachenR § 84, I; Staudinger/Wolfsteiner, 2019, BGB Einl. zu §§ 1113 ff. Rn. 116, § 1163 Rn. 14, § 1196 Rn. 6 f.; Wieacker, Bodenrecht, 1938, § 25 III 3.

1. Argument
§ 1163 I BGB lässt den Eigentümer bei gültiger Einigung über die Bestellung einer Fremdhypothek und entsprechender Eintragung, aber Fehlen der gesicherten Forderung ein Eigentümergrundpfandrecht erwerben, um ein ungerechtfertigtes Aufrücken

der Nachhypothekare zu verhindern, diese vielmehr auf die durch ihre Eintragung erworbene Rechtsstellung zu beschränken. Bei Nichtigkeit der Einigung sind aber die Interessen der Nachhypothekare nicht schutzwürdiger und die Interessen des Eigentümers nicht weniger schutzwürdig als bei Nichtigkeit der Forderung; die Interessenlage ist vielmehr in beiden Fällen völlig gleich. Es ist deshalb geboten, die Vorschriften über das Eigentümergrundpfandrecht auf die Fälle nichtiger Einigung entsprechend anzuwenden.

2. Argument
Dies muss auch dann gelten, wenn die Nichtigkeit der Hypothek auf der Geschäftsunfähigkeit des Bestellers beruht. Die Gesetzesnorm, welche die von einem Geschäftsunfähigen bestellte erste Hypothek für nichtig erklärt, will die Interessen der Geschäftsunfähigen schützen. Dieser Absicht des Gesetzgebers würde es widersprechen, wenn man ihretwegen den Geschäftsunfähigen benachteiligen und die Nachhypothekare auf seine Kosten bevorzugen würde (Heck).

3. Argument
Dass eine (verdeckte) Eigentümergrundschuld allein wegen der Eintragung einer Hypothek entsteht, also auch bei Fehlen der korrespondierenden Einigung, zeigt § 1163 II BGB. Danach steht eine Briefhypothek bis zur Übergabe des Briefes an den Gläubiger dem Eigentümer zu. Wenn der Eigentümer aber den Hypothekenbrief zurückhält, um ihn dem Gläubiger erst Zug um Zug gegen die Auszahlung des Darlehens auszuhändigen, wird in der Regel auch die Einigung erst mit der Briefübergabe erklärt werden; dennoch geht das Gesetz davon aus, dass schon vorher ein Grundpfandrecht, nämlich eine Eigentümergrundschuld, besteht (Wolfsteiner).

Fallbeispiele:

1. Im Ausgangsfall wäre nach Theorie II („Differenzierende Theorie“) anstelle der nach den §§ 105 I, 104 Nr. 2 BGB nichtigen Hypothek des F eine Eigentümergrundschuld entstanden, die infolge der späteren Übereignung des Grundstücks zur Fremdgrundschuld geworden ist; nach Theorie III („Rangerhaltungstheorie“) wäre diese Grundschuld jedenfalls im Augenblick der Eintragung der nachrangigen Grundschuld der B entstanden. Nach beiden wäre das Grundbuch also richtig und ein Berichtigungsanspruch der B bestünde nicht. Nach Theorie I („Nichtigkeitstheorie“) hätte die Eintragung der Hypothek des F dagegen (infolge der Nichtigkeit der Einigung) kein Grundpfandrecht entstehen lassen. Die Grundschuld der B wäre danach als erstrangig entstanden und das Berichtigungsverlangen der B nach § 894 BGB begründet. Da aber anzunehmen ist, dass im Sicherungsvertrag zwischen E und B vereinbart war, dass B eine Grundschuld an zweiter Rangstelle erwerben solle, kann E nach § 812 I 1 Var. 2 BGB von B Herausgabe der besseren Rangstelle verlangen. Falls E diesen Anspruch dem neuen Grundstückseigentümer X abtritt, kann E gegenüber dem Berichtigungsverlangen der B den Einwand des dolo facit, qui petit quod redditurus est (es darf nichts gefordert werden, was zurückzugewähren wäre (§ 242 BGB)) erheben.

2. Heck (§ 84 I) bildet folgenden Fall: „Der Gutsbesitzer A nimmt, um eine bauliche Unternehmung durchzuführen, auf sein bisher unbelastetes Grundstück, Taxwert 1 Million, die erste Hypothek bei dem Kreditinstitut X in Höhe von 60% des Tax-

wertes auf. Dann zeigt sich bei ihm eine offenkundige Geisteskrankheit. Sein Vormund sieht sich genötigt, behufs Weiterführung des Unternehmens eine zweite Hypothek von 100.000 Mark bei Y aufzunehmen, die er nur unter sehr ungünstigen Bedingungen erhält. Nun stellt sich heraus, dass A schon bei Bewilligung der ersten Hypothek geisteskrank war. Das Institut X und der Vormund wollen durch eine nachträgliche Erneuerung die Hypothek herstellen. Aber Y klagt auf Löschung." Heck meint, nur nach Theorie III („Rangerhaltungstheorie") sei zu verhindern, dass die Löschungsklage des Y durchdringe, er damit eine erste Hypothek zu den Bedingungen einer zweiten erwerbe und A ruiniert werde. Das ist indes unrichtig: Der Vormund des A und das Institut X konnten sich natürlich jederzeit noch nachträglich wirksam über die Bestellung der erstrangigen Hypothek einigen und damit gem. § 879 II BGB die Hypothek im Range der Eintragung zum Entstehen bringen. Wenn der Vormund des A und X die Einigung aber nicht nachholten, so wäre nach Theorie I u. Theorie II durch die Eintragung der Hypothek für X zwar keinerlei Grundpfandrecht entstanden, sodass Y nach § 894 BGB Löschung hätte verlangen können. Doch hätte dem A wiederum – wie im Ausgangsbeispiel – ein Bereicherungsanspruch auf Herausgabe der im Sicherungsvertrag nicht vorgesehenen und deshalb ohne rechtfertigenden Grund erlangten ersten Rangstelle zugestanden.

S. ergänzend Gursky Klausurenkurs SachenR Fall 14.

17. Problem (§§ 929 S. 1, 1205 I 1 BGB)

Liegt die Übergabe einer in einem verschlossenen Raum befindlichen Sache auch dann vor, wenn der Veräußerer bzw. Verpfänder dem Erwerber bzw. Pfandnehmer nicht sämtliche Schlüssel aushändigt, sondern einen heimlich zurückbehält?

Ausgangsfall:

A und B vereinbaren, dass A dem B zur Sicherheit für eine Darlehensverbindlichkeit seine, in einer Lagerhalle befindliche, Sammlung von fünf Oldtimer-Automobilen verpfändet. Die Übergabe soll durch die Aushändigung der Schlüssel zu der Lagerhalle erfolgen. A behält jedoch heimlich einen Schlüssel zurück, um sich weiterhin die Wagen ansehen zu können.

Hat B ein Pfandrecht an den Kraftfahrzeugen erworben?

Ausgangspunkt:

Eine wirksame Pfandrechtsbestellung setzt nach § 1205 I 1 BGB grundsätzlich die Übergabe der verpfändeten Sache voraus. Das Merkmal der Übergabe bedeutet dabei, in Übereinstimmung mit § 929 S. 1 BGB, die vom Veräußerer veranlasste Übertragung der tatsächlichen Sachherrschaft auf den Erwerber bei gleichzeitigem Verlust jeglichen Besitzrestes des Veräußerers. Der Besitz an einer in einem verschlossenen Raum aufbewahrten Sache kann dabei unstreitig durch Schlüsselübergabe übertragen werden; mit dieser erlangt der Empfänger (nach der Verkehrsanschauung) in der Regel die tatsächliche Gewalt iSv § 854 I BGB.

Im vorliegenden (Ausgangs-)Fall fragt sich aber, ob B durch die Schlüsselübergabe unmittelbaren Alleinbesitz erlangt hat oder, ob A nicht durch den verheimlichten Schlüssel einen Rest seines bisherigen unmittelbaren Besitzes, also Mitbesitz (§ 866 BGB), behalten hat. Dann wäre eine „Übergabe“ und damit ein Pfandrechtserwerb nach § 1205 BGB zu verneinen. Die Verschaffung des bloßen (unmittelbaren) Mitbesitzes genügt nach § 1206 BGB als Übergabesurrogat nur unter bestimmten, weiteren Voraussetzungen: Die verpfändete Sache muss sich derart unter Mitverschluss von Verpfänder und Pfandgläubiger befinden, dass beide nur zusammenwirkend den Verschluss aufheben können (zB Verpfänder und Pfandgläubiger haben jeweils ein Schloß angelegt oder sie haben jeweils einen der beiden Schlüssel, die beide zum Öffnen des Safes benötigt werden). Eine derartige Konstellation liegt hier aber offensichtlich nicht vor.

Unstreitig ist nur eine Einräumung von einfachem Mitbesitz (und damit keine „Übergabe“ iSv § 929 S. 1 BGB und § 1205 I 1 BGB) gegeben, wenn der Veräußerer oder Verpfänder einen Schlüssel mit Wissen des Erwerbers bzw. Pfandnehmers zurückbehält (Vieweg/Lorz SachenR § 10 Rn. 19). Umstritten ist dagegen, ob das heimliche Zurückbehalten eines Schlüssels ebenfalls nur als Einräumung von Mitbesitz zu qualifizieren ist und damit für eine Übergabe nicht ausreicht.

I. (hier sog.) **Theorie des Mitbesitzes**

Das heimliche Zurückbehalten eines Schlüssels begründet Mitbesitz des Übertragenden und steht damit der Annahme einer Übergabe iSd §§ 929 S. 1, 1205 I 1 BGB entgegen.

Vertreten von:
AG Bamberg WuM 1975, 190; BeckOK BGB/Schärtl § 1205 Rn. 12.1; BeckOGK/Förster, 1.4.2024, BGB § 1205 Rn. 18.1 mit Verweis auf § 1206 Rn. 8.2; Dernburg, Das bürgerliche Recht des Deutschen Reiches und Preußens, Bd. III, 4. Aufl. 1908, § 264, 5c, S. 902 Fn. 10; Lieder, Die rechtsgeschäftliche Sukzession, 2015, S. 433; MüKoBGB/Schäfer § 854 Rn. 67, § 1205 Rn. 16; R. Schmidt AcP 134 (1931), 1 (21 ff.); Soergel/Habersack BGB § 1205 Rn. 19; Staudinger/Wiegand, 2019, BGB § 1205 Rn. 15, § 1206 Rn. 4 sub a; H. Westermann SachenR § 128 II 1a; Westermann/Gursky/Eickmann SachenR § 8 Rn. 7 aE, § 127 Rn. 7.

1. Argument
Der heimlich zurückbehaltene Schlüssel gibt dem Übertragenden die Möglichkeit ungehinderten Zugangs zu der Sache. Damit befindet sie sich aber noch in seinem Machtbereich, sodass von einer Besitzaufgabe keine Rede sein kann (H. Westermann).

2. Argument
Die Ablehnung der Übergabe und damit des Eigentums- oder Pfandrechtserwerbs entspricht im Verhältnis des Erwerbers oder Pfandnehmers zu Dritten dem Veranlassungsprinzip: Da dieser auf die Gültigkeit der Erklärung des Übertragenden, die ausgehändigten Schlüssel seien vollständig, vertraut hat, muss er auch die Folgen der Unrichtigkeit dieser Erklärung tragen (H. Westermann).

3. Argument
Entscheidendes Kriterium für das Vorliegen einer Übergabe ist nicht die Erlangung unmittelbaren Besitzes durch den Erwerber bzw. Pfandnehmer, sondern die völlige Besitzaufgabe durch den Übertragenden. Eine solche liegt aber nicht vor, wenn der Übertragende einen Schlüssel zurückbehält, um weiterhin Zugang zu der Sache zu haben.

II. (hier sog.) **Theorie des Alleinbesitzes**

Das heimliche Zurückbehalten eines Schlüssels vermag keinen Mitbesitz des Übertragenden zu begründen. In der Erklärung, alle Schlüssel seien dem Erwerber bzw. Pfandnehmer ausgehändigt, liegt vielmehr die völlige Besitzaufgabe des Übertragenden und damit die Übergabe der Sache.

Vertreten von:
RGZ 103, 100 (101 f.); OLG Stuttgart OLGE 8, 195 f.; BeckOK BGB/Fritzsche § 854 Rn. 40; BeckOK BGB/Sosnitza, 41. Ed. 1.3.2011, § 1205 Rn. 6; Cosack/Mitteis BürgerlR II § 94 II 1c β; Enneccerus/Lehmann, Lehrbuch des Bürgerlichen Rechts, Bd. II, 2. Aufl., § 120 aE; Eichler Institutionen SachenR II/1 S. 102 Fn. 37; Erman/Schmidt BGB § 1205 Rn. 8; Grüneberg/Herrler BGB § 854 Rn. 5; MüKoBGB/Damrau, 8. Aufl. 2020, § 1205 Rn. 10, § 1206 Rn. 5; NK-BGB/Bülow § 1205 Rn. 27;

Planck/Flad BGB § 1205 Anm. 1b, § 1206 Anm. 1a α; RGRK/Pikart BGB § 929 Rn. 30; RGRK/Kregel BGB § 1205 Rn. 6; C. Schreiber SachenR Rn. 255; Soergel/Mühl, 12. Aufl. 1990, BGB § 929 Rn. 13, § 1206 Rn. 7; Staudinger/Gutzeit, 2018, BGB § 854 Rn. 49 aE; Staudinger/Spreng, 11. Aufl. 1963, BGB § 1206 Rn. 2; Steif DJZ 1928, 1263; Wellenhofer SachenR § 16 Rn. 16; Wieling SachenR I § 9 I 2d, § 15 V 1a Fn. 9; Wolff/Raiser SachenR § 163 I 1 Fn. 17.

1. Argument
Die Übergabe iSd §§ 929 S. 1, 1205 BGB verlangt nicht, dass der Übertragende überhaupt keine Einflussmöglichkeit mehr auf die Sache hat. Eine solche ist nämlich praktisch nie ganz auszuschließen: Ganz abgesehen von der Möglichkeit eines Einbruchs besteht immer die Gefahr, dass der Übertragende noch einen Schlüssel findet oder nachmachen lässt. Diese Fälle, die anerkanntermaßen die Übergabe nicht ausschließen, sind aber nicht anders zu beurteilen als das heimliche Zurückbehalten eines Schlüssels. Es ist daher angebracht, auf den erklärten Willen der Parteien zur Besitzverschaffung abzustellen und eine Übergabe als vollzogen anzusehen (OLG Stuttgart).

2. Argument
Ob jemand die tatsächliche Sachherrschaft inne und damit Besitz hat, hängt von der Verkehrsanschauung ab. Diese berücksichtigt nicht nur den räumlichen Zusammenhang von Person und Sache und die tatsächliche Einwirkungsmöglichkeit, sondern auch das Rechtsverhältnis wie es als Rechtslage erscheint und geachtet wird. So wird dasselbe Raumverhältnis das eine Mal, wo ein Rechtsband besteht, zur Besitzbegründung ausreichen, das andere Mal, wo es fehlt, dagegen nicht. Beispiel: Wem ich den Schlüssel zum Weinkeller übergebe, der erwirbt Besitz an diesem schon mit Besitz des Schlüssels; wer den Schlüssel stiehlt, dagegen nicht (Wolff/Raiser SachenR § 5 III 4b). Ähnlich ist die Lage hier: Nur wenn über die Einbehaltung des zweiten Schlüssels Einigkeit besteht, genügt sie, um dem Verpfänder den Mitbesitz zu belassen und damit die Entstehung des Pfandrechts zu verhindern. Dagegen steht die heimliche Einbehaltung einer Herrschaftsmöglichkeit dem Alleinbesitz des Pfandgläubigers nicht entgegen. Erst wenn der Verpfänder von seiner Möglichkeit Gebrauch macht und Herrschaftshandlungen vornimmt, wird er Mitbesitzer; erst damit zerstört er den entstandenen Alleinbesitz des Gläubigers und das beseitigt das zwischenzeitlich begründete Pfandrecht nicht (Wolff/Raiser SachenR § 163 I 1 Fn. 17).

3. Argument
Da der Besitz die Aufgabe hat, die dingliche Rechtslage offenzulegen, sollte man nur auf den nach außen in Erscheinung getretenen Sachverhalt abstellen.

4. Argument
Der Gläubiger wäre andernfalls einem dolosen Verhalten seines Schuldners schutzlos ausgeliefert; man würde dessen Arglist gleichsam noch prämieren (Staudinger/Spreng).

Fallbeispiel:

Im Ausgangsfall hätte B nach Theorie II („Theorie des Alleinbesitzes“) ein Pfandrecht an den Kraftfahrzeugen gem. § 1205 I 1 BGB erhalten. Da das heimliche Zurückbehalten eines Schlüssels einer Übergabe nicht entgegensteht, wären ihm die

Automobile durch die Erklärung, die ausgehändigten Schlüssel seien alle vorhanden, übergeben worden. Anders Theorie I („Theorie des Mitbesitzes"): Hiernach hätte A durch das heimliche Zurückbehalten des Schlüssels seinen Mitbesitz an den Automobilen aufrechterhalten, sodass die Verpfändung unwirksam wäre.

Ergänzung: Das gleiche Problem taucht bei der Verpfändung durch Begründung des Mitverschlusses (§ 1206 Var. 1 BGB) auf, wenn der Verpfänder ein Duplikat des ausgehändigten zweiten (Safe-)Schlüssels zurückbehält.

18. Problem (§§ 1257, 1207, 932 BGB) Ist ein gutgläubiger Erwerb gesetzlicher Besitzpfandrechte möglich?

Ausgangsfall:

B hat bei X einen gebrauchten VW-Kleinbus unter Vereinbarung von Ratenzahlungen gekauft. X hat sich das Eigentum an dem Wagen vorbehalten und deshalb den Kfz-Brief nicht ausgehändigt. Nach einem Unfall lässt B den Wagen entsprechend einer im Kaufvertrag enthaltenen Abrede von dem Werkunternehmer Y reparieren, begleicht aber nicht die Reparaturrechnung. Da B auch mehrere Raten nicht zahlt, tritt X nunmehr vom Kaufvertrag zurück. Er verlangt von Y Herausgabe des Wagens, dieser umgekehrt von X die Herausgabe des Kfz-Briefes, um sich aus dem Wagen zu befriedigen. Wie ist die Rechtslage?

Ausgangspunkt:

Ein rechtsgeschäftlich bestelltes Pfandrecht kann nicht nur vom Eigentümer der Pfandsache, sondern gem. §§ 1207, 932 ff. BGB auch kraft guten Glaubens von einem Nichtberechtigten erworben werden. Für die gesetzlichen Pfandrechte enthält das BGB dagegen keine entsprechende Bestimmung. § 1257 BGB bestimmt lediglich, dass die Vorschriften über das rechtsgeschäftlich bestellte Pfandrecht auf ein kraft Gesetzes „entstandenes“ Pfandrecht entsprechende Anwendung finden und nimmt damit die Regeln über die Entstehung des vertraglichen Pfandrechts (einschließlich seines gutgläubigen Erwerbs bzw. seiner Entstehung durch gutgläubigen Erwerb) von der Verweisung aus.

Damit stellt sich die Frage, ob nicht eine analoge Anwendung der §§ 1207, 932 ff. BGB die Möglichkeit des gutgläubigen Erwerbs gesetzlicher Pfandrechte eröffnet. Für diejenigen gesetzlichen Pfandrechte, deren Entstehung – im Gegensatz zum vertraglichen Pfandrecht – nicht die Übergabe der Pfandsache an den Pfandgläubiger, sondern bloße Sacheinbringung erfordert (insbesondere beim Vermieterpfandrecht aus § 562 I BGB u. ferner §§ 592, 704 BGB), wird diese Analogie ganz allgemein abgelehnt. Denn ein gutgläubiger Erwerb legitimiert sich gerade durch den Besitz(erwerb) als Rechtscheintatbestand (vgl. § 1006 I 1 BGB). Außerordentlich umstritten ist die Möglichkeit einer derartigen Analogie dagegen für solche gesetzlichen Pfandrechte, die für ihre Entstehung eine Besitzerlangung des Pfandgläubigers voraussetzen. Aus dem Bereich des BGB gehört hierher nur das Werkunternehmerpfandrecht, § 647 BGB; das gesetzliche Besitzpfandrecht des Pächters an den Inventarstücken, § 583 BGB, setzt nämlich ohnehin das Eigentum des Verpächters nicht voraus, sodass sich die Frage des gutgläubigen Erwerbs dort gar nicht stellt.

I. (hier sog.) **Gutglaubensschutztheorie**

Das besitzgebundene gesetzliche Pfandrecht des Werkunternehmers (§ 647 BGB) kann in analoger Anwendung der §§ 1207, 932 ff. BGB (gegebenenfalls iVm § 366 III HGB) gutgläubig erworben werden.

Vertreten von:
OLG Celle NJW 1953, 1470; LG Hamburg MDR 1957, 482; LG München NJW 1957, 1237; 1960, 44 f.; Achilles/Greiff/Bolck BGB, 21. Aufl. 1958, § 1257 Anm. 3; Achilles/Greiff/Brüggemann BGB, 21. Aufl. 1958, § 647 Anm. 4; BeckOGK/Förster, 1.4.2024, BGB § 1257 Rn. 13, 13.2; BeckOK BGB/Schärtl § 1257 Rn. 6a; Baur/Stürner SachenR § 55 Rn. 40; Berg JuS 1970, 12 (13); Canaris FS Medicus, 1999, 25 (43 ff.) (analog § 366 III HGB); Canaris, System und Systembegriff in der Jurisprudenz, 1969, S. 105 f.; Canaris, Handelsrecht, 24. Aufl. 2006, § 27 Rn. 36 (analog § 366 III HGB); Ebenroth/Boujong/Dieckmann, HGB, 5. Aufl. 2024, § 366 Rn. 35 (analog § 366 III HGB); Eichler Institutionen SachenR II/2 S. 546 Fn. 23; Enneccerus/Lehmann, Lehrbuch des Bürgerlichen Rechts, Bd. II, 15. Aufl. 1958, § 154 I; Erman/Schmidt BGB § 1257 Rn. 7; Frohn AcP 161 (1962), 31 (34 ff., 44); J. v. Gierke SachenR § 62 V 2; O. v. Gierke, Deutsches Privatrecht II, 1905, § 170 Fn. 30; Grasmann MDR 1953, 199; Habersack SachenR Rn. 194; J. Hager, Verkehrsschutz durch gutgläubigen Erwerb, 1990, S. 113 ff., 138, 310 f.; Kainer SachenR § 17 Rn. 34; Kraft NJW 1963, 741; Kunig JR 1976, 12; MüKoBGB/Schäfer § 1257 Rn. 3 f.; Palandt/Degenhart, 34. Aufl. 1975, BGB § 1257 Anm. 2a; Raiser JZ 1958, 681 f.; Raiser JZ 1961, 285; RGRK/Kregel BGB § 1257 Rn. 2; Schilken FS Roth, 2015, 511 ff. (520); K. Schmidt, Handelsrecht, 6. Aufl. 2014, § 23 Rn. 1; K. Schmidt NJW 2014, 1 (5 f.); R. Schmidt AcP 134 (1931), 128 (160); Serick, Eigentumsvorbehalt und Sicherungsübereignung I, 1963, S. 224 ff.; Siber, Schuldrecht, 1931, § 62 VI 1; Soergel/Mühl, 12. Aufl. 1990, BGB Vorbem. 12 zu §§ 994 ff. und § 1257 Rn. 4; Soergel/Habersack BGB § 1257 Rn. 6; Staudinger/Riedel, 11. Aufl. 1958, BGB § 647 Rn. 2c; Staudinger/Wiegand, 2019, BGB § 1257 Rn. 14; Stoll, Grundriß des Sachenrechts, 1983, S. 182 (analog § 366 III HGB); H. Westermann SachenR § 133 I; Wieling SachenR I § 15 XI c aa; Wieling/Finkenauer § 15 Rn. 59; Wilhelm SachenR Rn. 1862 ff.; Wilhelm DB 2014, 406; Wolff/Raiser SachenR § 163 III 2.

Hinweis: Einige der genannten Autoren machen nicht deutlich, ob sie den gutgläubigen Erwerb auf eine durch § 366 III HGB gestützte berichtigende Auslegung des § 1257 BGB oder eine analoge Anwendung der §§ 1207, 932 ff. BGB stützen.

1. Argument (gegen Theorie II, Arg. 1)
Der Wortlaut des § 1257 BGB („entstandenes Pfandrecht“) schließt allenfalls eine unmittelbare Anwendung des § 1207 BGB, nicht aber eine analoge Anwendung dieser Vorschrift auf das Werkunternehmerpfandrecht aus.

2. Argument
Selbst wenn der Gesetzgeber durch die von ihm gewählte Fassung des § 1257 BGB eine analoge Anwendung des § 1207 BGB auf das Werkunternehmerpfandrecht ausschließen wollte, dürfte diese gesetzgeberische Absicht den Analogieschluss nicht mehr hindern, weil sie der heutigen Interessenlage klar widerspräche. Für die Zulassung des gutgläubigen Erwerbs des Werkunternehmerpfandrechts besteht ein erhebliches wirtschaftliches Bedürfnis. Denn der Werkunternehmer ist gem. § 641 BGB grundsätzlich vorleistungspflichtig, und das Werkunternehmerpfandrecht des § 647 BGB dient dem Ausgleich dieses (Kredit-)Risikos. Zur Zeit des Inkrafttretens des BGB mag es noch genügt haben, dem Unternehmer das Pfandrecht nur dann zu gewähren, wenn die zur Reparatur übergebene Sache im Eigentum des Bestellers stand, weil er seine Kunden damals normalerweise kannte, deren Kreditwürdigkeit überprüfen und in den meisten Fällen auch die Eigentumsverhältnisse der ihm übergebenen

Sache klären konnte. Die Voraussetzungen sind heute jedoch nicht mehr gegeben. Der Werkunternehmer kann heute – da immer mehr wertvolle Güter unter Eigentumsvorbehalt erworben oder sicherungsübereignet werden – die Eigentumslage an den ihm zur Reparatur gegebenen Sachen nicht mehr überschauen. Dies gilt insbesondere für das Kraftfahrzeugreparaturhandwerk, dessen Kunden aus aller Welt kommen (Kraft).

3. Argument
Der Wortlaut des § 1257 BGB kann angesichts des § 366 III HGB die Ablehnung der Möglichkeit eines gutgläubigen Erwerbs des Werkunternehmerpfandrechts nicht rechtfertigen. § 366 HGB erweitert den Gutglaubensschutz des bürgerlichen Rechts nur insoweit, als er dort, wo das BGB den guten Glauben an das Eigentum fordert, den guten Glauben an die Verfügungsmacht genügen lässt. So wie § 366 I HGB den Schutz des guten Glaubens an das Eigentum des nichtberechtigten Veräußerers oder Verpfänders als Rechtseinrichtung des BGB zugrunde legt, ordnet § 366 III HGB nicht etwa besonders an, dass die dort genannten gesetzlichen Pfandrechte kraft guten Glaubens an das Eigentum des Auftraggebers entstehen, sondern geht selbstverständlich davon aus, dass insoweit gutgläubiger Erwerb bereits kraft bürgerlichen Rechts eintritt. Die Bedeutung des § 366 III HGB erschöpft sich in der Regelung, dass schon guter Glaube an die Verfügungsmacht des Auftraggebers zum Erwerb des Pfandrechts ausreicht. § 366 III HGB geht also eindeutig davon aus, dass besitzgebundene gesetzliche Pfandrechte – nur solche werden in § 366 III HGB aufgeführt – bereits kraft der Regelung des BGB, also in analoger Anwendung der §§ 1207, 932 ff. BGB, gutgläubig erworben werden können.

4. Argument
Die Ansicht, der Werkunternehmer könne nicht gutgläubig ein Pfandrecht erwerben, stellt gegenüber der Möglichkeit der Kommissionäre, Spediteure, Lagerhalter, Frachtführer und Verfrachter, gem. § 366 III HGB gutgläubig ein Pfandrecht zu erwerben, eine willkürliche Ungleichbehandlung dar. Dieser Verstoß gegen Art. 3 GG muss dazu führen, dass der Umkehrschluss aus § 1257 BGB, auf den sich der BGH stützt, als verfassungswidrig anzusehen und stattdessen eine analoge Anwendung der handelsrechtlichen Lösung auf den Werkunternehmer zuzulassen ist (Kunig).

5. Argument
Das Werkunternehmerpfandrecht ist in Wahrheit gar kein echtes gesetzliches Pfandrecht, sondern ein lediglich gesetzlich typisiertes rechtsgeschäftliches Pfandrecht: § 647 BGB ordnet nur an, was die Parteien typischer- und vernünftigerweise selbst vereinbaren würden. Wenn es § 647 BGB nicht gäbe, hätte die Kautelarjurisprudenz die Bestellung des Pfandrechts längst in die AGB des Werkunternehmers aufgenommen, sodass § 1207 BGB unmittelbar anwendbar wäre. Als ein lediglich gesetzlich typisiertes rechtsgeschäftliches Pfandrecht muss das Werkunternehmerpfandrecht damit auch für die Frage des gutgläubigen Erwerbs den Regeln des Vertragspfandrechts unterstehen (Canaris).

6. Argument
Für die Gleichbehandlung des Werkunternehmer- und des Vertragspfandrechts in der Frage des gutgläubigen Erwerbs spricht, dass diese in einem entscheidenden Teil ihres Entstehungstatbestandes übereinstimmen: Beide beruhen auf der Übergabe der

Sache. Das Werkunternehmerpfandrecht ist – im Gegensatz zu denjenigen gesetzlichen Pfandrechten, die durch Einbringung begründet werden – ein Besitzpfandrecht, wie es das Vertragspfandrecht ist, sodass beide auf die gleiche Rechtscheinsituation zurückzuführen sind. Das Gesetz knüpft nämlich den Gutglaubensschutz bei Bestellung eines Vertragspfandrechts durch einen Nichtberechtigten wie bei allen Fällen des gutgläubigen Fahrniserwerbes nicht einfach an den die Eigentumsvermutung des § 1006 BGB auslösenden Besitz des Nichtberechtigten, sondern vielmehr an die Voraussetzung, dass der Nichtberechtigte dem Erwerber tatsächlich den Besitz an der Sache verschafft und dass sich dadurch die angenommene Rechtsmacht des Nichtberechtigten aus der Sicht des gutgläubigen Erwerbers bewährt (Raiser, Berg).

7. Argument
Das Werkunternehmerpfandrecht unterscheidet sich zwar vom Vertragspfandrecht dadurch, dass es nicht wie dieses durch rechtsgeschäftliche Verfügung begründet wird. Aber gerade dieser Unterschied tritt in den Fällen zurück, in denen der Verpfänder Nichtberechtigter ist. Schließlich bewirkt auch beim Vertragspfandrecht dann nicht der machtlose Verpfändungs- und Erwerbswille der Parteien den Rechtserwerb, sondern die Anordnung des Gesetzes, das (in Gestalt der §§ 1207, 932, 934 BGB) das Vertrauen des Erwerbers schützen will (Raiser).

II. (hier sog.) **Schutzversagungstheorie**

Ein gutgläubiger Erwerb der gesetzlichen Pfandrechte des BGB ist nicht möglich; das gilt auch für das Werkunternehmerpfandrecht des § 647 BGB.

Vertreten von:
BGHZ 34, 153 (154 f.) = NJW 1961, 502; BGHZ 87, 274 (280 f.) = NJW 1983, 2140; BGHZ 100, 95 (101) = NJW 1987, 1880; BGHZ 119, 75 (83) = NJW 1992, 2570; BGH WM 1977, 710; 1987, 539 (540); NJW-RR 2017, 818 Rn. 22; OLG Köln NJW 1968, 304; OLG Zweibrücken JZ 1986, 341; AK-BGB/Reich § 1257 Rn. 7; BeckOGK/Mundt, 1.4.2024, BGB § 647 Rn. 57 ff.; BeckOK BGB/Voit § 647 Rn. 11; Bülow KreditsicherheitenR Rn. 623 ff.; Eckert SachenR Rn. 504; Endemann, Lehrbuch des Bürgerlichen Rechts, Bd. II/1, 8./9. Aufl. 1905, § 134 Fn. 33; Erman/Schwenker/Rodemann BGB § 647 Rn. 5; Fikentscher/Heinemann, Schuldrecht, 12. Aufl. 2022, Rn. 1220; Flume AcP 161 (1962), 385 (395 Fn. 16); Gerhardt MobiliarsachenR S. 189 ff.; Grüneberg/Wicke BGB § 1257 Rn. 2; Grüneberg/Retzlaff BGB § 647 Rn. 3; Grunsky NJW 1969, 496 (497); Gursky Klausurenkurs SachenR Rn. 264 ff.; Harms SachenR S. 90 f.; Henke AcP 161 (1962), 1 (31); HK-BGB/Schulte-Nölke § 1257 Rn. 7 f.; Jauernig/Berger BGB § 1257 Rn. 2; Jauernig/Mansel BGB § 647 Rn. 3; Kindl JA 1996, 201 (206); Larenz SchuldR BT II/1 § 53 III e; Lukes JA 2016, 727 (729 f.); MüKoBGB/Busche § 647 Rn. 11; Münzel MDR 1952, 643; Münzel NJW 1961, 1233; Neuner ZHR 157 (1993), 243 (254); Neuner SachenR Rn. 209 ff.; NK-BGB/Bülow § 1257 Rn. 6; Planck/Flad BGB § 1257 Anm. 3a; Prütting SachenR Rn. 790; Prütting/Wegen/Weinreich/Leupertz/Halfmeier BGB § 647 Rn. 7; Prütting/Wegen/Weinreich/Gehrlein BGB § 1207 Rn. 1, § 1257 Rn. 3; Reinicke/Tiedtke JA 1984, 202 (214); Reinicke/Tiedtke, Kreditsicherung, 5. Aufl. 2006, Rn. 1033; RGRK/Glanzmann BGB § 647 Rn. 6; C. Schreiber SachenR Rn. 279; K. Schreiber JURA 1995, 479 (499); Soergel/Mühl, 12. Aufl. 1990, BGB § 1257 Rn. 3; Soergel/Buchwitz,

13. Aufl. 2022, BGB § 647 Rn. 11; Staudinger/Peters, 2019, BGB § 647 Rn. 14 ff.; Tiedtke, Gutgläubiger Erwerb, 1985, S. 86 f.; Wellenhofer SachenR § 16 Rn. 43; Westermann/Gursky/Eickmann § 132 Rn. 2; Wiegand JuS 1974, 547; E. Wolf SachenR S. 362 ff.

1. Argument
Der Wortlaut des § 1257 BGB spricht eindeutig gegen die Möglichkeit, die (den gutgläubigen Erwerb eines Vertragspfandrechts regelnde) Vorschrift des § 1207 BGB auf gesetzliche Pfandrechte entsprechend anzuwenden. Denn nach § 1257 BGB finden die Vorschriften über das rechtsgeschäftlich bestellte Pfandrecht auf ein „kraft Gesetzes entstandenes Pfandrecht" entsprechende Anwendung. Daraus folgt, dass die Vorschriften über die Entstehung des Pfandrechts selbst (einschließlich des § 1207 BGB) ausgeklammert sein sollen.

2. Argument
§ 366 III HGB stellt eine handelsrechtliche Sonderregelung dar, die einen Rückschluss auf die Interpretation des § 1257 BGB nicht zulässt.

3. Argument (gegen Theorie I, Arg. 5)
Die Behauptung, das Werkunternehmerpfandrecht sei in Wahrheit ein gesetzlich typisiertes Vertragspfandrecht, ist unzutreffend. Der Besteller wird mit der Übergabe an den Unternehmer kaum jemals den Willen zum Ausdruck bringen, die Sache an den Unternehmer zu verpfänden, und der Werkunternehmer darf die Übergabe der zu reparierenden Sache im Normalfall auch nicht als Verpfändungsofferte auffassen. Eine konkludente rechtsgeschäftliche Verpfändung ist somit im Normalfall nicht gegeben. Dass die Kautelarjurisprudenz, wenn es § 647 BGB nicht gäbe, die Bestellung eines Pfandrechts längst in die AGB der Werkunternehmer aufgenommen hätte, macht das Werkunternehmerpfandrecht noch nicht zu einem gesetzlich typisierten Vertragspfandrecht. Dazu wäre schon erforderlich, dass im Regelfall tatsächlich eine rechtsgeschäftliche Pfandrechtsbestellung vorläge (Gursky).

4. Argument
Beim Vertragspfandrecht bildet nicht allein der Besitz des Verpfänders die Rechtsscheingrundlage für den gutgläubigen Erwerb, sondern auch die Tatsache, dass der Verpfänder sich durch die Erklärung, die Sache verpfänden zu wollen, als Empfänger der Pfandsache geriert: Denn im redlichen Verkehr verpfändet man nun einmal nicht fremde Sachen. Beim gesetzlichen Pfandrecht fehlt diese Verfügungserklärung jedoch und wird auch durch keine andere Rechtsscheingrundlage ersetzt. Ein Werkbesteller hat es schließlich auch nicht nötig, über seine Verfügungsmacht zu sprechen, und der Werkunternehmer hat daher auch keinen Grund, die ihm übergebene Sache für das Eigentum des Bestellers zu halten (Henke).

5. Argument
Der gute Glaube des Unternehmers ist als Anknüpfungspunkt für das Entstehen des gesetzlichen Pfandrechts ungeeignet. Das zeigt sich daran, dass insbesondere bei Kraftfahrzeugen stets mit einem Eigentumsvorbehalt gerechnet werden muss. Das kann und darf auf das Sicherungsbedürfnis des Unternehmers aber keinen Einfluss haben. Sachgemäßer ist daher die Anerkennung von Verwendungsersatzansprüchen nach den §§ 994 ff. BGB (Fikentscher/Heinemann).

6. Argument
Dass das Werkunternehmerpfandrecht wie das Vertragspfandrecht Besitzübergabe erfordert, ist für die Frage des gutgläubigen Erwerbs ohne Bedeutung. Die den gutgläubigen Erwerb eines Vertragspfandrechts rechtfertigende Rechtsscheinlage besteht nämlich nicht in der Besitzübergabe, sondern ausschließlich in dem Besitz des Verfügenden, der die Eigentumsvermutung des § 1006 BGB auslöst. Der Besitz des Bestellers kann aber als Legitimation für den gutgläubigen Erwerb des Werkunternehmerpfandrechts nicht ausreichen. Schließlich hat auch bei den gesetzlichen Einbringungspfandrechten der Schuldner jeweils Besitz, und dennoch findet bei diesen ein gutgläubiger Erwerb anerkanntermaßen nicht statt (BGH).

7. Argument
Der wahre Eigentümer (der sich das Eigentum bspw. vorbehalten hat) würde durch ein gutgläubig erworbenes Werkunternehmerpfandrecht unangemessen belastet. Denn dieses sichert die gesamte Forderung des Werkunternehmers gegen den Besteller aus dem Werkvertrag und belastet deshalb die Sache nicht nur für werterhöhende Reparaturen, sondern auch für wirtschaftlich unsinnige, bloßen Launen des Bestellers entspringende Aufwendungen. Der pfandrechtsähnliche Verwendungsersatzanspruch des unrechtmäßigen Besitzers nach den §§ 994 ff. BGB ist besser als das Werkunternehmerpfandrecht geeignet, einen sinnvollen Interessenausgleich zwischen dem Eigentümer und dem von einem Nichteigentümer beauftragten Werkunternehmer zu schaffen (Henke).

Fallbeispiel:

Im Ausgangsbeispiel kann X nach § 985 BGB von Y Herausgabe des Kleinbusses verlangen, wenn dem Y kein Recht zum Besitz iSv § 986 BGB zusteht. Als solches kommt ein Werkunternehmerpfandrecht gem. § 647 BGB in Betracht. Die Voraussetzungen des § 647 BGB sind nicht erfüllt, da der Kleinbus infolge des Eigentumsvorbehalts keine Sache des Bestellers war. Man könnte jedoch einen Pfandrechtserwerb auf der Grundlage einer Ermächtigung (§ 185 BGB) des Bestellers durch den Eigentümer erwägen (vgl. Problem Nr. 19). Lehnt man diese Möglichkeit ab, ist zu prüfen, ob Y das Werkunternehmerpfandrecht gutgläubig erworben hat. Nach Theorie I („Gutglaubensschutztheorie“) ist ein gutgläubiger Erwerb grundsätzlich möglich; es bleibt aber weiter zu klären, ob X nicht möglicherweise bösgläubig war, weil er sich den Kfz-Brief nicht hat zeigen lassen (vgl. zu der ebenfalls außerordentlich umstrittenen Frage, welche Anforderungen an den guten Glauben des Werkunternehmers zu stellen sind, Schwerdtner JuS 1970, 64 (67) und Berg JuS 1970, 12 (15) jeweils mwN; Soergel/Buchwitz, 13. Aufl. 2022, BGB § 647 Rn. 25; Wilhelm DB 2014, 406 (409); ferner BGHZ 68, 323 = NJW 1977, 1240 zu Verpfändungsklauseln in den AGB von Kfz-Reparaturwerkstätten). Nach Theorie II („Schutzversagungstheorie“) ist ein gutgläubiger Erwerb des Werkunternehmerpfandrechts dagegen nicht möglich, sodass ein solches hier als Recht zum Besitz nicht in Betracht kommt. Folgt man dieser Auffassung, ist weiter zu prüfen, ob Y nicht wenigstens ein Zurückbehaltungsrecht nach § 1000 S. 1 BGB hat (vgl. dazu Gursky/Thöne, 20 Probleme aus dem Eigentümer-Besitzer-Verhältnis, 10. Aufl. 2024, 19. und 20. Problem, S. 114 ff.).

S. ergänzend Alexander/Endler/Wuttke JA 2021, 630; Aßfalg JA 2019, 99; Büchel JA 2023, 535; Gursky Klausurenkurs SachenR Fall 17; Kindl JA 1996, 201; Magnus/Osterholzer/Hundsdorfer JuS 2019, 452; Neuner SachenR Fall 7; Stegmüller JuS 2012, 442; Vieweg/Röthel SachenR Fall 17; v. Finckenstein/Kuschel JuS 2016, 717; Zimmermann/Neideck JuS 2011, 1100.

19. Problem (§§ 1257, 647, 185 BGB)

Erwirbt der Werkunternehmer an einer von ihm reparierten Sache, die dem Besteller nicht gehört, das gesetzliche Werkunternehmerpfandrecht (§ 647 BGB), wenn der Eigentümer den Besteller ermächtigt hatte, erforderlich werdende Reparaturen ausführen zu lassen?

Ausgangsfall:

Der nachfolgend dargestellte Streitstand steht in engem Zusammenhang mit Problem Nr. 18 und knüpft (häufig) an der Ablehnung eines gutgläubigen Erwerbs des Werkunternehmerpfandrechts an. Daher ist der Ausgangsfall wie bei Problem Nr. 18 zu bilden: B hat bei X einen gebrauchten VW-Kleinbus unter Vereinbarung von Ratenzahlungen gekauft. X hat sich das Eigentum an dem Wagen vorbehalten und deshalb den Kfz-Brief nicht ausgehändigt. Nach einem Unfall lässt B den Wagen entsprechend einer im Kaufvertrag enthaltenen Abrede von dem Werkunternehmer Y reparieren, begleicht aber nicht die Reparaturrechnung. Da B auch mehrere Raten nicht zahlt, tritt X nunmehr vom Kaufvertrag zurück. Er verlangt von Y Herausgabe des Wagens, dieser umgekehrt von X die Herausgabe des Kfz-Briefes, um sich aus dem Wagen zu befriedigen. Wie ist die Rechtslage?

I. (hier sog.) **Weite Ermächtigungstheorie**

Der Werkunternehmer erwirbt das gesetzliche Pfandrecht des § 647 BGB analog §§ 185 I, 183 BGB auch an bestellerfremden Sachen, wenn deren Eigentümer dem Besteller erlaubt hat, sie zur Reparatur zu geben. Eine derartige Zustimmung des Eigentümers zur Vornahme von Reparaturen ist zumindest in langfristigen Besitzübertragungen regelmäßig enthalten.

Vertreten von:
OLG Hamm als Vorinstanz zu BGHZ 34, 122 (unveröffentlicht); AK-BGB/Reich §§ 1207, 1208 Rn. 5, 8; Benöhr ZHR 135 (1971), 144 (166); GK-HGB/Canaris, 4. Aufl. 2004, § 366 Rn. 116 f.; Canaris, Handelsrecht, 24. Aufl. 2006, § 27 Rn. 39 f.; Canaris FS Medicus, 1999, 25 (48 f.); Habersack SachenR Rn. 194; Marotzke, Das Anwartschaftsrecht, 1977, S. 59; Medicus/Petersen BürgerlR Rn. 594; MüKoBGB/Bayreuther § 185 Rn. 9; Müller/Gruber SachenR Rn 2407 ff.; NK-BGB/Herdy/Raab § 647 Rn. 12 f.; Oechsler, Vertragliche Schuldverhältnisse, 2. Aufl. 2017, Rn. 1157 ff.; Palandt/Degenhart, 34. Aufl. 1975, BGB § 1257 Anm. 2; Picker NJW 1978, 1418; RGRK/Steffen BGB § 185 Rn. 5; Schilken FS Roth, 2015, 511 ff. (520); K. Schmidt NJW 2014, 1 (5); Soergel/Klinck BGB § 185 Rn. 9; Staudinger/Wiegand, 2019, BGB § 1257 Rn. 14; Stöber NJW 1958, 821 f.; Weimar JR 1976, 51; H. Westermann SachenR § 133 I; Wieling SachenR I § 15 XI c bb; Wieling/Finkenauer SachenR § 15 Rn. 60; Wilhelm DB 2014, 406 (409 f.); Wilhelm JZ 2018, 1105 (1106); vgl. auch Müller-Laube JZ 1983, 807 (808).

1. Argument
Es wäre unbillig, wenn ein Eigentümer, der in den Abschluss des Werkvertrages durch den Besteller eingewilligt hat, besser stünde, als wenn er den Werkvertrag selbst abgeschlossen hätte. Sonst könnte jeder leicht durch Einschaltung eines im

eigenen Namen auftretenden Dritten § 647 BGB umgehen und seine Sachen pfandfrei reparieren lassen.

2. Argument
Die Einwilligung in den Abschluss des Werkvertrages und die zur Durchführung des Vertrages erforderliche Besitzübertragung auf den Werkunternehmer bedeutet die Einwilligung in die Situation, in der das Werkunternehmerpfandrecht kraft Gesetzes entsteht. Da diese Situation ihrerseits aber durch Rechtsgeschäft (nämlich den Abschluss des Werkvertrages) hergestellt wird, ist die Ähnlichkeit der Einwilligung in die Hingabe zur Reparatur mit der Einwilligung zu einer rechtsgeschäftlichen Verfügung groß genug, um eine entsprechende Anwendung der §§ 185 I, 183 BGB zu rechtfertigen.

3. Argument
Die Sachübergabe im Rahmen des Werkvertrages hat Verfügungscharakter. Denn immer, wenn der Eigentümer (selbst oder der mit Einverständnis des Eigentümers handelnde unmittelbare Besitzer) im Rahmen eines durch Besitzüberlassung auszuführenden Schuldverhältnisses den Besitz auf seinen Vertragspartner überträgt, führt er dadurch den Ausschluss der Vindikation gegen den neuen Besitzer herbei und wirkt damit unmittelbar auf den Bestand des dem Eigentümer zustehenden Rechts an der Sache ein.

4. Argument (gegen Theorie III, Arg. 1)
Die analoge Anwendung der §§ 185 I, 183 BGB auf die Einwilligung des Eigentümers in den Abschluss des Werkvertrages und die Besitzüberlassung an den Werkunternehmer bedeutet keine unzulässige Verpflichtungsermächtigung (schuldrechtliche Ebene). Von einer solchen könnte man nur dann sprechen, wenn der Eigentümer auf diesem Wege persönlich zur Erfüllung der Werklohnforderung des Unternehmers verpflichtet würde. Stattdessen braucht er aber lediglich die Pfandhaftung seiner Sache zu dulden (dingliche Ebene).

5. Argument
Die Tatsache, dass der Eigentümer bei der Zustimmung zur Reparatur normalerweise nicht den Willen hat, dass seine Sache für die Werklohnforderung haften soll, ist unbeachtlich. Denn der Eigentümer kann die konsentierte Reparatur gar nicht von ihrer regelmäßigen gesetzlichen Folge, dem Werkunternehmerpfandrecht, trennen (Medicus/Petersen).

II. (hier sog.) **Enge Ermächtigungstheorie**

Stimmt der Eigentümer dem Abschluss eines Werkvertrages durch den Besitzer und der Besitzübertragung auf den Werkunternehmer zu, so sind auf diese Ermächtigung die §§ 185 I, 183 BGB anwendbar. Infolge dieser Ermächtigung entsteht dann das gesetzliche Werkunternehmerpfandrecht (§ 647 BGB) an der bestellerfremden Sache. An eine derartige Verfügungsermächtigung des Eigentümers zur Begründung des Werkunternehmerpfandrechts sind jedoch strenge Anforderungen zu stellen. Die Zustimmung zur tatsächlichen Einwirkung auf die Sache genügt jedenfalls dann nicht, wenn der Eigentümer gleichzeitig zum Ausdruck bringt, dass er für die dadurch entstehenden Kosten nicht aufkommen werde. Wenn Abzahlungsbedingungen den Vorbehaltskäufer verpflichten, anfallende Reparaturen auf seine Kosten durchzuführen, kann darin eine derartige Verfügungsermächtigung zur Begründung des gesetzlichen Werkunternehmerpfandrechts nicht gesehen werden.

Vertreten von:
Raiser JZ 1961, 285 (286 f.); Schwerdtner JuS 1970, 64 (66); Staudinger/Peters, 2019, BGB § 647 Rn. 10 ff.; s. ferner differenzierend Erman/Schwenker/Rodemann BGB § 647 Rn. 4a.

1.–4. Argument
Wie Theorie I

5. Argument
Wenn der Eigentümer zum Ausdruck bringt, dass er für die Kosten der Reparatur nicht aufkommen will, macht er deutlich, dass er den Besteller gerade nicht zur Begründung eines Werkunternehmerpfandrechts ermächtigen will. Dass dieser die Reparaturermächtigung des Bestellers einschränkende Wille des Eigentümers wegen eines Widerspruchs zum Gesetz unbeachtlich sein müsste, ist unrichtig. § 647 BGB ist schließlich kein zwingendes Recht, sondern abdingbar (Raiser).

III. (hier sog.) **Theorie der Ablehnung des quasi-rechtsgeschäftlichen Erwerbs**

An einer bestellerfremden Sache erwirbt der Werkunternehmer auch dann kein Werkunternehmerpfandrecht (§ 647 BGB), wenn der Eigentümer in den Abschluss des Werkvertrages und die Übergabe der zu reparierenden Sache an den Werkunternehmer eingewilligt hat. § 185 I BGB ist auf eine derartige Einwilligung weder unmittelbar noch entsprechend anwendbar.

Vertreten von:
BGHZ 34, 122 (125 ff.) = NJW 1961, 499; OLG Köln NJW 1968, 304; iErg ebenso OLG Karlsruhe NJW-RR 2012, 1442 (1443); BeckOGK/Mundt, 1.4.2024, BGB § 647 Rn. 52 ff.; BeckOK BGB/Voit § 647 Rn. 10; BeckOGK/Regenfus, 1.5.2024, BGB § 185 Rn. 177; Baur/Stürner SachenR § 55 Rn. 40; Berg JuS 1970, 12 (13); Doris, Die rechtsgeschäftliche Ermächtigung, 1974, S. 145; Eckert SachenR Rn. 500 ff.; Fikentscher/Heinemann, Schuldrecht, 12. Aufl. 2022, Rn. 1220; Grüneberg/Wicke BGB § 1257 Rn. 2; Grüneberg/Ellenberger BGB § 185 Rn. 3; Grüneberg/Retzlaff BGB § 647 Rn. 3; Grunewald/Riesenhuber BürgerlR Rn. 941; Gursky Klausurenkurs SachenR Rn. 263; Harms SachenR S. 88; HK-BGB/Scheuch § 647 Rn. 7; Hohenester NJW 1958, 212; Kunig JR 1976, 12 (13); Larenz SchuldR BT II/1 § 53 III e; Lukes JA 2016, 727 (729 f.); Möhrenschlager, Der Verwendungsersatzanspruch des Besitzers, 1971, S. 149 f.; MüKoBGB/Busche § 647 Rn. 13; MüKoBGB/Schäfer § 1257 Rn. 4; MüKoBGB/Schramm, 5. Aufl. 2006, § 185 Rn. 11; Münzel NJW 1961, 1233 (1236); Oetker/Maultzsch, Vertragliche Schuldverhältnisse, 5. Aufl. 2018, § 8 Rn. 254; Prütting SachenR Rn. 790; Raiser JZ 1958, 681 (682) (aufgegeben aber in JZ 1961, 285 (286)); RGRK/Glanzmann BGB § 647 Rn. 7; Riemenschneider, Die Sicherung des Werkunternehmers, 1967, S. 186 ff.; Soergel/Mühl, 12. Aufl. 2007, BGB § 647 Rn. 7 u. 12. Aufl. 1990, § 1257 Rn. 4; Staudinger/Gursky, 2014, BGB § 185 Rn. 93; Staudinger/Klumpp, 2019, BGB § 185 Rn. 137; Tiedtke, Gutgläubiger Erwerb, 1985, S. 85; Westermann/Gursky/Eickmann SachenR § 132 Rn. 2; Wellenhofer SachenR § 16 Rn. 43.

1. Argument
Wenn man dem Werkunternehmer das gesetzliche Pfandrecht des § 647 BGB auch an solchen bestellerfremden Sachen gewährte, deren Eigentümer mit dem Abschluss des Werkvertrages und der entsprechenden Besitzüberlassung (an den Werkunternehmer) einverstanden war, liefe dies auf eine Art Verpflichtungsermächtigung hinaus. Ein derartiges Institut, wonach der Ermächtigte durch rechtsgeschäftliches Handeln im eigenen Namen einen Dritten verpflichten kann, ist unserer Rechtsordnung aber fremd, da es eine Umgehung des Prinzips der Offenheit der Stellvertretung (vgl. § 164 I 1 BGB) bedeuten würde.

2. Argument
Eine unmittelbare Anwendung von § 185 I BGB kommt nicht in Betracht. Die Besitzübergabe zur Reparatur (Realakt) stellt keine nach § 185 BGB zustimmungsfähige Verfügung über das Eigentum dar, wie es etwa die Begründung eines vertraglichen Pfandrechts wäre.

3. Argument
Eine analoge Anwendung von § 185 I BGB kommt nicht in Betracht. Die Besitzübertragung auf den Werkunternehmer mag vielleicht ein „verfügungsähnlicher Tatbestand" sein, aber eben nur in Bezug auf den bloßen Besitz, nicht dagegen auch in Bezug auf das Eigentum an der zu Reparaturzwecken übergebenen Sache.

4. Argument (gegen Theorie I, Arg. 3)
Eine analoge Anwendung von § 185 I BGB scheitert insbesondere daran, dass das Institut der Verfügungsermächtigung zum Rechtserwerb kraft Gesetzes, der nie eine Verfügung des Betroffenen voraussetzt, einfach nicht passt. Die Annahme, der Werkunternehmer könnte das Pfandrecht des § 647 BGB an bestellerfremden Sachen aufgrund der Einwilligung des Eigentümers erwerben, vermischt in systemwidriger Weise die Voraussetzungen des rechtsgeschäftlichen und des gesetzlichen Pfandrechts: Wenn die Einwilligung des Eigentümers für die Pfandrechtsbegründung maßgebend wäre, bedürfte es nicht mehr der Annahme eines *gesetzlichen* Unternehmerpfandrechts. Wenn aber die gesetzliche Regelung des Pfandrechtserwerbs ausschlaggebend ist, muss die Einwilligung des Eigentümers irrelevant sein, denn gesetzliche Pfandrechte entstehen naturgemäß unabhängig davon, ob der Betroffene ihre Entstehung will oder nicht (Berg).

Fallbeispiel:

Im Ausgangsfall ist die kaufvertragliche (Neben-)Abrede nach Theorie I („Weite Ermächtigungstheorie"), B solle notwendige Reparaturen ausführen lassen, als Verfügungsermächtigung zu werten, die in analoger Anwendung der §§ 185 I, 183 BGB das Werkunternehmerpfandrecht an der bestellerfremden Sache entstehen lässt. Y hat danach also ein Werkunternehmerpfandrecht (und damit ein Recht zum Besitz iSv § 986 I 1 Var. 1 BGB) an dem dem X gehörenden Kleinbus erworben. Nach Theorie II („Enge Ermächtigungstheorie") kann das Werkunternehmerpfandrecht zwar grundsätzlich auch an bestellerfremden Sachen erworben werden, wenn der Eigentümer dem Besteller eine entsprechende Verfügungsermächtigung erteilt hat; hat der Vorbehaltseigentümer den Vorbehaltskäufer in seinen Abzahlungsbedingungen verpflichtet, anfallende Reparaturen auf eige Kosten durchführen zu lassen, schränkt er seine Einwilligung in die Reparatur allerdings ein (er will nicht für die Reparaturkosten haften), sodass eine Verfügungsermächtigung nicht angenommen werden kann. Nach Theorie II kommt es also ganz wesentlich auf die zwischen B und X getroffene Abrede an (ist eine Einwilligung abzulehnen, kommt allenfalls ein Erwerb kraft guten Glaubens in Betracht, vgl. Problem Nr. 18). Nach Theorie III („Theorie der Ablehnung des quasi-rechtsgeschäftlichen Erwerbs") konnte Y kein Pfandrecht erwerben und ist zur Herausgabe der Sache nach § 985 BGB verpflichtet.

S. ergänzend Aßfalg JA 2019, 99; Büchel JA 2023, 535; Gursky Klausurenkurs SachenR Fall 17; Lange/Schiemann Fälle SachenR Fall 16; Magnus/Osterholzer/Hundsdorfer JuS 2019, 452; Stegmüller JuS 2012, 442; Vieweg/Röthel SachenR Fall 17; Zimmermann/Neideck JuS 2011, 1100.

20. Problem (§§ 1143 I, 1225 S. 1, 774 I 1 BGB)
Wie erfolgt der Ausgleich zwischen Real- und Personalsicherheit (sog. Wettlauf der Sicherungsgeber)?

Ausgangsfall:

G hat S ein Darlehen in Höhe von 100.000 EUR gegeben. B hat sich für diese Forderung verbürgt (§ 765 I BGB); daneben bestellt E dem G für die gleiche Forderung eine Hypothek an seinem bisher unbelasteten Grundstück (Wert 200.000 EUR). Als die Rückzahlung des Darlehens fällig wird, stellt sich heraus, dass S zahlungsunfähig ist. Daraufhin zahlt E an G die 100.000 EUR, um die Zwangsvollstreckung in sein Grundstück zu vermeiden. Kann E nunmehr von B Erstattung der 100.000 EUR verlangen?

Ausgangspunkt:

Das Zusammentreffen von Bürgschaft (als Personalsicherheit) und Realsicherheit ist unproblematisch, wenn die Realsicherung (dh die Hypothek oder das Fahrnispfand) vom Hauptschuldner selbst bestellt wird: Wenn der Bürge den Gläubiger befriedigt, geht nach § 774 I 1 BGB dessen Forderung gegen den Hauptschuldner kraft Gesetzes auf ihn über, und zwar gem. §§ 412, 401 I BGB zusammen mit den diese Forderung sichernden Hypotheken oder Pfandrechten (sog. cessio legis). Erheblich komplizierter ist die Rechtslage jedoch, wenn die Realsicherheit nicht von dem persönlichen Schuldner, sondern – wie im Ausgangsbeispiel – von einem Dritten bestellt wird. Zahlt in diesem Fall der Bürge, so müsste – nach dem oben Gesagten – das Pfandrecht bzw. die Hypothek gem. §§ 774 I 1, 412, 401 BGB in vollem Umfang auf ihn übergehen. Zahlt hingegen der Eigentümer der Pfandsache bzw. des hypothekarisch belasteten Grundstücks zur Einlösung des Pfandes bzw. zur Ablösung der Hypothek gem. § 1249 BGB bzw. § 1142 BGB an den Gläubiger oder befriedigt sich dieser aus der Realsicherung, so geht bei wörtlicher Anwendung des Gesetzes (umgekehrt) mit der Forderung gegen den persönlichen Schuldner (§§ 1143 I, 1225 S. 1 BGB) gem. §§ 412, 401 I BGB auch die für sie bestellte Bürgschaft auf den Eigentümer über.

Die gesetzliche Regelung scheint somit zu dem ungereimten Ergebnis zu führen, dass der den Gläubiger befriedigende Sicherungsgeber sich jeweils wegen seiner Regressforderung gegen den Hauptschuldner an dem anderen Sicherer schadlos halten kann. Wer von den Sicherungsgebern den bei Zahlungsunfähigkeit des Schuldners eintretenden Ausfall zu tragen hätte, hinge also von dem zufälligen Umstand ab, wem es zuerst glückt, den Gläubiger zu befriedigen. Es müsste zu einem regelrechten „Wettlauf der verschiedenen Sicherungsgeber“ kommen. Die Lösung dieses Problems ist außerordentlich umstritten. Im Folgenden können nur die vier wichtigsten Auffassungen dargestellt werden.

I. Theorie der Bevorzugung des Bürgen

Der Bürge wird gegenüber dem dinglichen Sicherer bevorzugt: Wenn er an den Gläubiger leistet, erwirbt er in vollem Umfang das Pfandrecht bzw. die Hypothek.

Zahlt dagegen der Eigentümer der Pfandsache bzw. des belasteten Grundstücks, so erwirbt er keinerlei Rückgriffsmöglichkeit gegen den Bürgen; die Bürgschaft erlischt vielmehr.

Vertreten von:
OLG Königsberg SeuffArch 76 Nr. 85, S. 135; OLG Posen OLGE 35, 331; OLG Karlsruhe als Vorinstanz zu BGH WM 1982, 842; Baur/Stürner SachenR § 38 Rn. 102 ff., § 45 Rn. 85, § 55 Rn. 23; Braun-Melchior AcP 132 (1930), 175 (204 ff.); Canaris, Die Feststellung von Lücken im Gesetz, 1964, S. 67 Fn. 34; Enneccerus/Lehmann, Lehrbuch des Bürgerlichen Rechts, Bd. II, 15. Aufl. 1958, § 194 I 3; Larenz, SchuldR II, 12. Aufl. 1981, § 64 III; Martens BB 1971, 765 (769); Oertmann, Recht der Schuldverhältnisse, 5. Aufl. 1928, § 774 Anm. 8; Oertmann JW 1932, 200; Planck/Flad BGB § 1225 Anm. 2c γ; Planck/Oegg BGB § 774 Anm. 2c; Reinicke/Tiedtke, Kreditsicherung, 5. Aufl. 2006, Rn. 1317 ff., 1323 ff., 1328; Reinicke/Tiedtke, Bürgschaftsrecht, 3. Aufl. 2008, Rn. 635 ff., 648; RGRK/Kregel BGB § 1225 Rn. 6; RGRK/Mormann BGB § 774 Rn. 8; Schreiner, Die Kreditbürgschaft in der Formularpraxis der Banken und Sparkassen, 1989, S. 154; Soergel/Mühl, 12. Aufl. 1990, BGB § 930 Rn. 80 (für das Zusammentreffen von Bürgschaft und Sicherungsübereignung); Soergel/Pecher, 12. Aufl. 2007, BGB § 774 Rn. 24–30; Staudinger/Brändl, 11. Aufl. 1957, BGB § 774 Rn. 20; Staudinger/Stürner, 2020, BGB § 774 Rn. 68; Staudinger/Spreng, 11. Aufl. 1963, BGB § 1225 Rn. 2 (b g); Sternberg Gruchot 52 (1908), 545 (560 ff.); Strohal DJZ 1903, 373 (375 ff.); Strohal JherJb 61 (1912), 59 (76 ff.); Stürner KreditsicherungsR § 18 Rn. 5; Tiedtke BB 1984, 19 (20); Tiedtke WM 1990, 1270 (1273); Tiedtke DNotZ 1993, 291; Tiedtke JZ 2006, 940 (949).

1. Argument
In § 776 BGB ist bestimmt, dass der Bürge, falls der Gläubiger ein mit der Forderung verbundenes Vorzugsrecht (dh eine Hypothek oder ein Pfandrecht) aufgibt, insoweit von seiner Verpflichtung aus § 765 BGB frei wird, als er aus dem aufgegebenen Recht nach § 774 BGB (iVm §§ 401, 412, 1250 bzw. § 1153 BGB) hätte Ersatz erlangen können. Die ratio legis besteht darin, dem Bürgen den Rückgriff auf die für die Forderung bestehende Realsicherung unter allen Umständen zu erhalten. Seiner Rückgriffsmöglichkeit auf eine zur Sicherung der gleichen Forderung bestellte Realsicherung wird der Bürge aber nicht nur dann beraubt, wenn der Gläubiger diese Realsicherung aufgibt, sondern auch dann, wenn der (vom Schuldner verschiedene) Pfandeigentümer (bzw. Eigentümer des hypothekarisch belasteten Grundstücks) den Gläubiger befriedigt. Denn dadurch geht die gesicherte Forderung mit der Realsicherung auf den Eigentümer über (vgl. §§ 1143, 412, 401 I, 1153 I, 1177 II BGB bzw. §§ 1225 S. 1, 412, 401 I, 1250 I BGB, wobei allerdings ein Mobiliarpfand gem. § 1256 BGB regelmäßig durch Konsolidation erlöschen würde); das Gleiche gilt, wenn der Gläubiger sich aus der Realsicherung befriedigt. Auf diese Fälle muss § 776 BGB dementsprechend analog angewandt werden. Mit der Erfüllung der gesicherten Forderung durch den vom Schuldner verschiedenen Besteller der Realsicherung bzw. mit der Befriedigung des Gläubigers aus der Realsicherung erlischt deshalb der Anspruch des Gläubigers gegen den Bürgen (§ 765 I BGB) analog § 776 BGB in Höhe des Pfandwertes und kann somit nicht mehr auf den Besteller der Realsicherung übergehen. Dieser erlangt in der Folge die Forderung gegen den Hauptschuldner ohne die Sicherung durch die Bürgschaft. Befriedigt stattdessen der Bürge den Gläubiger, so erwirbt er Forderung und Pfandrecht in voller Höhe (§§ 774 I 1, 412, 401 I BGB).

2. Argument
Selbst wenn man eine analoge Anwendung des § 776 BGB ablehnen wollte, müsste man doch zumindest aus dieser Vorschrift und dem Fehlen einer ähnlichen Vorschrift zugunsten des Pfandeigentümers entnehmen, dass das Gesetz bestrebt ist, den Bürgen mehr als den Pfandeigentümer in seinen Regressrechten zu schützen. Die gleiche Tendenz zur Bevorzugung des Bürgen gegenüber den Realsicherern kommt etwa auch darin zum Ausdruck, dass das Gesetz dem Bürgen die Einrede der Vorausklage gewährt (§§ 771 ff. BGB), dem Realsicherer jedoch nicht. Dieser Tendenz des Gesetzes entsprechend sollte man auch bei der Frage des Ausgleichs zwischen Realsicherer und Bürge den Letzteren bevorzugen.

3. Argument
Die Bevorzugung des Bürgen ist rechtspolitisch berechtigt, da der Bürge ein erheblich höheres Risiko als der Besteller einer Realsicherheit eingeht. Der vom Schuldner verschiedene Verpfänder bzw. Eigentümer des hypothekarisch belasteten Grundstücks haftet immer nur mit der verpfändeten Sache, der Bürge dagegen mit seinem ganzen Vermögen. Diese besonders hohen Gefahren, die eine Bürgschaft mit sich bringt, müssen möglichst eingeschränkt werden (Larenz).

4. Argument (gegen Theorie II, Arg. 1)
Wenn das Gesetz auch einen Ausgleich nach gleichen Teilen für mehrere Mitbürgen untereinander (§ 774 II BGB) und für mehrere Pfandrechtsbesteller untereinander (§§ 1225 S. 2, 774 II BGB) vorschreibt, so folgt daraus noch nicht, dass ein Ausgleich nach gleichen Teilen auch zwischen Bürge und Verpfänder stattzufinden hat. Denn was für jede dieser Kategorien unter sich gilt, braucht keineswegs auch im Verhältnis der beiden Kategorien zueinander zu gelten (Lehmann).

5. Argument
Der Bürge und der dingliche Sicherer können nicht wie Mitbürgen behandelt werden. Im Gegensatz zu Mitbürgen untereinander sind sie nämlich keine Gesamtschuldner, da der dingliche Sicherer nicht schuldet, sondern nur mit dem Sicherungsgegenstand haftet. Mangels einer Gesamtschuld kann auch kein Ausgleichungsverhältnis nach § 426 BGB bestehen (Larenz).

6. Argument (gegen Theorie II, Arg. 3)
Aus den §§ 774 II, 769, 426 und 1225 S. 2 BGB lässt sich ein allgemeines Prinzip des anteiligen Regresses unter mehreren Drittsicherern nicht ableiten. Denn bei der (dem in § 1225 BGB geregelten Fall der Sicherung einer Forderung durch mehrere Mobiliarpfandrechte genau entsprechenden) Gesamthypothek hat das Gesetz eine ganz andere Regelung getroffen: Es hat dort überhaupt keinen Ausgleichsanspruch geschaffen, sondern nur etwaige vertragliche Ausgleichsansprüche mit hypothekenrechtlichen Folgen ausgestattet, sodass die Gesamthypothek grundsätzlich regresslos ist (§ 1173 BGB). Dies zeigt, dass die übereinstimmende Regelung der §§ 1225 S. 2 und 774 II BGB nicht auf einem allgemeinen Rechtsgedanken beruht. Selbst wenn man aber ein derartiges allgemeines Prinzip annehmen wollte, so könnte dieses hier nicht zur Anwendung gelangen, weil der aus § 776 BGB zu schließende speziellere Wille des Gesetzgebers, den Bürgen vor dem Verpfänder oder Hypothekenbesteller zu schützen, vorgehen müsste (s. auch Arg. 2).

II. (hier sog.) **Theorie des anteiligen Ausgleichs**

Für das Verhältnis von Realsicherer zu Bürgen gilt das Gleiche wie für Mitbürgen untereinander (vgl. §§ 774 II, 426 BGB). Derjenige von ihnen, der zuerst an den Gläubiger leistet, erwirbt das andere Sicherungsrecht im Zweifel (also bei Fehlen besonderer Vereinbarungen) *nur anteilig* (bzw. statt seiner einen anteiligen Ausgleichsanspruch gegen den oder die nicht in Anspruch genommenen Mitsicherer). Das Risiko des Ausfalls beim Rückgriff gegen den Hauptschuldner wird also gleichmäßig unter den verschiedenen Sicherungsgebern verteilt.

Vertreten von:
BGHZ 108, 179 (182 ff.) = NJW 1989, 2530; BGH WM 1991, 399 (400 f.); WM 1990, 1956 (1957) = MDR 1991, 337; NJW-RR 1991, 499 (500); NJW 1992, 3228 (3229); NJW 2009, 437 Rn. 13; AK-BGB/Reich § 1225 Rn. 3; Bayer/Wandt JuS 1987, 271 (274); Bayer/Wandt ZIP 1989, 1047 f.; BeckOK BGB/Rohe § 774 Rn. 16, § 1143 Rn. 2, § 1192 Rn. 166; BeckOK BGB/Sosnitza § 1225 Rn. 4 ff.; Bredemeyer JURA 2012, 612 (616); Breit Gruchot 48 (1904), 283 (293); Eckert SachenR Rn. 497; Ehlscheid BB 1992, 1290; Ehmann, Die Gesamtschuld, 1972, S. 353 ff. (§ 426 unmittelbar); Emmerich, Pfandrechtskonkurrenzen, 1903, S. 514 ff.; Erman/Wenzel BGB § 1143 Rn. 8; Erman/Zetzsche BGB § 774 Rn. 18 f.; Erman/Schmidt BGB § 1225 Rn. 11; Esser/Weyers, Schuldrecht, Band II, 8. Aufl. 2000, § 40 IV 3; Fikentscher/Heinemann, Schuldrecht, 12. Aufl. 2022, Rn. 1372; Filz in: Gehrlein/Graewe/Wittig, Das Recht der Kreditsicherung, 11. Aufl. 2023, § 9 Rn. 128; Finger BB 1974, 1416; Gerhardt ImmobiliarsachenR S. 123 f.; Gladenbeck/Samhat/Samhat, Kreditsicherung durch Grundschulden, 10. Aufl. 2020, Rn. 1028 ff.; Grüneberg/Herrler BGB § 1143 Rn. 3; Grüneberg/Wicke BGB § 1225 Rn. 3; Grüneberg/Grüneberg BGB § 774 Rn. 13; Gursky JZ 1991, 650 (656 f.); Gursky JZ 1997, 1154 (1165); Heck SachenR § 105, III; Hedemann, Sachenrecht, 3. Aufl. 1960, § 49 III a; Heinze JR 1974, 154 (155); HK-BGB/Schulte-Nölke § 1225 Rn. 6; HK-BGB/Staudinger § 774 Rn. 10; Hüffer AcP 171 (1971), 470; Kerbein JA 1999, 377 (380); Klinckhammer/Rancke JuS 1973, 665 (672); J. Kohler, Lehrbuch des Bürgerlichen Rechts II/1, 1919, § 159 III; Larenz/Canaris SchuldR BT II/2 § 60 IV 3a; F. Leonhard, Das Schuldrecht des BGB II, 1931, § 163, S. 326; Medicus/Petersen BürgerlR Rn. 941; MüKoBGB/Schäfer § 1225 Rn. 10; MüKoBGB/Lieder § 1143 Rn. 20; MüKoBGB/Habersack § 774 Rn. 35 f.; Müller/Gruber SachenR Rn. 3592; Musielak JA 2015, 161 (166); NK-BGB/Zimmer § 1143 Rn. 9; NK-BGB/Bülow § 1204 Rn. 43, § 1225 Rn. 10; Oetker/Maultzsch, Vertragliche Schuldverhältnisse, 5. Aufl. 2018, § 13 Rn. 106 ff., 109; Paulus JuS 1995, 185 (190); Pawlowski JZ 1974, 124 (differenzierend); Pohlmann JURA 2022, 915 f.; Reischl JuS 1998, 318 (320 f.); RGRK/Joswig BGB § 1191 Rn. 77; RGRK/Mattern BGB § 1143 Rn. 19; Rüßmann/Britz JuS 1994, L 59 (60 f.); Schlechtriem FS v. Caemmerer, 1978, 1013 ff.; R. Schmidt JherJb 72 (1922), 1 (97); Schmitz FS Merz, 1992, 553 ff.; Schmolke JuS 2009, 784 (787); Schulz, Rückgriff und Weitergriff, 1907, S. 67; Sitzmann BB 1991, 1809; Soergel/Habersack BGB § 1225 Rn. 9 ff.; Soergel/Platschek BGB § 1143 Rn. 7; Staudinger/Looschelders, 2022, BGB § 426 Rn. 269 ff.; Staudinger/Wiegand, 2019, BGB § 1225 Rn. 11 ff., 26 ff.; Steinbach/Lang WM 1987, 1237 (1244); Theobald, Gesamthaftungsverhältnisse, 1994, S. 60 ff., 179 ff.; Vahldiek, Der Ausgleich zwischen mehreren Sicherungsgebern, 1938, S. 47 f.; Hj. Weber JuS 1971, 553 (559); Hj. Weber NJW 1976, 1601 (1603); J.-A. Weber, Kreditsicherungsrecht, 10. Aufl. 2018, § 3 IV 3; Weimar WM 1968, 294 f.; Wein-

traut, Der Haftungsausgleich zwischen Grundschuldner und Bürgen, 1994, S. 64 ff., 115 ff., 120 ff., 134 ff., 155 ff.; K. Weiß, Der Ausgleich zwischen mehreren Sicherungsverpflichteten, 1937, S. 60; H. Westermann SachenR § 103 III 5, § 129 IV 2; Westermann/Gursky/Eickmann SachenR § 101 Rn. 11, § 128 Rn. 22; Wieling SachenR I § 15 X c; Wieling/Finkenauer SachenR § 15 Rn. 54; Wilhelm SachenR Rn. 1675 ff., 1685; Wolff/Raiser SachenR § 140 Rn. 19, § 165 II; Wollschläger, Die Geschäftsführung ohne Auftrag, 1976, S. 108 ff. (Ausgleich über §§ 683, 670 bzw. §§ 684 S. 1, 812 BGB); nur im Ergebnis, aber mit eigenwilligem bereicherungsrechtlichem Ansatz Schanbacher AcP 191 (1991), 87 (96 ff.) und WM 1998, 1806 (1807).

1. Argument
Da Mitbürgen im Verhältnis zueinander gem. §§ 774 II, 426 BGB zu gleichen Anteilen verpflichtet sind und die gleiche Regelung nach § 1225 S. 2 BGB auch für das Verhältnis von Mitverpfändern zueinander gilt, kann es sich beim Zusammentreffen von bürgschaftlicher Haftung und Sachhaftung – vorausgesetzt, dass diese dem Gläubiger durch den Bestellungsakt eines Dritten vermittelt wird – nicht anders verhalten. Denn das Gesetz hat durch die Verweisung in § 1225 S. 2 BGB deutlich zum Ausdruck gebracht, dass es den Bürgenregress und den Regress des Verpfänders als gleichwertig ansieht.

2. Argument
Die für den Ausgleich unter Mitbürgen geltende Regelung (§§ 774 II, 426 BGB) kann auf das Verhältnis zwischen Bürgen und dinglichem Sicherer entsprechend angewandt werden. Denn der vom Schuldner verschiedene Besteller einer dinglichen Sicherheit befindet sich in einer Stellung, die wirtschaftlich der des Bürgen überaus nahe ist. Ob jemand als Bürge oder Drittverpfänder zahlt, macht bei wirtschaftlicher Betrachtungsweise keinen Unterschied. Wenn in dem einen Falle dem zahlenden Sicherer eine Regressmöglichkeit gegen den Mitsicherer gegeben wird, so erfordert es die Billigkeit, dass im anderen Falle genauso entschieden wird.

3. Argument (gegen Theorie I, Arg. 6)
Sowohl § 774 II BGB als auch § 1225 S. 2 BGB lassen aus der Haftungsgemeinschaft mehrerer Sicherer eine Ausgleichsgemeinschaft zu gleichen Teilen entstehen. Diese Vorschriften können als Ausdruck eines allgemeinen Prinzips angesehen werden, aus dem sich dann auch die Lösung der Frage des Ausgleichs zwischen dem Bürgen und dem vom Schuldner verschiedenen dinglichen Sicherer entnehmen lässt. Dem steht auch nicht die regresslose Ausgestaltung der Gesamthypothek (§ 1173 BGB) entgegen. Bei dieser handelt es sich um eine rechtspolitisch umstrittene Ausnahmeregelung, die nicht auf andere Fälle ausgedehnt werden darf und ebenso wenig eine vereinheitlichende Lösung für die anderen Konstellationen eines Zusammentreffens mehrerer Sicherheiten ausschließt.

4. Argument
Dass im Verhältnis des Bürgen zum Besteller einer dinglichen Sicherheit derjenige, der zuerst zahlt, das andere Sicherungsrecht im Zweifel nur zur Hälfte erwirbt, ist die sinnvollste Folgerung aus den einander widersprechenden Regressanordnungen in den §§ 1143 I, 412, 401 I, 765 BGB (bzw. §§ 1225 S. 1, 412, 401 I, 765 BGB) einerseits und den §§ 774 I 1, 412, 401 I, 1250 BGB (bzw. §§ 774 I 1, 412, 401 I, 1153 I BGB) andererseits. Den Widerspruch der beiden Regressanordnungen dergestalt durch eine

genau in der Mitte zwischen ihnen liegende Regelung aufzulösen, ist besser, als einer von ihnen ganz den Vorrang vor der anderen zu geben.

5. Argument (gegen Theorie I, Arg. 5)
Das Argument, der dingliche Sicherer schulde nicht und könne daher nicht wie ein Mitbürge behandelt werden, trifft nicht den Punkt, weil es ohnehin nur um eine entsprechende Anwendung der gesetzlichen Ausgleichsregelung unter Mitbürgen geht.

6. Argument (gegen Theorie I, Arg. 1)
Selbst wenn man die Einlösung des Pfandes durch den Drittverpfänder (bzw. die Ablösung der Hypothek durch den vom Schuldner verschiedenen Eigentümer) iRd § 776 BGB der Freigabe der betreffenden Sicherheit gleichstellen würde, so würde sich dieser Vorschrift dennoch nicht entnehmen lassen, dass der Bürge vor dem Realsicherer zu bevorzugen ist. § 776 BGB gewährt dem Bürgen Befreiung nämlich nur insoweit, als er aus dem freigegebenen Pfandrecht nach § 774 BGB hätte Ersatz verlangen können. Ob der Bürge aber gem. §§ 774 1 I, 412, 401 I BGB das Pfandrecht in voller Höhe erwirbt oder, ob wegen der entgegengesetzten Regressanordnung in § 1225 S. 1 BGB bzw. § 1143 I BGB etwas anderes gilt, ist gerade das hier zu entscheidende Problem. Die Argumentation aus § 776 BGB trägt deshalb nichts zu dessen Lösung bei, sie stellt vielmehr eine Beweisführung mit dem thema probandum dar (Schulz).

7. Argument (gegen Theorie I, Arg. 2)
Der Regelungszweck des § 776 BGB betrifft nur das Verhältnis zwischen Gläubiger und Bürge. Die Norm stellt ein Relikt der gemeinschaftlichen Diligenzpflichten des Gläubigers gegenüber dem Bürgen dar: Das Erlöschen der Bürgschaftsverpflichtung bildet eine Sanktion für die Missachtung der berechtigten Interessen des Bürgen durch den Gläubiger. Wertungsgesichtspunkte für die Frage eines Ausgleichs zwischen Bürgen und Verpfänder lassen sich dem § 776 BGB deshalb nicht entnehmen (Wiegand).

8. Argument (gegen Theorie I, Arg. 3)
Es ist richtig, dass der Bürge infolge seiner unbeschränkten persönlichen Haftung besonders gefährdet ist und deshalb andererseits auch besonderen Schutz genießt, wie durch die Zweithaftung und durch das Freiwerden im Falle der Aufgabe dinglicher Sicherheiten. Aber aus der Tatsache, dass der Bürge gegenüber dem Gläubiger besondere Rechte genießt, folgt noch nicht, dass er auch vor anderen Mithaftenden bevorzugt werden soll. – Es kann im Gegenteil sogar angenommen werden, dass die besondere Gefährdung des Bürgen durch die Schutzbestimmungen des Gesetzes (Formvorschrift des § 766 BGB, subsidiäre Haftung gem. § 771 BGB und die Regelung des § 776 BGB) weitgehend ausgeglichen wird (Finger). Im Übrigen entspricht die erhöhte Gefährdung des Bürgen seinem vertragstypischen Risiko und rechtfertigt nicht die Übertragung des Risikos auf den Realsicherer.

9. Argument (gegen Theorie III)
Wenn ohne das Vorhandensein vertraglicher Absprachen zwischen Realsicherer und Bürgen kein Ausgleich stattfindet, sind unbefriedigende Zufallsergebnisse die Konsequenz. Außerdem wird damit geradezu ein Anreiz zu Manipulationsversuchen geschaffen (Finger).

Ergänzung:
Wie der Innenausgleich zwischen den verschiedenen gleichrangigen Sicherungsgebern im Einzelnen durchgeführt werden soll, ist innerhalb der Theorie des anteiligen Ausgleichs immer noch sehr umstritten (vgl. die Übersicht bei Schanbacher AcP 191 (1991), 87 (91 f.)). Für den Fall, dass nur akzessorische Sicherheiten beteiligt sind, wird zumeist angenommen, dass die konkurrierenden Sicherheiten von dem in Anspruch genommenen Sicherer jeweils nur anteilig erworben bzw. geltend gemacht werden dürfen. Nichtakzessorische Sicherheiten muss der Gläubiger nach überwiegender Auffassung übertragen, soweit die interne Ausgleichspflicht ihrer Besteller reicht. Zahlt umgekehrt der Besteller einer nichtakzessorischen Sicherheit, erlangt er nach überwiegender Auffassung gegen den Gläubiger einen Anspruch auf Abtretung der Hauptforderung, mit dessen Erfüllung er die von den anderen gestellten akzessorischen Sicherheiten anteilig erwirbt. Auf diese Weise wird verhindert, dass ein dinglicher Sicherer dem Zahlungsanspruch eines Mitsicherers ausgesetzt wird (vgl. Schlechtriem FS v. Caemmerer, 1978, 1013 (1042 ff.); Bayer/Wandt JuS 1987, 271 (274 f.); Gursky JZ 1991, 650 (656); Wilhelm SachenR Rn. 1685). Der BGH gewährt dagegen dem zahlenden Grundschuldbesteller auch ohne Abtretung der gesicherten Forderung durch den Gläubiger einen Ausgleichsanspruch gegen den Bürgen (BGHZ 108, 179 = NJW 1989, 2530; s. erg. auch BGH NJW 2009, 437 Rn. 15). Ein solcher müsste dann umgekehrt auch dem zahlenden Bürgen zugebilligt werden, was sich aber mit der reinen Sachhaftung des Realsicherers nicht vertrüge (vgl. Mertens/Schröder JURA 1992, 305 (311)).

Innerhalb der Theorie II ist weiterhin streitig, nach welchem Maßstab sich die Ausgleichungslast verteilt. Am einfachsten wäre natürlich eine Zuweisung nach Kopfteilen (dh das Modell der §§ 769, 426 I 1 BGB), durchzusetzen scheint sich jedoch die Auffassung, die die unterschiedliche Risikotragung der einzelnen Sicherer berücksichtigen will (vgl. Larenz/Canaris SchuldR BT II/2 § 60 IV 3b; Schlechtriem FS v. Caemmerer, 1978, 1013 (1040 ff.); Schanbacher AcP 191 (1991), 87 (100 ff.)).

III. (hier sog.) **Theorie des gänzlichen Ausgleichsausschlusses**

Bei Befriedigung des Gläubigers durch den Bürgen oder den Verpfänder geht zwar jeweils die Hauptforderung gegen den Schuldner über, nicht jedoch deren Sicherung nach den §§ 412, 401 I BGB. Eine Ausgleichspflicht besteht zwischen den verschiedenen Sicherern überhaupt nur, soweit diese eine besondere Abrede getroffen haben.

Vertreten von:
H.-J. Becker NJW 1971, 2151; Hartmaier, Ausgleichsfragen bei mehrfacher Sicherung einer Forderung, 1963, S. 99 ff., 106 ff., 145 ff.; MüKoBGB/Selb, 2. Aufl. 1985, § 426 Rn. 3 (anders aber die 3. Aufl.); Selb, Mehrheiten von Gläubigern und Schuldnern, 1984, § 7 VIII, § 13 II; iE auch Huber, Die Sicherungsgrundschuld, 1965, S. 118 f.

1. Argument
Den Regelungen der §§ 774 II, 769, 426 BGB für mehrere Bürgen, der §§ 1143, 1173 BGB für die Gesamthypothek und des § 1225 II BGB für mehrere Drittverpfänder liegt das allgemeine Prinzip zugrunde, dass der den Gläubiger befriedigende Siche-

rungsgeber das jeweils andere Sicherungsrecht nicht ohne Weiteres nach den §§ 412, 401 I BGB erwirbt, sondern nur sofern und soweit ein solcher Übergang gesetzlich vorgeschrieben ist. Dies ist zB in den §§ 774 II, 769, 426 BGB der Fall, im Verhältnis zwischen Realsicherer und Bürgen fehlt eine solche Norm jedoch. Diese Entscheidung des Gesetzes muss akzeptiert und darf nicht durch einen Rekurs auf die §§ 412, 401 I BGB unterlaufen werden.

2. Argument
Dieses Ergebnis ist nicht unbillig: Wissen die verschiedenen Sicherer voneinander, so mögen sie eine vertragliche Ausgleichsregelung treffen. Wissen sie voneinander nicht, so können sie einen Ausgleich im Falle einer Inanspruchnahme auch nicht erwarten. Im Übrigen hat der zuerst in Anspruch genommene Sicherer jedenfalls einen Regressanspruch gegen den Schuldner der gesicherten Forderung.

IV. (hier sog.) **Prioritätslösung**

Der den Gläubiger zuerst Befriedigende oder vom Gläubiger zuerst in Anspruch genommene Sicherer kann bei den anderen Sicherungsgebern voll Regress nehmen. Der zuletzt in Anspruch genommene Sicherungsgeber hat nur noch den Regress gegen den Schuldner und trägt damit das ganze Risiko der Insolvenz des Letzteren.

Vertreten von:
Bülow GS D. Schultz, 1987, 49; Bülow WM 1989, 1877; Mertens/Schröder JURA 1992, 305 (308 ff.); Staudinger/Wolfsteiner, 2019, BGB § 1143 Rn. 32, 47 ff.

1. Argument
Dies ist die einzig gesetzesnahe Lösung.

2. Argument
Der als Konsequenz der gesetzestreuen Lösung von den Theorien I–III befürchtete „Wettlauf der Sicherungsgeber“ ist unrealistisch. Sicherungsgeber, die nicht vertraglich verbunden sind, wissen regelmäßig bis zur Befriedigung des Gläubigers gar nichts voneinander. Im Übrigen wäre ein gewisser Anreiz für die zügige Befriedigung des Gläubigers bei Fälligkeit durchaus ein zu begrüßender Nebeneffekt.

Fallbeispiele:

1. Im Ausgangsfall kann E bei B nach Theorie I („Theorie der Bevorzugung des Bürgen“) keinen Regress nehmen, denn die Bürgschaft ist gem. § 776 BGB erloschen. Nach Theorie II („Theorie des anteiligen Ausgleichs“) erwirbt E die Bürgschaftsforderung gegen B zur Hälfte, dh in Höhe von 50.000 EUR. Mangels vertraglicher Vereinbarung zwischen E und B kommt nach Theorie III („Theorie des gänzlichen Ausgleichsausschlusses“) kein Ausgleichsanspruch in Betracht. Nach Theorie IV („Prioritätslösung“) erwirbt E die Bürgschaftsforderung in voller Höhe.

2. Abwandlung: E hat keine Hypothek bestellt, sondern ein Gemälde im Wert von 150.000 EUR verpfändet.

In der Abwandlung, in der statt eines Grundstücks ein Gemälde als Sicherheit dient und damit das Pfandrecht iSd §§ 1204 ff. BGB an die Stelle der Hypothek (§§ 1113 ff. BGB) tritt, ändert sich hinsichtlich der Falllösung nichts.

S. ergänzend Bukow/Vogelmann JuS 2001, 773; Czeguhn/Ahrens SachenR Fall 26; Gergen JuS 2007, 927; Graziano/Schmidt JURA 2007, 211; Heinemann/Kern Übungen im Bürgerlichen Recht Fall 13; Koch/Löhnig Fälle SachenR Fall 16; Rußmann JuS 2012, 1008; Scherpe JuS 2014, 51; Strobel JuS 2021, 557; Vieweg/Röthel SachenR Fall 21.